Die Verteilung der Vermögen in Deutschland

Forschung aus der Hans-Böckler-Stiftung **118**

Herausgegeben von der Hans-Böckler-Stiftung, Düsseldorf

Joachim R. Frick
Markus M. Grabka
Richard Hauser

Die Verteilung der Vermögen in Deutschland

Empirische Analysen für Personen und Haushalte

edition sigma

Bibliografische Information der Deutschen Nationalbibliothek

Die Deutsche Nationalbibliothek verzeichnet diese
Publikation in der Deutschen Nationalbibliografie;
detaillierte bibliografische Daten sind im Internet
über http://dnb.d-nb.de abrufbar.

ISBN 978-3-8360-8718-6

Umschlaggestaltung: Gaby Sylvester, Düsseldorf. Umschlaggrafik: artSILENSEcom – Fotolia.com

Druck: Rosch-Buch, Scheßlitz Printed in Germany

Inhalt

Preface

The first book that I read about economics was in German. While working in Sindelfingen in 1963, I bought a copy of J R Hicks, *The Social Framework*, translated into German. My main memory of the book is the author's emphasis on the role of wealth and national balance sheets. Today, national income has tended to displace concern with national wealth, and the same has happened at the household level, where most studies focus on income. But wealth is of great – indeed growing – importance, and the present study of household wealth in Germany is greatly to be welcomed.

Evidence about household wealth and its distribution is not easy to obtain. Its distribution is highly concentrated, much more so than disposable income: a half or more of net worth belongs to the top 10 per cent of the population. This poses particular problems for household surveys. For this reason, some countries rely instead on indirect evidence about wealth-holding from inheritance tax or investment income tax returns. However, the authors of this study demonstrate how the survey approach can be used, employing the German Socio-Economic Panel with its supplementary sample of high-income households. What is more, they go further and carry out a novel analysis of individual wealth-holding and make estimates of the value of future pension rights.

The findings make fascinating reading. First, there is the aggregate significance of household wealth. As the authors show, by 2005 net household wealth in Germany exceeded 4½ times disposable income. In contrast, the interesting chapter 2 on the long run development of wealth-holding shows that in the 1960s, when I was in Sindelfingen, the ratio was more like 3 times. The main purpose of the study however is to cast light on the wealth of households and of the individuals within households. The results demonstrate that wealth is indeed highly unequally distributed. In 2007, a person 1 per cent from the top of the distribution had more than 50 times the wealth of the person in the middle.

By focusing on individual wealth-holding, the authors are able to arrive at a number of novel conclusions. They show, for example, that wealth is seriously unequal within the household. As a result, overall inequality among individuals is significantly greater than found by earlier studies which assumed that wealth is equally distributed within the household. Their findings highlight the gender differences: median net worth in 2007 for men was some 60 per cent higher than the median for women.

The results indicate that the degree of wealth inequality in Germany increased between 2002 and 2007. Has this changed as a result of the economic crisis? In their concluding comments, the authors suggest that the real losses, at least at the top, have been modest and partially reversed. They expect that in the long-run wealth inequality will continue to rise. This lends particular interest to their discussion, at the end of chapter 6, of some of the policy options. This should be required reading for anyone concerned with the implications of the concentration of wealth and with the goal of equality of opportunity.

A B Atkinson
Nuffield College, Oxford and London School of Economics

Danksagung

Wir danken der Hans-Böckler-Stiftung für die finanzielle Unterstützung bei der Durchführung dieses Forschungsvorhabens. Besonderer Dank gilt in diesem Zusammenhang der Leiterin der Forschungsförderung bei der Hans-Böckler-Stiftung Frau *Dr. Erika Mezger*. Für inhaltliche Anregungen und Kommentare bedanken wir uns beim wissenschaftlichen Beraterkreis, der für dieses Forschungsvorhaben berufen wurde und bei der Deutschen Rentenversicherung Bund für die Bereitstellung von anonymisierten Mikrodaten der Gesetzlichen Rentenversicherung. Frau *Anika Rasner* leistete wertvolle Unterstützung bei der Analyse des Sozialversicherungsvermögens.

Berlin, im Mai 2010

Joachim R. Frick
Markus M. Grabka
Richard Hauser

1. Fragestellungen des Forschungsprojekts und Abgrenzung

Neben dem verfügbaren Einkommen kommt dem Vermögen privater Haushalte eine besondere Bedeutung als ökonomische Ressource zu – mit anderen Worten: Vermögen bietet ein bedeutendes Maß an „Verwirklichungschancen" (Volkert et al. 2004). Neben der mit hohen Vermögen verbundenen wirtschaftlichen und politischen Machtposition dienen Geld- und Sachaktiva insbesondere auch der kurzfristigen Konsumstabilisierung bei Einkommensausfällen sowie bei längerfristiger Betrachtung der (Alters-)Sicherung sowie der Ausbildung von Kindern und der intergenerationalen Übertragung (vgl. dazu z.B. Stein 2004 oder Hauser 2007).

Angesichts dieser vielfältigen Bedeutung von Vermögen ist es daher eher überraschend, dass der aktuelle Forschungsstand[1] zur Vermögensverteilungsrechnung für Deutschland gekennzeichnet ist von einer bisher eher eingeschränkten Datengrundlage und einer anlässlich der Relevanz der Vermögen auch in der öffentlichen Debatte (z.B. zur Altersvorsorge oder der Vermögenssteuer) nur geringen Zahl einschlägiger Analysen, die auf der Basis mikroökonomischer Daten über einen längeren Zeitraum vorliegen (Bundesregierung 2001: 44–74; Sachverständigenrat zur Begutachtung der gesamtwirtschaftlichen Entwicklung 2000: 261–269, Schüssler et al. 2000; Hauser/Stein 2001).

Für Deutschland gibt es faktisch seit Mitte der 1980er Jahre keine vollständige und konsistente Vermögensrechnung auf der Ebene privater Haushalte (vgl. Statistisches Bundesamt 1986). Zum einen wird seit 1983 in der Einkommens- und Verbrauchsstichprobe (EVS) des Statistischen Bundesamts das (schwer erfassbare) Betriebsvermögen nicht mehr erhoben.[2] Zweitens werden Wertsachen wie Goldbarren, Schmuck, Antiquitäten oder Kunstgegenstände, die der Wertaufbewahrung dienen, in der Regel nicht erhoben. Drittens ist die Aussagekraft der Ergebnisse zur Einkommens- und Vermögensverteilung auf Basis der EVS durch die eingeschränkte Repräsentativität der zugrunde liegenden Quotenstichprobe, die unzureichende Berücksichtigung der Population mit Migrationshintergrund und durch eine Abschneidegrenze am oberen Einkommensrand eingeschränkt.[3] Aufgrund des positiven Zusammenhangs zwischen Einkommen und

---

1 Siehe im Folgenden auch die Ausführungen von Richard Hauser anlässlich des BMAS-Reichtum-Workshops in Berlin im November 2006 (vgl. Hauser 2007).

2 Im Jahre 1983 wurde zudem das Betriebsvermögen in der EVS nur in Einheitswerten und auch nur für den Zeitpunkt 1.1.1980 erfasst.

3 Diese betrug 1973 15.000 DM, 1978 20.000 DM, 1983 und 1988 25.000 DM sowie 1993 und 1998 35.000 DM. Weitere Probleme der intertemporalen Vergleichbarkeit der

Vermögen ist dabei von einer gravierenden Verzerrung der Vermögensverteilung auszugehen.[4]

Im Rahmen des vorliegenden Forschungsvorhabens wird auf Grundlage der Daten des Sozio-oekonomischen Panels (SOEP) der Versuch unternommen, eine Vermögensbilanz für den Haushaltssektor für ausgewählte Jahre zu erstellen. Dabei ist – nicht nur aus methodischer Sicht – das oft fälschlicherweise ignorierte Phänomen der (selektiven) Antwortverweigerung in Bevölkerungsumfragen, insbesondere bei Fragen zu Einkommen und Vermögen, zu beachten. Wichtiger Bestandteil des Forschungsvorhabens ist insofern eine Bestandsaufnahme und Bewertung der eventuellen Verzerrungen aufgrund von Antwortverweigerungen (Non-Response) bei den Vermögensfragen im SOEP und eine Neuentwicklung von Imputationsroutinen zur adäquaten Kontrolle dieser Problematik.

Im Sinne einer vollständigen und konsistenten Vermögensrechnung wird zudem für Deutschland erstmals versucht, individuelle Anwartschaften aus Alterssicherungssystemen der Gesetzlichen Rentenversicherung, Betriebsrenten und Beamtenversorgung auf der Mikroebene in der Vermögensbilanz zu berücksichtigen, die im allgemeinen auch aus Gründen der schwierigen Erhebbarkeit (nicht nur) in Surveys unbeachtet bleiben. Die umfangreichen erwerbs- und familienbiographischen Informationen im SOEP können dabei als Grundlage für eine Generierung dieses Vermögensbestandteils herangezogen werden.

Dem in Bevölkerungsumfragen verbreiteten Problem einer nicht aussagekräftigen Repräsentation hoher Einkommen wird im SOEP seit 2002 durch eine zusätzlich erhobene Hocheinkommensstichprobe Rechnung getragen, die die Fallzahlen für diese Bevölkerungsgruppe signifikant erhöht. Vor dem Hintergrund der stark ungleichen Vermögensverteilung und dem näher zu untersuchenden Zusammenhang zwischen hohen Einkommen und Vermögen (vgl. Grabka et al. 2007) kommt dieser Stichprobenaufstockung besondere Bedeutung für Analysen zur Vermögensverteilung zu (vgl. Schupp et al. 2009). Daneben kann der Zusammenhang zwischen Einkommens- und Vermögensverteilung vor allem auch für die Gruppe der Hocheinkommensbezieher eingehend dargestellt wer-

---

EVS-Ergebnisse beruhen auf der veränderten Periodizität seit 1998 (Quartals- versus Jahresanschreibung), vgl. Becker et al. 2003.

4 Nach Bedau 1998 werden in der EVS 1993 rund zwei Fünftel des Geldvermögens der privaten Haushalte nicht erfasst (Referenzwert ist hier die Geldvermögensrechnung der Deutschen Bundesbank von 1995). Auch die Konsumentenkredite werden im Vergleich zur Bundesbankstatistik in der EVS im Jahre 2003 nur zu gut 26% erfasst (Becker/Hauser 2005: 90). Für einen Abgleich der Vermögensaggregate im SOEP mit Angaben aus Referenzstatistiken vgl. auch Tabelle 7-8. Ein Vergleich zentraler methodologischer Annahmen (Stichprobenziehung etc.) und der Einkommensmessung und -verteilungsrechnung auf Basis von EVS und SOEP findet sich in Becker et al. 2003; Becker/Hauser 2005 sowie in Grabka et al. 2007.

den, da neben dem Vermögensportfolio auch Vermögensbestände, Vermögenseinkommen und Ersparnis in hohem Maße abhängig vom verfügbaren Einkommen sind (vgl. Bundestagsdrucksache 14/5990: 53, 2001). Als weiteres können mit Hilfe der Längsschnittdaten des SOEP – im Gegensatz zur querschnittlich angelegten EVS – das „permanente Einkommen" im Sinne einer längerfristigen Einkommensposition und dessen Verhältnis zur Vermögensverteilung aufgezeigt werden. Damit werden dynamische Prozesse von Einkommensänderungen, z.B. Ansparphasen, über einen längeren Zeitraum beobachtbar und analysierbar, ebenso wie die Interdependenz von Einkommensmobilität und Variation der Vermögenssituation.

Die Erhebung von Vermögensdaten in Bevölkerungsumfragen erfolgt typischerweise auf der Ebene des „Haushalts", was die Möglichkeiten für Analysen zur personellen und insbesondere zur intra-partnerschaftlichen Verteilung dieser Ressourcen stark einschränkt bzw. nahezu ausschließt, wenn nicht explizit nach der Zuordnung des gesamten Vermögens auf einzelne Haushaltsmitglieder gefragt wird. Zentrale Annahme in fast jeder Analyse zur Verteilung ökonomischer Ressourcen wie Einkommen und Vermögen ist daher, dass alle Haushaltsmitglieder ihre Ressourcen zusammenlegen (*Pooling*) und in gleicher Art und Weise vom daraus erzielbaren Nutzen profitieren bzw. daran partizipieren *(equal sharing)*. Mittels der erstmals im Jahre 2002 auf der Individualebene erhobenen Vermögensinformationen des SOEP ist es möglich, diese Annahme kritisch zu hinterfragen. Daher werden Ergebnisse zur geschlechtsspezifischen bzw. intraehelichen und intra-partnerschaftlichen Verteilung des Vermögens vorgelegt und es wird damit ein für Deutschland bislang einmaliger Beitrag zur Gender-Forschung geleistet.

Zusammenfassend sind die Ziele des Forschungsprojekts somit gleichberechtigt inhaltlich sowie methodisch-analytisch motiviert. Es wird eine quantitative und qualitative Verbesserung der Datengrundlage und Forschungsinfrastruktur für die Wirtschafts- und Sozialwissenschaften mit Hilfe einer konsistenten und umfassenden Vermögensrechnung für den Haushaltssektor in Deutschland angestrebt. Diese Daten werden mit Hilfe moderner Verfahren (der multiplen Imputation) für selektive Antwortverweigerung korrigiert und fließen als deutsche Komponente in eine international vergleichende Datenbasis ein. Die umfangreich aufbereiteten SOEP-Vermögensdaten werden der interessierten Fachöffentlichkeit unter Berücksichtigung datenschutzrechtlicher Auflagen als Mikrodaten für Re-Analysen zur Verfügung gestellt. Die Mikrodaten für das Jahr 2002 wurden bereits in die „Luxembourg Wealth Study (LWS)" eingebracht, die als Erweiterung der bekannten „Luxembourg Income Study (LIS)" konzipiert und organisiert ist. Diese Datenbasis lässt für Deutschland – und den öffentlichen Diskussionsprozess in Deutschland – einmalige Ergebnisse zur Vermögensverteilung im internationalen Vergleich erwarten (vgl. Sierminska et al.

2006b). Die Erweiterung der Vermögensmessung für Deutschland in der LWS-Datenbank auf Basis der 2007 erhobenen Vermögensdaten des SOEP ist für 2010 geplant.

Unter expliziter Nutzung des Panelcharakters der SOEP-Daten stehen im Mittelpunkt der substantiellen Analysen neben einer „klassischen" Vermögensverteilungsrechnung des Haushaltssektors für Deutschland in den Jahren 2002 und 2007 insbesondere auch Untersuchungen zum Zusammenhang von Einkommen und Vermögen in Quer- und Längsschnittperspektive, zur geschlechtsspezifischen, insbesondere der intra-ehelichen Vermögensverteilung („Gender Wealth Gap") sowie die Erweiterung der Vermögensmessung und -verteilungsrechnung auf Basis des im SOEP-Modul erhobenen Geld- und Sachvermögens um fiktive Vermögen aus Anwartschaften an die Alterssicherungssysteme.

Dieser Bericht ist wie folgt strukturiert: *Kapitel 2* gibt einen Überblick über die Entwicklung der Vermögen der Privathaushalte seit 1950 in Deutschland. In *Kapitel 3* wird die Datengrundlage und die Aufbereitung der Vermögensinformationen des SOEP beschrieben und detaillierte sozialstrukturelle Analysen zur personellen Vermögensverteilung in Deutschland in den Jahren 2002 und 2007 vorgestellt. Die Bedeutung laufender Einkommen für die Akkumulation von Vermögen steht im Mittelpunkt von *Kapitel 4*. Eine um das Sozialvermögen erweiterte Betrachtung der Vermögenssituation in Deutschland wird in *Kapitel 5* vorgenommen und *Kapitel 6* fasst die Ergebnisse zusammen und zieht (sozial-) politische Schlussfolgerungen.

2. Die langfristige Entwicklung des Gesamtvermögens der Haushalte und seiner Verteilung

2.1 Zur Einführung

Das Volksvermögen stellt ein wesentliches Element des Wohlstandes der Einwohner und der Produktionsmöglichkeiten eines Landes dar. Die statistische Erfassung ist jedoch trotz vielfältiger Bemühungen bisher nur teilweise gelungen. Dies liegt sowohl an ungelösten Erfassungsproblemen als auch an Bewertungsschwierigkeiten.

In einer marktwirtschaftlich organisierten Volkswirtschaft gehört der überwiegende Teil des Volksvermögens den inländischen Haushalten. In einer geschlossenen Wirtschaft ohne Außenwirtschaftsbeziehungen gibt es aber neben dem Haushaltssektor zwei weitere „Letzteigentümersektoren", an denen man seinerseits kein Eigentum besitzen kann; dies sind der Staat und die Organisationen ohne Erwerbszweck. Diese drei inländischen Letzteigentümersektoren sind unter dieser Annahme auch die Eigentümer des gesamten Unternehmenssektors und der Finanzinstitutionen; deren Vermögen muss diesen drei Sektoren daher als Beteiligungsvermögen zugerechnet werden. Da sich Forderungen und Verbindlichkeiten gegenseitig aufheben, besteht das Volksvermögen lediglich aus dem in der Volkswirtschaft vorhandenen Sachvermögen. Inländer- und Inlandskonzept des Volksvermögens fallen zusammen. In einer offenen Volkswirtschaft mit Außenwirtschaftsbeziehungen tritt „das Ausland" als vierter „Letzteigentümersektor" hinzu. Unter „Ausland" werden dabei Haushalte mit Wohnsitz im Ausland, ausländische Unternehmen, ausländische Finanzinstitutionen, ausländische Staaten, internationale Organisationen und ausländische Organisationen ohne Erwerbszweck zusammengefasst. Inländer können sowohl Eigentumsrechte an ausländischem Grundbesitz und an ausländischen Unternehmen und Finanzinstitutionen als auch Forderungen gegen ausländische Schuldner besitzen. Umgekehrt können Ausländer Eigentumsrechte an im Inland gelegenem Grundbesitz und an im Inland ansässigen Unternehmen sowie Forderungen gegen inländische Schuldner besitzen. Der Saldo aus diesen Eigentumsrechten, Forderungen und Verbindlichkeiten wird als Nettoauslandsvermögen der Inländer bezeichnet. Das Volksvermögen nach dem Inländerkonzept besteht in diesem Fall aus dem im Eigentum der drei inländischen Letzteigentümersektoren direkt oder indirekt stehenden Sachvermögen und dem Nettoauslandsvermögen, das positiv oder negativ sein kann. Damit ist das Inländerkonzept des Volksvermögens umrissen.

Dem steht das Inlandskonzept des Volksvermögens gegenüber, das sämtliche im Inland gelegenen Vermögenswerte – unabhängig von den Eigentumsverhältnissen – umfasst. Dieses alternative Konzept ist für die folgenden Überlegungen nicht geeignet und wird daher nicht weiter verfolgt.[1] Da es hier um die Vermögensverteilung unter den inländischen Haushalten geht, beschränken wir uns auf das Inländerkonzept des Volksvermögens.

Die den Haushalten gehörenden Vermögensgüter setzen sich aus mehreren Kategorien zusammen: erstens aus dem Sachvermögen, das aus dem Grundeigentum in In- und Ausland, aus dem Hauseigentum und anderen Anlagegütern sowie aus dem Gebrauchsvermögen wie dem Hausrat und den Wertaufbewahrungsmitteln wie Schmuck, Goldbarren, Kunstgegenständen etc. besteht; zweitens aus dem positiven Geldvermögen, das die Forderungen gegenüber dem Staat, den Unternehmen, den Finanzinstitutionen und dem Ausland umfasst. Forderungen und Verbindlichkeiten der Haushalte untereinander kompensieren sich gegenseitig und tauchen daher bei dieser Betrachtung nicht mehr auf; drittens aus dem Beteiligungsvermögen, das sich aus börsenmäßig gehandelten Aktien sowie direkten und indirekten Eigentumsrechten an Unternehmen und Finanzinstitutionen im Inland und Ausland zusammensetzt. Dem steht viertens ein negatives Geldvermögen in Form von Verbindlichkeiten aller Art gegenüber den drei anderen inländischen Letzteigentümersektoren und dem Ausland, insbesondere Darlehen auf Haus- und Grundbesitz sowie Konsumentenkredite, gegenüber. Der Saldo dieser vier Komponenten ergibt das Nettovermögen des Haushaltssektors, das auch als dessen Reinvermögen bezeichnet wird. Auf die Verteilung dieses Nettovermögens und seiner Komponenten auf Haushalte und Personen mit Wohnsitz im Inland richtet sich die Hauptfragestellung dieser Studie.

Dabei müssen jedoch aus statistischen Gründen Abstriche gemacht werden. Zum ersten ist die Zurechnung des Beteiligungsvermögens des Unternehmens- und Finanzsektors auf Haushalte bisher nur teilweise möglich. Zum zweiten wird das im Ausland gelegene Vermögen inländischer Haushalte (und Unternehmen) in den bisher verfügbaren Volksvermögensrechnungen nicht vollständig erfasst. Drittens bestehen bei Umfragen mit freiwilliger Beteiligung, auf die sich Verteilungsanalysen stützen müssen, Erfassungs- und Bewertungsprobleme, so dass die in einer Volksvermögensrechnung enthaltenen Vermögenswerte von Haushalten im Allgemeinen nur teilweise repräsentiert werden.

In dieser knappen Darstellung wurde nur das Volksvermögen im engeren Sinn behandelt, zu dem statistische Ergebnisse vorhanden sind. Zum Volksver-

1 Analoge konzeptionelle Unterschiede bestehen in der Volkswirtschaftlichen Gesamtrechnung zwischen dem Bruttosozialprodukt/Bruttonationaleinkommen und dem Bruttoinlandsprodukt; ausführliche Erläuterungen zur gesamtwirtschaftlichen und sektoralen Vermögensrechnung finden sich bei Stobbe 1994, Kap. 2.

mögen im weiteren Sinn gehören auch das Humanvermögen, das aus den bei der Bevölkerung akkumulierten Fähigkeiten und Wissensbeständen besteht, sowie das Umweltvermögen, dessen Wert im Rahmen einer Bewertung von Grundstücken nur teilweise erfasst werden kann. Diese Elemente des Volksvermögens im weiteren Sinne werden in dieser Studie nicht betrachtet. Dagegen wird ein Versuch unternommen, den Wert der bereits akkumulierten Renten- und Pensionsanwartschaften zu ermitteln und die Verteilung dieser Ansprüche aufzuzeigen, um zu einem umfassenderen Bild der personellen Vermögensverteilung zu kommen. Allerdings sind diese Anwartschaften, soweit sie nach dem Umlageverfahren finanziert werden, kein Element des Volksvermögens, weil ihnen der akkumulierte Wert der künftigen Beitrags- und Steuerzahlungen gegenüber steht. Selbst wenn für Anwartschaften auf Alterssicherungsleistungen eine Kapitaldeckung bei Pensionsfonds etc. besteht, werden diese Forderungen der gesicherten Personen *in einer voll konsolidierten Volksvermögensrechnung* nicht sichtbar, weil sie mit den entsprechenden Verbindlichkeiten gegengerechnet werden. Nur soweit es sich um Vermögensanlagen im Ausland handelt, tauchen sie im Nettovermögen des Haushaltssektors auf. Die wenigen bisherigen Versuche zu dieser erweiterten Betrachtung der Vermögensverteilung werden im Folgenden kurz erwähnt.

Um einen Rahmen für die Verteilungsanalyse zu schaffen, skizzieren wir zunächst die Entwicklung des Volksvermögens und des Nettovermögens des Haushaltssektors von 1950 bis 2005. Da angesichts des realen Wirtschaftswachstums und der Preisniveausteigerungen sowie der Änderungen der relativen Preise Nominalgrößen im zeitlichen Vergleich wenig aussagekräftig sind, werden die verschiedenen Vermögensgrößen auch immer zum jeweiligen Bruttoinlandsprodukt und zum jeweils verfügbaren Einkommen des Haushaltssektors ins Verhältnis gesetzt.

2.2 Die Entwicklung des Volksvermögens und des Nettovermögens des Haushaltssektors von 1950 bis 2005

Da es für den langen Zeitraum von 1950 bis 2005 keine konsistente Zeitreihe der Entwicklung des Volksvermögens und des Nettovermögens des Haushaltssektors gibt, müssen verschiedene Datenquellen herangezogen werden. Diese Datenquellen unterscheiden sich in der Methodik der Vermögensermittlung und Bewertung, so dass Brüche entstehen. Auf diese methodischen Unterschiede kann in dieser Übersicht aber nicht im Detail eingegangen werden. Hierfür sind die Originalquellen zu konsultieren. Wenn die Ergebnisse daher in Bezug auf das Niveau der Angaben auch nur als grobe Schätzungen anzusehen sind, so lassen sie doch zumindest Trendaussagen zu, die als Rahmen für die folgenden Verteilungsuntersuchungen genügen müssen.

2.2.1 Die Periode von 1950 bis 1970 in Westdeutschland

Eine umfassende Schätzung für alle Jahre zwischen 1950 und 1970 stammt von Engels et al. (1974). Dabei werden unter anderem das gesamte Volksvermögen und die Reinvermögen der vier Letzteigentümersektoren ermittelt (ebd.: 127). Es handelt sich um eine voll konsolidierte Volksvermögensrechnung. Außerdem wird die Aufteilung des Nettovermögens des Haushaltssektors auf die Haushalte der selbstständig und der unselbstständig Beschäftigten geschätzt (ebd.: 134–136), so dass sich ein erster Einblick in das Verhältnis zwischen diesen beiden Gruppen ergibt. Weiterhin wird die Konzentration des Vermögensbesitzes zu ermitteln versucht (ebd.: 163–168).

Wie aus Tabelle 2-1 hervorgeht, wuchs in dem Zeitraum von 1950 bis 1970 das nominelle Volksvermögen unter Einbeziehung von Preisniveausteigerungen auf das Siebenfache; dies entspricht einer durchschnittlichen jährlichen nominellen Wachstumsrate von 10,2%. Das Nettovermögen des Haushaltssektors stieg sogar mit einer durchschnittlichen Rate von 10,8% an. Wenn man das erste Wiederaufbaujahr 1950 vernachlässigt, zeigt sich beim Verhältnis des Bruttoinlandsprodukts zum Volksvermögen und zum Nettovermögen des Haushaltssektors eine deutlich steigende Tendenz: Während 1955 das Volksvermögen noch das 3,3-fache des Bruttoinlandsprodukts betrug, war es bis 1970 auf das 4,1-fache

Tab. 2-1: Die Entwicklung des Volksvermögens und des Nettovermögens des Haushaltssektors in der Bundesrepublik Deutschland von 1950 bis 1970 (ab 1960 einschließlich Saarland und Westberlin)

Bezugsgröße	1950	1955	1960	1965	1970
Volksvermögen in Mrd. Euro[a, b]	206,8	307,3	546,1	949,7	1.449,4
Nettovermögen des Haushaltssektors in Mrd. Euro[a, b]	116,8	177,5	337,9	596,8	916,3
Verhältnis des Volksvermögens zum Bruttoinlandsprodukt[c]	4,1	3,3	3,5	4,0	4,1
Verhältnis des Nettohaushaltsvermögens zum Bruttoinlandsprodukt[c]	2,3	1,9	2,2	2,5	2,6
Verhältnis des Nettohaushaltsvermögens zu verfügbaren Einkommen der Haushalte[c]	3,28[d]	2,83[d]	3,25	3,79	4,05

a – Umrechnung von DM in Euro zum Kurs von 1,955833; *b* – Gebietsstand 1950 und 1955 ohne Saarland und Westberlin; Bewertungsdifferenz vernachlässigt; *c* – Angaben für das Bruttoinlandsprodukt und das Verfügbare Einkommen des Haushaltssektors aus Sachverständigenrat zur Begutachtung der gesamtwirtschaftlichen Entwicklung, Jahresgutachten 1976/77, Tab. 14* und Tab. 20*; *d* – Einschließlich privater Organisationen ohne Erwerbszweck.

Quelle: Engels et al. 1974

angewachsen. Das Nettovermögen des Haushaltssektors stieg vom 1,9-fachen auf das 2,6-fache. Der Anteil des Nettovermögens des Haushaltssektors am gesamten Nettovolksvermögen nahm damit von 57,8% (1955) auf 63,2% (1970) zu. Im Verhältnis zum verfügbaren Einkommen des Haushaltssektors erhöhte sich das Nettovermögen des Haushaltssektors vom 2,83-fachen (1955) auf das 4,05-fache (1970).

Das Verhältnis des durchschnittlichen Nettovermögens der Selbstständigenhaushalte zum durchschnittlichen Nettovermögen der Unselbstständigenhaushalte hat sich vom 12,5-fachen im Jahr 1950 auf das 10,6-fache im Jahr 1970 etwas zugunsten der Unselbstständigenhaushalte verschoben (Engels et al. 1974: 136). Bei dieser Verschiebung spielten sowohl unterschiedliche Sparquoten und Wertsteigerungen[2] als auch Veränderungen der Sozialstruktur infolge des Zustroms von Flüchtlingen aus den ehemaligen Ostgebieten und von Übersiedlern aus der DDR sowie des ausgedehnten Wechsels von Selbstständigenhaushalten zu Unselbstständigenhaushalten eine Rolle.[3] Da die Selbstständigenhaushalte im Durchschnitt größer waren als die Unselbstständigenhaushalte, ist diese Diskrepanz bei Betrachtung der Pro-Kopf-Vermögen weniger stark ausgeprägt.

Aus den Ergebnissen für den gesamten Haushaltssektor wird nicht sichtbar, wie sich die Vermögensverteilung verändert hat. In den Anfangsjahren der Bundesrepublik spielten die Regelungen der Währungsumstellung,[4] die Freigabe der Preisgestaltung für Grundstücke und Gebäude sowie der 1952 eingeführte Lastenausgleich zwischen der einheimischen Bevölkerung und den Flüchtlingen und Vertriebenen eine wichtige Rolle. Diese Lastenausgleichsmaßnahmen wurden von Engels et al. (1974) als „die wahrscheinlich größten friedlichen Vermögensumverteilungsaktionen der Geschichte" charakterisiert.[5] Um das enorme Vo-

---

2 Von dem Gesamtzuwachs des Nettovolksvermögens entfielen etwa 54% auf Wertsteigerungen und nur etwa 46% auf originäre Vermögensneubildung aus Ersparnis (Engels et al. 1974: 95).

3 Der Anteil der Flüchtlinge und Übersiedler an der einheimischen Bevölkerung Westdeutschlands betrug damals etwa 20%.

4 Bei der Währungsumstellung wurden alle Forderungen im Verhältnis 100 zu 10 oder sogar 100 zu 6,5 zusammengestrichen. Gewinner waren insbesondere der Staat und in geringerem Umfang private Schuldner. Private Hypothekenschuldner wurden nicht entlastet, da ihr Währungsgewinn durch die im Rahmen des Lastenausgleichs erhobene Hypothekengewinnabgabe abgeschöpft wurde.

5 Im Rahmen des Lastenausgleichs wurden ab 1952 folgende Leistungen gewährt: Hauptentschädigung für Vertreibungsschäden, Eingliederungsdarlehen für Vertriebene und Kriegssachgeschädigte zum Aufbau einer neuen Lebensgrundlage, Kriegsschadenrenten, Hausratsentschädigung, Mittel zur Förderung der Berufsausbildung und Umschulung. Die Finanzierung des Lastenausgleichs erfolgte (1) durch eine 50-prozentige Vermögensabgabe auf das gesamte, nach steuerlichen Bewertungsvorschriften am 30.6.1948 erfasste Vermögen, (2) aus der Hypothekengewinnabgabe, die die durch die Währungs-

lumen des Lastenausgleichs in Relation zu setzen, stellen Engels et al. (1974: 25) fest, dass dies einer auf das Jahr 1970 bezogenen Vermögensumverteilung von etwa 400 bis 500 Millionen Euro entspräche, d.h. also nahezu der Hälfte des Nettovermögens des Haushaltssektors entsprochen hätte. Bereits in den 1950er Jahren setzten auch Maßnahmen zur Förderung der Vermögensbildung in breiten Schichten ein, die zu einer weiteren Streuung des Vermögens beigetragen haben dürften.

Vermutlich gab es bereits seit 1950 Tendenzen zur Vermögenskonzentration, die sich allerdings nicht genau empirisch nachweisen lassen, da die Auswirkungen der Währungsumstellung, des Lastenausgleichs und der Vermögensbildungsförderung nie umfassend aufgearbeitet wurden.[6] Bereits im Jahr 1970 war die Konzentration des Nettovermögens unter den Haushalten sehr hoch. Während das unterste Dezil kein nennenswertes Nettovermögen aufwies und die untere Hälfte der Haushalte lediglich 8,5% des Nettovermögens des Haushaltssektors besaß, entfielen auf das oberste Dezil 44% des Nettovermögens (Engels et al. 1974: 166).

2.2.2 Die Periode von 1970 bis 1992 in Westdeutschland

Die Deutsche Bundesbank hat im Oktober 1993 eine Vermögensbilanz westdeutscher Privathaushalte einschließlich der privaten Organisationen ohne Erwerbszweck[7] vorgelegt (Deutsche Bundesbank 1993: 19–32), mit der sich die in Abschnitt 2.2.1 begonnene Zeitreihe fortsetzen lässt. Allerdings besteht dabei ein größerer statistischer Bruch. Einerseits müssten von den Angaben zum Nettovermögen des Haushaltssektors im weiteren Sinne etwa 3% bis 5% als Anteil der Organisationen ohne Erwerbszweck abgezogen werden. Andererseits wird in dieser Vermögensbilanz der Bundesbank für den Haushaltssektors im weiteren Sinne das Beteiligungsvermögen der Haushalte, soweit es nicht in gehandelten

---

umstellung begünstigten Hypothekenschuldner zu leisten hatten, (3) aus der Kreditgewinnabgabe auf Schuldnergewinne gewerblicher Betriebe, (4) aus Vermögensteuererträgen, (5) aus Einnahmen aus der Tilgung und Verzinsung von vergebenen Lastenausgleichsdarlehen (vgl. Lampert 1980). Die Lastenausgleichsabgaben konnten allerdings über 30 Jahre in Raten bezahlt werden, so dass es nicht zu einer realen Vermögensumverteilung, d.h. einer Aufteilung der gewerblichen Unternehmen, der Finanzinstitutionen und der landwirtschaftlichen Betriebe, kam.

6 Vgl. für eine Übersicht über Vermögensverteilungsstudien, die den Zeitraum von 1950 bis 1970 abdecken, Ring 2000: 212–253.

7 Zu den Organisationen ohne Erwerbszweck zählen Stiftungen, gemeinnützige Vereine, Kirchen und Klöster, Gewerkschaften, Wohlfahrtsverbände u.ä. Das Nettovermögen dieses Letzteigentümersektors wird auf 3% bis 5% des Nettovermögens des Haushaltssektors im weiteren Sinne geschätzt.

Aktien besteht, nicht einbezogen. Diese Position müsste hinzugezählt werden. Es handelt sich also nicht um eine umfassende, voll konsolidierte Vermögensbilanz für den Letzteigentümersektor „Private Haushalte im engeren Sinne", wie sie Engels et al. (1974) vorgelegt haben.

Ungeachtet der aus diesen Gründen resultierenden Niveauunterschiede zeigt sich in der Periode von 1970 bis 1992 in Westdeutschland eine Fortsetzung des Trends zur überdurchschnittlichen Vermögensakkumulation bei den privaten Haushalten im Vergleich zum Wachstum des Bruttoinlandsprodukts und des verfügbaren Einkommens (vgl. Tab. 2-2). Dementsprechend nahm das Nettohaushaltsvermögen von 1970 bis 1992 vom 1,97-fachen des Bruttoinlandsprodukts auf das 2,94-fache zu. Im Verhältnis zum verfügbaren Einkommen erhöhte sich das Nettovermögen des Haushaltssektors vom 3,05-fachen auf das 4,73-fache.

Das Bruttovermögen des westdeutschen Haushaltssektors setzte sich im Jahr 1970 zu 52,7% aus Grund- und Hausvermögen, zu 13,6% aus Gebrauchsvermögen und 33,7% aus positivem Geldvermögen zusammen. Mit 13,5% des Bruttovermögens waren die Haushalte verschuldet. Das Nettovermögen belief sich daher auf 86,5% des Bruttovermögens. Im Jahr 1992 waren die Anteile des Haus- und Grundvermögens am Bruttovermögen auf 51,8% und des Gebrauchsvermögens auf 12,2% gesunken, während sich der Anteil des Geldvermögens auf 36% erhöht hatte. Auch der Anteil der Schulden war auf 12,8% zurückge-

Tab. 2-2: Vermögensbilanz westdeutscher Privathaushalte (einschließlich privater Organisationen ohne Erwerbszweck; in Mrd. Euro)

Position	1970	1980	1992
Wohnungsvermögen[a]	414,7	1.228,0	2.515,6
Gebrauchsvermögen[b]	106,9	315,5	592,1
Geldvermögen[c]	264,8	754,2	1.745,5
Kredite[d]	105,8	314,4	621,2
Reinvermögen[e] bzw. Nettovermögen des Haushaltssektors	680,6	1.983,3	4.230,0
Durchschnittliche jährliche Wachstumsrate in %		11,3	6,5
Verhältnis des Nettovermögens des Haushaltssektors zum Bruttoinlandsprodukt[f]	1,97	2,64	2,94
Verhältnis des Nettovermögens zum verfügbaren Einkommen des Haushaltssektors	3,05	4,05	4,73

a – Wohnbauten (nach Berücksichtigung der Abschreibungen) und anteilige Grundstücke zu Wiederbeschaffungspreisen; *b* Nach Berücksichtigung von Abschreibungen zu Wiederbeschaffungspreisen; *c* –Wertpapiere zu Tageskursen; *d* – Für Konsum- und Wohnungsbauzwecke; *e* – Als Differenz ermittelt, hierin nicht enthalten der Wert der Wertsachen; *f* – Angaben zum Bruttoinlandsprodukt nach Sachverständigenrat zur Begutachtung der gesamtwirtschaftlichen Entwicklung, Jahresgutachten 1996/97, Tab. 26* und 33*.

Quelle: Deutsche Bundesbank 1993: 31

gangen, so dass das Nettovermögen nunmehr 87,2% des Bruttovermögens ausmachte.

Für den Anstieg des Nettovermögens der westdeutschen Privathaushalte (einschließlich der Organisationen ohne Erwerbszweck) sind die gleichen Faktoren verantwortlich, die auch in der vorhergehenden Periode wirkten: Ersparnis aus laufendem Einkommen und ersparte Wertsteigerungen an Grundstücken, Häusern sowie beim Beteiligungsvermögen, soweit dies in der nicht voll konsolidierten Bilanz enthalten ist. Dabei spielen bei den Wertsteigerungen des Beteiligungsvermögens, das sich hier auf gehandelte Aktien beschränkt, sowohl einbehaltene Gewinne als auch die Öffnung der Finanzmärkte für internationale Anleger eine Rolle.

2.2.3 Die Periode von 1991 bis 2005 in Gesamtdeutschland

Im Jahr 1990 kam es zur Wiedervereinigung Deutschlands. Dies spiegelt sich nicht nur in einer vergrößerten Bevölkerung, in einer ausgeweiteten Fläche und in einem größeren Produktionspotenzial sondern auch in einer Zunahme des Nettovolksvermögens. Der Systemwechsel von einem planwirtschaftlich-sozialistischen Wirtschaftssystem zu einem überwiegend marktwirtschaftlich organisierten Wirtschaftssystem mit ausgebauter sozialstaatlicher Komponente erforderte grundlegende Veränderungen: Erstens musste eine Währungsumstellung mit einer Neubewertung aller Löhne, Transferzahlungen, Güterpreise sowie Forderungen und Schulden vorgenommen werden; zweitens sollte der Staatsanteil am Volksvermögen neu aufgeteilt und teilweise privatisiert werden. Gleiches galt für das in Agrargenossenschaften zusammengefasste ehemalige private landwirtschaftliche Vermögen. Drittens galt es, einen überwiegend in Privathand befindlichen Unternehmenssektor aufzubauen; viertens war es entsprechend der wirtschaftspolitischen Linie der alten Bundesrepublik erforderlich, eine breite Streuung des in Händen privater Haushalte befindlichen Vermögens anzustreben; fünftens musste die private Vermögensbildung angeregt und die Palette der Vermögensanlagemöglichkeiten ausgeweitet werden; sechstens musste die Auslandsverschuldung der DDR von der Bundesrepublik Deutschland übernommen werden; siebtens mussten Restitutionsansprüche westdeutscher und ausländischer Personen geregelt werden.[8] Diese im Einigungsvertrag und in dem vorher geschlossenen Vertrag über die Wirtschafts- und Währungsunion vereinbarte Systemumstellung hatte auch gravierende Auswirkungen auf die sektorale Vermögensverteilung und die personelle Verteilung des Nettovermögens des Haushaltssektors. Im Einzelnen können diese Veränderungen mangels ausreichender Datengrundla-

8 Vgl. für eine knappe Zusammenfassung und weiterführende Literatur Hauser et al. 1996, Abschnitt 3.2.3.

gen nicht nachgezeichnet werden; denn schon wenige Jahre nach der Wiedervereinigung hat das Statistische Bundesamt aufgehört, getrennte Statistiken nach neuen und alten Bundesländern zu veröffentlichen. Auch die im Folgenden auszugsweise präsentierte Berechnung des Volksvermögens durch die Deutsche Bundesbank verzichtet auf einen nach Ost und West getrennten Ausweis.

Im Januar 2008 legte die Deutsche Bundesbank integrierte sektorale und gesamtwirtschaftliche Vermögensbilanzen für Gesamtdeutschland für jedes der Jahre von 1991 bis 2005 vor, die nach den Vorgaben des Europäischen Systems Volkswirtschaftlicher Gesamtrechnungen von 1995 gestaltet sind (Tab. 2-3).[9] In dieser Aufstellung wird wieder nur das Vermögen des Haushaltssektors im weiteren Sinne (einschließlich der Organisationen ohne Erwerbszweck) ausgewiesen. Außerdem wird das Reinvermögen der „nicht-finanziellen Unternehmen" und der „finanziellen Unternehmen" nicht auf die Letzteigentümersektoren aufgeteilt. Wenn dies geschehen wäre, würde sich das Nettovermögen des Haushaltssektors im weiteren Sinne wesentlich höher darstellen.

In dieser dritten Periode hat sich der Trend zur überdurchschnittlichen Vermögensakkumulation fortgesetzt. Das nunmehr auf Gesamtdeutschland bezogene Volksvermögen stieg vom 3,98-fachen des Bruttoinlandsprodukts im Jahr 1993 auf das 4,12-fache im Jahr 2005. Beim Nettohaushaltsvermögen ließ sich sogar ein noch stärker steigender Trend beobachten: Von 1993 bis 2005 erhöhte sich das Nettohaushaltsvermögen vom 2,81-fachen des Bruttoinlandsprodukts auf das 3,39-fache. Im Verhältnis zum verfügbaren Einkommen stieg das Nettovermögen des Haushaltssektors vom 3,59-fachen auf das 4,66-fache an. Dies hat sich auch in einem deutlich steigenden Anteil des dem Haushaltssektor zufließenden Einkommens aus Unternehmertätigkeit und Vermögen niedergeschlagen (SVR 2007: 541).

Das Absacken der Börsenkurse im Jahr 2002 wird nur in einem Rückgang des Geldvermögens des Haushaltssektors von weniger als 1% sichtbar, der aber bereits im folgenden Jahr wieder aufgeholt wird. Wenn das Reinvermögen der

9 Vgl. Deutsche Bundesbank 2008: 31–47. In diesen Zahlen sind drei wichtige Komponenten des Volksvermögens nach dem Inländerkonzept noch nicht erfasst: Erstens der Wert des unbebauten Landes in Form von landwirtschaftlich genutzten Flächen, Wald und Ödland. Dies ist eine bedeutende Position, da die landwirtschaftlich genutzten Flächen von ca. 170.000 km^2 fast die Hälfte der gesamten Fläche Deutschlands ausmachen. Diese landwirtschaftlich genutzten Flächen, bewertet mit dem durchschnittlichen Kaufpreis für landwirtschaftliche Flächen im Jahr 2005 (8.692 Euro pro ha), besitzen einen Wert von 147,8 Milliarden Euro (Statistisches Bundesamt 2007); zweitens der Wert des Gebrauchsvermögens einschließlich Schmuck, Kunstgegenständen und Antiquitäten, diese Position wurde von der Deutschen Bundesbank für das Jahr 2002 auf 968 Mrd. Euro geschätzt (Ammermüller et al. 2005: 100); drittens der Grund- und Hausbesitz von inländischen Haushalten im Ausland.

nicht-finanziellen Unternehmen teilweise dem Haushaltssektor zugerechnet worden wäre, hätte sich dieser Einbruch stärker im Haushaltsnettovermögen bemerkbar gemacht, da das Reinvermögen dieses Unternehmenssektors erst im Jahr 2004 wieder den Stand von 2001 erreichte. Auch bei den finanziellen Unternehmen zeigte sich nach 2001 ein Rückgang, der erst 2004 wieder ausgeglichen wurde.

Tab. 2-3: Volksvermögen und Vermögen des Haushaltssektors (einschließlich der Organisationen ohne Erwerbszweck) in Gesamtdeutschland 1993 bis 2005 (in Mrd. Euro)

Position	1993	1998	2002	2003	2005
Volksvermögen	6.749,7	7.531,7	8.359,1	8.515,3	9.223,0
Verhältnis des Volksvermögens zum Bruttoinlandsprodukt	3,98	3,83	3,90	3,94	4,12
Nettohaushaltsvermögen	4.764,7	5.887,3	6.603,1	6.950,5	7.593,8
Sachvermögen	3.358,5	3.990,6	4.479,3	4.611,4	4.857,4
Anlagevermögen	2.570,6	3.007,5	3.213,9	3.252,0	3.391,2
Bauland	787,9	983,1	1.265,4	1.359,4	1.466,2
Geldvermögen	2.390,4	3.267,2	3.675,9	3.907,5	4.305,1
Verbindlichkeiten	984,2	1.370,5	1.552,1	1.568,4	1.568,7
Durchschnittliche jährliche Wachstumsrate des Nettohaushaltsvermögens in %		4,3	2,9	5,3	4,5
Verhältnis des Nettohaushaltsvermögens zum Bruttoinlandsprodukt[a]	2,81	3,00	3,08	3,22	3,39
Verhältnis des Nettohaushaltsvermögens zum verfügbaren Einkommen[a]	3,66	4,01	4,12	4,30	4,59

a – Angaben zum Bruttoinlandsprodukt und zum verfügbaren Einkommen aus: Sachverständigenrat zur Begutachtung der gesamtwirtschaftlichen Entwicklung, Jahresgutachten 2005/06 und 2007/08.

Quelle: Deutsche Bundesbank 2008

2.2.4 Die Entwicklung des Geldvermögens von 1998 bis 2008

Unter dem Begriff des Geldvermögens versteht man die Bestandteile des Vermögens, die als Bargeld gehalten werden oder als Geldanlage bei Banken, Versicherungen und Bausparkassen sowie in Titeln des Geld- und Kapitalmarkts angelegt sind. Das Geldvermögen weist im Vergleich zu anderen Vermögenskomponenten – insbesondere dem Immobilienbesitz – eine relativ hohe Liquidität auf. Es erfüllt dementsprechend vor allem die Einkommenserzielungs- und die soziale Sicherungsfunktion im Falle von Einkommensausfällen, da aufgrund der hohen Liquidität kurzfristig Schwankungen des laufenden Einkommens ausgeglichen werden können.

Tab. 2-4: Das Geldvermögen des Haushaltssektors 1999–2008

	Insgesamt in Mrd. Euro	Spar-, Sicht-, Termineinlagen und Bargeld	Geldanlagen bei Versicherungen	Investmentfonds	Aktien	Festverzinsliche Wertpapiere[a]	Sonstiges[b]
1999	3.539	1.266	808	362	477	331	295
2000	3.608	1.235	866	409	447	326	326
2001	3.706	1.262	914	436	364	351	379
2002	3.676	1.349	950	425	203	370	379
2003	3.907	1.407	995	465	263	387	391
2004	4.087	1.456	1.044	461	276	428	421
2005	4.305	1.499	1.099	519	320	423	446
2006	4.529	1.541	1.148	525	372	482	460
2007	4.564	1.621	1.205	545	393	333	467
2008	4.412	1.743	1.263	497	304	166	439
				Anteile in %			
1999	100,0	35,8	22,8	10,2	13,5	9,4	8,3
2000	100,0	34,2	24,0	11,3	12,4	9,0	9,0
2001	100,0	34,0	24,7	11,7	9,5	9,8	10,2
2002	100,0	35,7	26,8	11,6	5,5	10,0	10,3
2003	100,0	36,0	25,5	11,9	6,7	9,9	10,0
2004	100,0	35,6	25,5	11,3	6,8	10,5	10,3
2005	100,0	34,8	25,5	12,1	7,4	9,8	10,4
2006	100,0	34,0	25,3	11,6	8,2	10,6	10,2
2007	100,0	35,5	26,4	12,0	8,6	7,3	10,2
2008	100,0	39,5	28,6	11,3	6,9	3,8	10,0

a – Inkl. Zertifikate; 2007 hat die Deutsche Bundesbank bei der Gruppe der „Rentenwerte“ eine Revision vorgenommen, die aktuellen Angaben sind mit denen aus den Vorjahren daher nicht direkt vergleichbar; *b* – Beteiligungen wie z.B. GmbH-Beteiligungen.

Quelle: Bankenverband und eigene Berechnungen; Internet: http://www.bankenverband.de/pic/artikelpic/072008/Gr0807_pr_geldvermoeg.pdf und http://www.bankenverband.de/channel/111010/art/2730/index.html

Das Geldvermögen der privaten Haushalte in Deutschland belief sich Ende 2008 auf 4,4 Billionen Euro. Mehr als ein Drittel wird in Form von Spar-, Sicht- und Terminanlagen angelegt oder steht als Bargeld zur Verfügung. Rund ein Viertel des Geldvermögens investieren die privaten Haushalte in Lebensversicherungen, bei Pensionskassen, berufsständischen Versorgungswerken oder in Zusatzversorgungseinrichtungen. Der in Aktien und Investmentfonds gehaltene Anteil des gesamten Geldvermögens macht weniger als ein Fünftel aus, wobei sich in den vergangenen Jahren vor allem der Aktienanteil halbiert hat. Angaben zu festverzinslichen Wertpapieren sind aufgrund einer in 2007 von der Deutschen Bundesbank vorgenommenen Revision nicht über die Zeit vergleichbar. Tendenzaussagen sind hingegen möglich: Danach investieren die privaten Haushalte weniger als ein Zehntel ihres Geldvermögens in diese Anlageform.

Mit der im Jahre 2008 beginnenden Finanz- und Wirtschaftskrise ist nach sechs Jahren erstmals wieder ein Rückgang des gesamten Geldvermögens der privaten Haushalte in Höhe von rund 140 Mrd. Euro zu beobachten. Dies ist vor allem einem relativ starken Rückgang bei dem Wert der Aktienanlagen in Höhe von 90 Mrd. Euro und der festverzinslichen Wertpapiere geschuldet – vorbehaltlich der oben genannten Probleme der intertemporalen Vergleichbarkeit. Demgegenüber haben die privaten Haushalte verstärkt in sichere Anlagen wie Spar-, Sicht-, Termineinlagen und Bargeld umgeschichtet, wobei hier ein Zuwachs in Höhe von über 120 Mrd. Euro beobachtet werden kann.

2.3 Die Verteilung des Nettohaushaltsvermögens in Westdeutschland, Ostdeutschland und Gesamtdeutschland

Auf der Grundlage einer einheitlichen, wenn auch mit Schwächen behafteten Mikrodatenbasis lässt sich die Verteilung des Vermögens der Haushalte in Westdeutschland erst seit 1973 darstellen.[10] Diese Datenquelle ist die Einkommens- und Verbrauchsstichprobe (EVS) des Statistischen Bundesamtes, die erstmals 1962 erhoben und seitdem im fünfjährigen Abstand mit einem schrittweise verbesserten Variablenkatalog fortgeführt wurde. Die EVS ist eine freiwillige Quotenstichprobe, die 40.000 bis 60.000 Haushalte umfasst und im Prinzip alle Informationen erhebt, die für eine Deskription der personellen Einkommens- und Vermögensverteilung erforderlich sind.[11] Die EVS erfasst aber folgende, für eine repräsentative Darstellung der Einkommen und Vermögen wichtige Personengruppen nicht: erstens aufgrund einer oberen Abschneidegrenze, die im Jahre 2002 bei 18.000 Euro pro Monat lag, Haushalte mit sehr hohen Nettoeinkommen, zweitens wohnsitzlose Personen (Obdachlose), drittens Personen, die in Einrichtungen (z.B. Altersheime, Pflegeheime, Arbeiterunterkünfte, Krankenhäuser, Klöster, Kasernen) leben,[12] und viertens – bis einschließlich 1988 –

10 Für die Periode vor 1973 wurden vor allem Ergebnisse über die Anteile der obersten Vermögensklassen und die durchschnittlichen Vermögen sozialer Gruppen ermittelt; für eine Übersicht vgl. Ring 2000: 229–247.

11 Eine ausführliche Darstellung der Einkommens- und Verbrauchsstichproben findet sich in Becker/Hauser 2003, Kap. 4 sowie in Statistisches Bundesamt, Fachserie 15 (verschiedene Jahrgänge).

12 Diese Einschränkung gilt aber in der Regel für alle Haushaltssurveys, so auch zumindest eingeschränkt für das SOEP. Zwar sieht das Weiterverfolgungskonzept dieses Surveys vor, private Haushalte auch nach dem Umzug in den Anstaltsbereich weiterhin zu befragen, jedoch muss davon ausgegangen werden, dass eine repräsentative Erhebung von

Haushalte mit ausländischer Bezugsperson. Seit 1993 werden auch die Haushalte in den neuen Bundesländern sowie Ausländer erfasst, wobei aufgrund des Stichprobendesigns insbesondere die letztgenannte Gruppe eher nicht repräsentativ erhoben wird. Auf dieser Datenbasis beruhen die folgenden Ausführungen.[13] Wegen der ausgeschlossenen Gruppen und der Unterschätzung insbesondere des Geldvermögens[14] lassen sich aus dieser Datenquelle Ergebnisse ableiten, die nur als eine Untergrenze der tatsächlichen Vermögen und der Ungleichheit der Vermögensverteilung anzusehen sind.

Die Höhe des in der EVS erfassten durchschnittlichen Nettovermögens pro Haushalt und die daraus ermittelbare Ungleichheit der Verteilung der Nettovermögen auf Haushalte ist in Tabelle 2-5 dargestellt. Dabei wird die Ungleichheit mit dem Gini-Koeffizienten gemessen. Dieses Verteilungsmaß nimmt bei völliger Gleichverteilung den Wert Null und bei Konzentration des gesamten Nettovermögens auf einen Haushalt einen Wert von 1 an.[15] Die Verteilung ist daher umso ungleichmäßiger, je höher der Gini-Koeffizient ist.

Diese hier zusammengestellten Ergebnisse beruhen auf verschiedenen EVS-Studien, die nicht voll vergleichbar sind. Daher ist der Rückgang des Gini-Koeffizienten in den 1970er und 1980er Jahren nicht verlässlich interpretierbar. Da aber von 1993 bis 2003 innerhalb der EVS eher gleichartige Methoden angewendet wurden, kann man sagen, dass die Ungleichheit der Nettovermögensverteilung in Westdeutschland in diesem Zeitraum tendenziell zugenommen hat, während sie in Ostdeutschland abnahm.[16] Dabei hat sich eine gewisse Annäherung vollzogen. Das gesamtdeutsche Bild der Ungleichheit der Vermögensverteilung unterschied sich 2003 nicht mehr wesentlich von der Ungleichheit in den Landesteilen – wenngleich auf einem sehr unterschiedlichen Niveau.

---

institutionaliserten Haushalten aufgrund der besonderen Lebenssituation, z.B. in Pflegeheimen, nicht möglich ist.

13 Ein Vergleich zentraler methodologischer Annahmen (Stichprobenziehung etc.) und der Einkommensmessung und -verteilungsrechnung auf Basis von EVS und SOEP findet sich in Becker et al. 2003; Becker/Hauser 2005 sowie Grabka et al. 2007.

14 So wird das gesamte Bruttogeldvermögen in der EVS im Jahre 2003 nur zu 43% im Vergleich zu Angaben aus der Bundesbankstatistik erfasst (Becker/Hauser 2005: 90): Für einen Abgleich der Vermögensaggregate im SOEP mit Angaben aus Referenzstatistiken vgl. auch Tabelle 7-8.

15 Genau genommen liegt der Maximalwert des Gini-Koeffizienten bei n/n-1, wobei n die Zahl der betrachteten Einheiten bedeutet. Bei größeren n – wie bei der EVS – ist der Unterschied zwischen 1 und n/n-1 unbedeutend.

16 Diese Feststellung wird auch durch die Berechnungen von Ammermüller et al. 2005, Tab. 81 gestützt.

Tab. 2-5: Die Verteilung des Nettovermögens auf Haushalte in Westdeutschland, in Ostdeutschland und in Gesamtdeutschland

	Arithmetisches Mittel (in 1000 Euro)	Gini-Koeffizient	Anteil des obersten Dezils der Personen (in %)	Anteil der unteren Hälfte der Personen (in %)
			Westdeutschland	
1973[a]	51,3	0,748	78,0[e]	8,5[f]
1983[b]	120,2	0,701	48,8	2,4
1988[c]	82,9	0,668	45,0	3,4
1993[c]	126,6	0,622	40,8	5,6
1998[c]	130,5	0,640	41,9	4,6
2003[d]	148,8	0,657	44,8	4,0
			Ostdeutschland	
1993[c]	38,4	0,693	52,6	6,0
1998[c]	50,0	0,676	47,8	5,2
2003[d]	59,6	0,671	46,4	3,8
			Deutschland insgesamt	
1998[c]	110,1	0,660	44,0	4,1
2003[d]	133,4	0,675	46,8	3,8
2002[g]	145,0	0,755	55,5	1,4
2007[g]	163,0	0,774	58,2	0,9

Anmerkung: Bei negativem Nettovermögen wurden für die Berechnung des Gini-Koeffizienten Null-Werte verwendet.

Quellen: *a* – Mierheim/Wicke 1978: 54–63 (nur deutsche Haushalte, einschl. geschätztem Betriebsvermögen); *b* – Schlomann 1992: 136–139, 220 (nur deutsche Haushalte, einschl. geschätztem Betriebsvermögen); *c* –Stein 2004: 157, 188, 210 (1988 ohne Ausländer, alle Angaben ohne Betriebsvermögen); *d* –Ammermüller et al. 2005, Tab. 80, 81 (alle Haushalte, ohne Betriebsvermögen); *e* –Angabe für oberstes Quintil; *f* –Angabe für die unteren drei Quintile; *g* – Angaben auf Basis der Daten des SOEP

Engels et al. (1974) hatten schon für das Jahr 1970 für Westdeutschland festgestellt, dass die Konzentration des Nettovermögens unter den Haushalten sehr groß war: Nach Zuordnung des Unternehmensvermögens besaß die untere Hälfte der nach der Höhe des Vermögens sortierten Haushalte lediglich 8,5% des Nettovermögens, während das oberste Dezil über 44% des Nettovermögens verfügte. Ohne vollständige Zuordnung des Unternehmensvermögens stellt sich in Westdeutschland die Vermögenskonzentration sogar noch ausgeprägter dar. Der Vermögensanteil der „ärmeren“ Hälfte der Haushalte stieg zwar von 2,4% (1983) bis auf 5,6% (1993) an, sank aber dann wieder auf 4% (2003) ab. Gegenläufig entwickelte sich der Anteil des obersten Dezils mit 48,8% (1983) über 40,8% (1993) zu 44,8% (2003). In Ostdeutschland gab es dagegen eine parallele Bewegung: Nicht nur der Anteil der unteren Hälfte der Haushalte sank von 6% (1993)

auf 3,8% (2003), sondern auch der Anteil des obersten Dezils sank von 52,6% (1993) auf 46,4% (2003). Dabei lag das Durchschnittsvermögen zunächst nur bei weniger als einem Drittel des westdeutschen Wertes, stieg aber im Verlauf von zehn Jahren auf 40% an. Auch in Gesamtdeutschland kann man in den fünf Jahren von 1998 bis 2003 einen Rückgang des Anteils der unteren Hälfte der Haushalte und gleichzeitig einen Anstieg des Anteils des obersten Quintils beobachten. Dies korrespondiert auch mit dem Anstieg des Gini-Koeffizienten für Gesamtdeutschland. Dabei muss man sich erinnern, dass die aus den Einkommens- und Verbrauchsstichproben ermittelte Ungleichheit der Vermögensverteilung nur als Untergrenze der tatsächlichen Ungleichheit anzusehen ist, da die besonders wohlhabende Gruppe mit sehr hohen Einkommen überhaupt nicht erfasst wurde und auch eine Untererfassung der Haushalte im unteren Segment der Einkommens- und Vermögensverteilung vorliegt.[17]

Diese Ergebnisse sind zusätzlich wegen drei weiterer Aspekte noch zu modifizieren: Erstens ist in mehreren Befragungsjahren das Betriebsvermögen nur soweit erfasst, als es Aktiengesellschaften mit börsennotierten Aktien gehört. Anderes Betriebsvermögen von Unternehmen in der Rechtsform der GmbH, der Personengesellschaften und der Einzelfirma sowie in Praxen von Freiberuflern ist in der EVS in den meisten Stichjahren nicht erhoben worden. Eine Ausnahme stellen lediglich die Jahre 1973 und 1983 dar. Da der Anteil der Eigentümer von Betriebsvermögen, der auf gut 6% aller Haushalte geschätzt wird (Schlomann 1992: 157; Ammermüller et al. 2005: 91), in den oberen Vermögensklassen konzentriert ist, ergibt sich eine Unterschätzung der Ungleichheit.[18] Zweitens ist das Gebrauchsvermögen nicht in diesen Daten enthalten; dessen Erfassung würde vermutlich zu einer etwas geringeren Vermögensungleichheit führen. Drittens werden Wertsachen wie Goldbarren, Antiquitäten oder Kunstgegenstände nicht in der EVS erhoben. Viertens sind die akkumulierten Alterssicherungsansprüche gegenüber der Gesetzlichen Rentenversicherung, den berufsständischen Versorgungswerken, der Beamtenversorgung, der Zusatzsicherung der staatlichen Angestellten und Arbeiter, der betrieblichen Alterssicherung sowie der landwirtschaftlichen Altersversicherung nicht erfasst.[19] Deren Einbeziehung in die Analyse würde zu einer Reduzierung der gemessenen Ungleichheit führen (vgl. Ho-

---

17 In der EVS werden vor allem die weniger integrierten Ausländer untererfasst, bei denen von geringem Vermögen auszugehen ist.

18 Die Konzentration des Betriebsvermögens unter allen Haushalten, d.h. unter Einbeziehung der Nicht-Besitzer, wird nach Ammermüller et al. (2005: 91) auf Basis des SOEP für Gesamtdeutschland im Jahr 2002 durch einen Gini-Koeffizienten von 0,99 gekennzeichnet.

19 Eine vollständige Übersicht über die verschiedenen Alterssicherungseinrichtungen und deren relative Bedeutung findet sich in der vom Bundesministerium für Arbeit und Soziales herausgegebenen und laufend aktualisierten Übersicht über das Sozialrecht.

ber 1981; Ammermüller et al. 2005). Dabei ist allerdings zu beachten, dass derartige Anwartschaften keineswegs alle Vermögensfunktionen wie z.B. die Handelbarkeit erfüllen, so dass sie nicht ohne Einschränkung zu den anderen Vermögensgütern addiert werden können.

Auf Basis der Daten des SOEP kann die Zeitreihe bis 2007 weitergeführt werden. Vergleicht man aber zunächst die Angaben der EVS aus dem Jahre 2003 mit denen des SOEP aus der Erhebung des Jahres 2002, so wird vermutlich vor allem aufgrund der fehlenden Erfassung des Betriebsvermögens und der oberen Abschneidegrenze in der EVS sowohl die Höhe des durchschnittlichen Nettovermögens unterschätzt als auch dessen Verteilung verzerrt. So liegt das durchschnittliche Nettovermögen im SOEP um mehr als 10.000 Euro über dem EVS-Vergleichswert. Auch der Gini-Koeffizient weist mit einem Wert von 0,755 eine signifikant höhere Ungleichheit aus. Diese markant höhere Vermögenskonzentration wird auch deutlich, wenn man den Anteil des obersten Dezils am gesamten Vermögen vergleicht. Hier liegt der entsprechende Wert im SOEP bei 55,5% im Vergleich zu 46,8% in der EVS.[20] Es kann damit insgesamt vermutet werden, dass das „wahre" Ausmaß an Vermögensungleichheit in der Vergangenheit mit den Daten der EVS unterschätzt gewesen sein dürfte.

Auf Basis der SOEP-Daten hat zwischen 2002 und 2007 nicht nur das durchschnittliche Nettovermögen der Haushalte um mehr als 10% zugenommen, sondern die Schere zwischen Vermögenden und den Haushalten ohne nennenswerte Vermögen hat sich weiter geöffnet. Dabei hat sowohl der Anteil des Vermögens, der auf das oberste Dezil entfällt, zugenommen (58,2% zu 55,5%), als auch der Anteil des Gesamtvermögens der unteren Hälfte der Vermögenshierarchie weiter abgenommen (lediglich 0,9% zu 1,4%).

Aus der Darstellung in Tabelle 2-5 wird erkennbar, dass das Nettovermögen pro Haushalt auf Basis von EVS-Daten im Zeitraum 1998 bis 2003 stark angestiegen ist. Das durchschnittliche Nettovermögen pro Haushalt erreichte im Jahr 2003 in Gesamtdeutschland 133.400 Euro.[21] Dabei machte das Nettovermögen

---

20 Neben den bereits beschriebenen methodisch bedingten Unterschieden in der Vermögenshöhe und -verteilung zwischen EVS und SOEP muss aber auch auf den unterschiedlichen Erhebungszeitpunkt hingewiesen werden. Während die EVS Vermögen zu Beginn des Jahres 2003 erfragte, war der Erhebungszeitraum im SOEP im ersten und zweiten Quartal des Jahres 2002. Aus den Daten der Deutschen Bundesbank in Tabelle 2-3 kann aber eher geschlossen werden, dass der Unterschied bei gleichem Erhebungszeitpunkt sogar größer ausgefallen wäre, da das Nettohaushaltsvermögen zwischen 2002 und 2003 um mehr als 5% gestiegen ist.

21 Zum Vergleich: Auf Basis der Zahlen der Bundesbank (2008) für das Jahresende 2002 beträgt das Nettovermögen pro Haushalt etwa 170.000 Euro. Der Unterschied dürfte vor allem aus der Untererfassung der Personengruppe mit sehr hohen Einkommen und aus Unterangaben resultieren.

pro Haushalt in den neuen Bundesländern mit 59.600 Euro nur zwei Fünftel desjenigen in den alten Bundesländern mit 148.800 Euro aus. Dies beruht auf fünf Faktoren:

- Die geringeren Möglichkeiten zur Vermögensakkumulation in der DDR und die Umstellung größerer Geldvermögen nur im Verhältnis 2 zu 1,
- die geringere Sparfähigkeit nach der Wiedervereinigung wegen der niedrigeren Einkommen und der prioritären Beschaffung von Gebrauchsvermögen, das nicht in diesen Zahlen enthalten ist,
- die geringere Verbreitung von Grundbesitz, der allerdings für die Eigentümer nach der Wiedervereinigung gewaltige Wertsteigerungen erfuhr,
- der geringere Besitz von Unternehmen; da diese neu aufgebaut werden mussten,
- der Erhöhung des Nettovermögens Westdeutscher durch die Naturalrestitution früheren Eigentums und durch Entschädigungszahlungen.

Wenn auch erkennbar ist, dass nach der Wiedervereinigung in Ostdeutschland ein Aufbauprozess stattgefunden hat, so ist doch zu erwarten, dass dieser Prozess mindestens noch eine Generation lang weitergehen muss, bis beim Durchschnittsvermögen ein ungefährer Gleichstand zwischen beiden Landesteilen erreicht ist.

2.4 Die Verteilung des Nettovermögens auf der Personenebene in Westdeutschland, Ostdeutschland und Gesamtdeutschland

Vermögen ist in der Regel ein wesentliches Element der Wohlfahrt aller Haushaltsmitglieder, unabhängig davon, wer juristisch als Eigentümer fungiert. Für die Wohlfahrt der einzelnen Mitglieder kommt es vor allem auf den Besitz und nicht auf die Eigentumsrechte an.[22] Bei einer nur auf Haushalte bezogenen Betrachtung – wie im vorherigen Abschnitt – werden aber Ein-Personen-Haushalte und Mehr-Personen-Haushalte auf die gleiche Stufe gestellt, obwohl eine unterschiedliche Anzahl von Personen vom Vermögensbesitz begünstigt wird. Unterschiede zwischen einer Haushalts- und einer Personenbetrachtung werden sichtbar, wenn das Haushaltsnettovermögen rechnerisch auf alle Haushaltsmitglieder verteilt wird und dann die Personen nach der Höhe ihrer Nettovermögen pro Kopf klassifiziert werden. In Tabelle 2-6 sind die entsprechenden Verteilungskennziffern aufgeführt.

---

22 Eine Darstellung der Vermögensverteilung entsprechend den Eigentumsverhältnissen wird in den folgenden Kapiteln auf Basis der mit dem SOEP erhobenen Daten präsentiert. Hierbei werden dann auch die Unterschiede zwischen einer auf Besitz und einer auf Eigentum abstellenden Betrachtung deutlich.

Tab. 2-6: Die Verteilung des Nettovermögens pro Person in Westdeutschland, in Ostdeutschland und in Gesamtdeutschland

	Arithmetisches Mittel (in 1.000 Euro)	Gini-Koeffizient	Anteil des obersten Dezils der Personen (in %)	Anteil der unteren Hälfte der Personen (in %)
	Westdeutschland			
1973[a]	19,3	0,690	17,7[e]	6,5
1983[b]	31,0[c]	0,662	47,1	5,3
1988[c]	37,0	0,635	44,3	6,0
1993[c]	56,0	0,603	41,3	8,5
1998[c]	60,0	0,624	42,7	7,0
2003[d]	77,0	0,628	45,0	7,9
	Ostdeutschland			
1993[c]	16,0	0,665	49,7	7,1
1998[c]	23,0	0,634	44,6	7,3
2003[d]	37,0	0,643	47,1	7,3
	Deutschland insgesamt			
1998[c]	53,0	0,642	44,6	6,2
2003[d]	65,8	0,638	45,9	6,8
2002[f]	65,0	0,737	54,5	2,5
2007[f]	73,0	0,767	57,5	1,4

Anmerkung: Bei negativem Nettovermögen wurde für die Berechnung des Gini-Koeffizienten ein Wert von 0,0001 zugrunde gelegt.

Quellen: *a* – Mierheim/Wicke 1978: 54–63 (nur deutsche Haushalte, einschl. geschätztem Betriebsvermögen); *b* – Schlomann 1992: 136–139, 220 (nur deutsche Haushalte, einschl. geschätztem Betriebsvermögen); *c* – Stein 2004: 194–196, 210–214 (1988 ohne Ausländer, alle Angaben ohne Betriebsvermögen); *d* – Grabka et al. 2007, Tab. 84; *e* – Angabe für die obersten 3,7% der Personen; *f* – Angaben auf Basis der Daten des SOEP.

Definitionsgemäß ist das Pro-Kopf-Vermögen weit niedriger als das durchschnittliche Haushaltsvermögen. Während das Pro-Kopf-Nettovermögen in Gesamtdeutschland im Jahr 1998 noch 48% des durchschnittlichen Haushaltsnettovermögens ausmachte, stieg es bis 2003 auf 51% an. Dies ist eine Auswirkung der weiter schrumpfenden durchschnittlichen Haushaltsgröße, wobei dieser Prozess in Ostdeutschland sogar etwas schneller abläuft als in Westdeutschland. Generell kann man auch feststellen, dass die Vermögenskonzentration bei der auf Personen bezogenen Betrachtungsweise etwas geringer erscheint als bei der auf Haushalte bezogenen. Dies zeigt sich durchgängig bei den Gini-Koeffizienten und bei den Anteilen der unteren Hälfte der Personen. Beim obersten Dezil sind jedoch seit 1993 in Westdeutschland höhere Werte als bei der Haushaltsbetrachtung zu finden. Dies könnte darauf hindeuten, dass sich der Wandel der Haushaltsstruktur in Richtung auf einen höheren Anteil von kinderlosen Paaren und Singles mittleren und höheren Alters vor allem im oberen Vermögensbereich vollzogen hat.

Führt man wiederum die Zeitreihe auf Basis der SOEP-Daten weiter, so wird die zunehmende Vermögenskonzentration auch auf der Personenebene bestätigt. Zunächst fällt der Mittelwert des Pro-Kopf-Nettovermögens auf Basis der EVS im Jahre 2003 mit knapp 65.800 Euro nur marginal höher aus als im SOEP 2002 mit 65.000 Euro. Die Verteilung der Pro-Kopf-Nettovermögen fällt aber wiederum im SOEP deutlich ungleicher aus. Besonders deutlich wird dieser Unterschied beim Vergleich des Anteils am gesamten Nettovermögen der unteren Hälfte der Vermögensverteilung. Während die EVS hier einen Wert von 6,8% ausweist, liegt der entsprechende Anteil auf Basis des SOEP nur bei 2,4% und fällt demnach rund 2,5-mal geringer aus. Auch der Gini-Koeffizient liegt für die SOEP-Daten in 2002 mit 0,737 weit über dem auf Basis von EVS-Daten für 2003 gemessenen Wert von 0,638.

Die Verteilung der Nettovermögen pro Kopf ist deutlich ungleichmäßiger als die Verteilung der Nettoäquivalenzeinkommen[23]. Diese starke Konzentration des Nettovermögens wird in einer Dezilsdarstellung beider Variablen für Gesamtdeutschland im Jahr 2003 besonders gut sichtbar. Würde eine völlige Gleichverteilung herrschen, dann besäße jedes Dezil (Zehntel) der Personen auch ein Zehntel des gesamten Nettovermögens und ein Zehntel des gesamten Nettoäquivalenzeinkommens. Die Verteilung ist umso ungleicher, je stärker die Anteile der unteren Dezile nach unten und die Anteile der oberen Dezile nach oben von diesem Richtwert abweichen. Legt man die beiden Dezilsdarstellungen der Nettovermögen pro Kopf und der Nettoäquivalenzeinkommen der Personen nebeneinander, so wird der Unterschied zwischen den beiden Verteilungen besonders gut sichtbar (siehe Abb. 2-1).

Bei Betrachtung der Randbereiche fällt auf, dass bei Analyse der Nettoäquivalenzeinkommen das unterste Dezil einen Anteil von 4% zeigt, während diese Gruppe beim Nettovermögen einen negativen Anteil aufweist, d.h. dass die Schulden dort größer sind als das Bruttovermögen (ohne Gebrauchsvermögen). Beim obersten Dezil sind die Verhältnisse umgekehrt: Gemessen am Nettoäquivalenzeinkommen besitzt das oberste Dezil einen Anteil von 22,4%, beim Nettovermögen pro Kopf hingegen sogar 45,9%. Erst das siebte Dezil besitzt beim Nettoäquivalenzeinkommen einen Anteil, der in etwa dem Bevölkerungsanteil von 10% entspricht, während bei Betrachtung der Nettovermögen pro Kopf im-

---

23 Unter dem Nettoäquivalenzeinkommen von Personen versteht man ein gewichtetes Pro-Kopf-Nettoeinkommen, das sich durch Division des Haushaltsnettoeinkommens mit der Summe der Bedarfsgewichte der Haushaltsmitglieder ergibt. Dabei erhält der erste Erwachsene im Haushalt ein Gewicht von 1,0, weitere Personen über 13 Jahre Gewichte von 0,5 und jüngere Kinder Gewichte von 0,3. Dies entspricht der von der EU für Einkommensverteilungsanalysen empfohlenen modifizierten OECD-Skala.

Abb. 2-1: Dezilsverteilung der Nettoäquivalenzeinkommen auf Personen und der Pro-Kopf-Nettovermögen auf Personen in Gesamtdeutschland im Jahr 2003

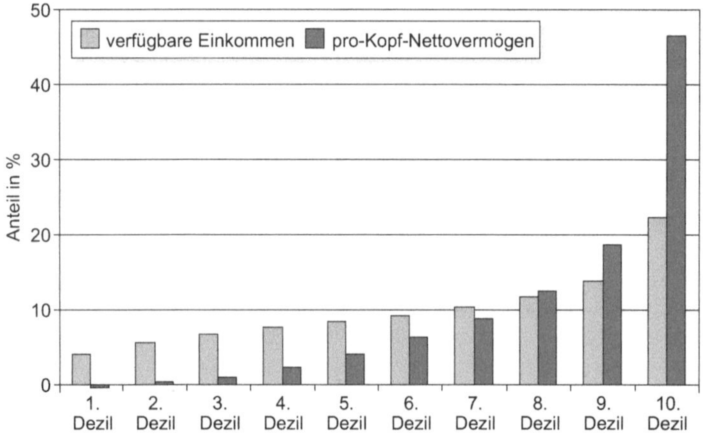

Quelle: Grabka et al. 2007, Tab. 81 u. 84

mer noch eine ungünstigere Vermögenssituation auffällt. Erst im achten Dezil ist der Anteil am Pro-Kopf-Vermögen etwas höher als der Bevölkerungsanteil. Der Vermögensanteil der unteren Hälfte der Bevölkerung, d.h. der unteren fünf Dezile, liegt bei nur 6,8%, während der Anteil am Nettoäquivalenzeinkommen immerhin 23,3% beträgt. Der Vermögensanteil des obersten Dezils von 45,9% (bei Analyse der Vermögen pro Kopf) liegt etwas über dem von Engels et al. (1974) für das Jahr 1970 ermittelten Anteil von 44%. Die hier zum Ausdruck kommende zunehmende Konzentration des Nettovermögens scheint auch plausibel, wenngleich die verwendeten Methoden zu unterschiedlich sind, als dass ein strenger Vergleich möglich wäre.

2.5 Ansätze zur Integration des Versorgungsvermögens in die Vermögensverteilung

Die bereits erworbenen Anwartschaften auf Alterssicherungsleistungen, die bei Erreichen der Regelaltersgrenze gewährt werden, stellen einen Vermögenswert dar, der im Prinzip bei der Ermittlung der Vermögensverteilung berücksichtigt werden sollte. Allerdings wäre – selbst wenn die statistischen Daten zur Verfügung stünden – eine einfache Addition mit dem bisher behandelten Nettovermögen methodisch problematisch. Eingangs wurde schon darauf hingewiesen, dass diese Anwartschaften bei einer voll konsolidierten Volksvermögensrechnung (einschließlich der Beitragsschulden der gegenwärtigen und künftigen Generationen) bis auf einen Rest, der Ansprüche gegenüber dem Ausland darstellt, verschwinden.[24] Erst wenn man die Forderungen und Verbindlichkeiten zwischen den vier Letzteigentümersektoren nicht konsolidiert und einen Sektor „nicht-finanzielle und finanzielle Unternehmen“ getrennt betrachtet, werden diese Anwartschaften sichtbar. Damit erhebt sich aber dann die Frage, ob derartige Anwartschaften alle Funktionen erfüllen, die man dem Vermögen in einer überwiegend marktwirtschaftlich organisierten Volkswirtschaft mit ausgebauter sozialstaatlicher Komponente zuschreibt. Aus einzelwirtschaftlicher Sicht – auf die es hier ankommt – erfüllt Vermögen in seinen verschiedenen Erscheinungsformen die folgenden Funktionen (vgl. Hauser/Stein 2001: 24f.):

1) eine Einkommenserzielungsfunktion bei Nutzung durch Dritte in Form von Zinsen, Dividenden, Mieten, Pachten oder ausgeschütteten Gewinnen;
2) eine Nutzungsfunktion bei Eigennutzung von Sachvermögen;
3) eine Sicherungsfunktion durch die Möglichkeit der Auflösung zum Verbrauch bei Eintritt von sozialen Risiken oder als Grundlage für die Aufnahme einer selbstständigen Tätigkeit oder als Basis für eine gehobene Ausbildung; ein Unterfall ist hier die Alterssicherungsfunktion;
4) eine Übertragungs- und Vererbungsfunktion, die den Empfängern von Schenkungen und Erbschaften einen erhöhten Status in der gesellschaftlichen Hierarchie und einen hohen Freiheitsgrad sichert;
5) eine Sozialisationsfunktion, da größere Vermögen der Erziehung und Ausbildung von Kindern dienen können;
6) eine Machtfunktion, da insbesondere größere Vermögen im wirtschaftlichen und politischen Feld Einfluss verleihen und bei Unternehmensbesitz auch Direktionsrechte gewähren;
7) eine Prestigefunktion, die eng mit der vorgenannten Funktion verbunden ist, aber im gesellschaftlichen Bereich auch zugunsten der eigenen Kinder zum Tragen kommen kann.

Die Funktionen 1 bis 5 können auch von kleineren Vermögen erfüllt werden, die Funktionen 6 und 7 sind auf größere Vermögen beschränkt. Auf gesamtwirtschaftlicher Ebene können darüber hinaus in einem überwiegend marktwirtschaftlich organisierten Wirtschaftssystem weitere Funktionen von Vermögen unterschieden werden, auf die aber hier nicht weiter eingegangen wird.[25]

---

24 In diesem Fall erscheinen kapitalgedeckte Anwartschaften auf Alterssicherungsleistungen als Bestandteil der bewerteten Eigentumsrechte am Unternehmenssektor.

25 Hierbei sei exemplarisch die Wachstumsfunktion genannt, da Produktivvermögen das Wachstum und den Wohlstand einer Gesellschaft positiv beeinflussen kann, vgl. Hauser/Stein 2001: 23f.; Westerheide 1999.

Überlegt man, welche Funktionen eine Anwartschaft auf eine Rente der Gesetzlichen Rentenversicherung, auf eine Betriebsrente oder auf eine Beamtenversorgung während der frühen oder mittleren Lebensphase vor dem Erreichen des Rentenalters erfüllen kann, dann wird der eingeschränkte „Vermögens"-Charakter dieser Anwartschaften deutlich. Anwartschaften können nicht zur Einkommenserzielung verwendet werden, die Nutzungsfunktion entfällt und es gibt nur eine sehr begrenzte Vererbungsmöglichkeit in Form von Hinterbliebenenrenten, aber keine Möglichkeit zur Schenkung unter Lebenden, wenn man vom Versorgungsausgleich bei Scheidung absieht. Die Macht-, Sozialisations- und Prestigefunktion ist ebenfalls nicht relevant. Eine vorzeitige Liquidisierung der Anwartschaften auf Alterssicherungsleistungen – etwa als Anfangskapital für den Übergang in die Selbstständigkeit oder für eine Ausbildung oder für den Kauf eines Eigenheims – ist ebenso wie eine Beleihung ausgeschlossen. Diese Funktionseinschränkungen sind gerade bei der Einführung der so genannten Riesterverträge deutlich geworden. Es verbleibt also lediglich die Sicherungsfunktion. Aber auch diese Sicherungsfunktion ist beschränkt auf die individuelle Lebensphase nach dem Eintritt in den Ruhestand oder bei vorzeitiger, teilweiser oder vollständiger Erwerbsunfähigkeit und zur Absicherung von Hinterbliebenen.

Angesichts dieser Unterschiede ist es erforderlich, die Verteilung der bereits erworbenen Anwartschaften auf Alterssicherungsleistungen getrennt von der Verteilung der bisher betrachteten Nettovermögen der Haushalte und Personen zu behandeln. Dabei ist es zweckmäßig, eine Klassifikation der Haushalte oder Personen *nach ihrem Nettovermögen* vorzunehmen und zusätzlich die in den jeweiligen Nettovermögensklassen auf aggregierter oder auf individueller Ebene erworbenen Anwartschaften zu ermitteln und auszuweisen. Es bleibt dann der Interpretation überlassen, welches Gewicht man diesen Anwartschaften im Vergleich zum Nettovermögen verleihen will.

Ansätze zur Berücksichtigung von Anwartschaften auf Alterssicherungsleistungen in Vermögensverteilungsanalysen liegen von Hober (1981), Thiele (1998) und Ammermüller et al. (2005) vor. Wir beschränken uns auf eine Skizze der Ergebnisse der aktuellen Studie von Ammermüller et al. (2005), denen unter der Bezeichnung „Sozialvermögen" ein eigenes Kapitel gewidmet ist. Diese Analysen beschränken sich auf „vermögensähnliche" Anwartschaften für Renten der Gesetzlichen Rentenversicherung und für Betriebsrenten. Ansprüche aus der Beamtenversorgung, die ebenfalls als beitragsfinanziert bei voller und nicht nur hälftiger Übernahme der Beiträge durch den Arbeitgeber angesehen werden können, werden hier nicht behandelt. Ebenso wenig werden die Alterssicherung der Landwirte und die beruflichen Versorgungswerke einbezogen. Datenbasis ist eine Versichertenkontenstichprobe des Verbandes Deutscher Rentenversicherungsträger, die sich auf das Jahr 2002 bezieht. Anwartschaften gegenüber der Gesetzlichen Rentenversicherung bestehen für nahezu die gesamte Bevölkerung im erwerbsfähigen Alter. Nach Schätzungen besaßen im Jahr 1996 rund 95% der westdeutschen Männer und 93% der westdeutschen Frauen der Geburtskohorten 1936 bis 1955 eine solche Anwartschaft. Bei den ostdeutschen Männern und Frauen liegt der Deckungsgrad nahezu bei 100%.

Die Bewertung der bereits erworbenen Ansprüche erfolgt durch Kapitalisierung, wobei die durchschnittliche fernere Lebenserwartung zum Zeitpunkt der Berechnung (2002) und ein Renteneintrittsalter von 65 Jahren zugrunde gelegt werden. Durch die weitere Annahme, dass sich künftige Rentensteigerungen und die erforderliche Diskontierung künftiger Ansprüche gerade ausgleichen, werden die Berechnungen dahingehend vereinfacht, dass der Realwert der Ansprüche erhalten bleibt.[26]

Generell zeigt sich, dass die personelle Verteilung der akkumulierten Rentenansprüche weit weniger ungleich ist als die personelle Verteilung der Nettovermögen.[27] Dieser Befund basiert auf dem hohen Verbreitungsgrad sowie der durch die Beitragsbemessungsgrenzen in der gesetzlichen Rentenversicherung nach oben gedeckelten Höhe der Anwartschaften. Die Gini-Koeffizienten für die Verteilung der Rentenanwartschaften liegen damit in einer Größenordnung, die auch für die personelle Verteilung der Nettoäquivalenzeinkommen bekannt ist. Gini-Koeffizienten für die personelle Verteilung der Nettovermögen sind dagegen mehr als doppelt so hoch. Die Ergebnisse zeigen außerdem, dass die akkumulierten Rentenansprüche in Relation zum Nettovermögen eine beträchtliche Höhe erreicht haben. Tabelle 2-7 weist für drei Altersklassen und getrennt nach Geschlecht und Region die Relation von Nettovermögen zu kapitalisierten Rentenansprüchen aus.

Zum einen gibt es deutliche Unterschiede zwischen den alten und den neuen Bundesländern: Die älteren Kohorten haben in Westdeutschland bei Männern und Frauen im Vergleich zu den jüngeren Kohorten sowohl höhere Absolutbeträge von Nettovermögen als auch von kapitalisierten Rentenansprüchen in der hier vorgenommenen Approximation.[28] Während bei den jüngeren Jahrgängen die durchschnittlichen Nettovermögen aber noch höher ausfallen als die durchschnittlichen bisher akkumulierten Rentenansprüche, sind bei der ältesten Alters-

---

26 Aufgrund der Rentenreform 2004 und des damit eingeführten Nachhaltigkeitsfaktors werden die künftigen Rentenansprüche bei gleicher Zahl von Entgeltpunkten von Geburtskohorte zu Geburtskohorte niedriger ausfallen, so dass bei einer aktualisierten Berechnung nicht mehr von dieser vereinfachenden Annahme ausgegangen werden kann.

27 Ammermüller et al. 2005, Tab. 108 ermitteln für die Rentenanwartschaften Gini-Koeffizienten je nach Altersgruppe und Region in einem Bereich von 19% bis 35%, während sich für die personelle Verteilung der Nettovermögen Gini-Koeffizienten von 67% bis 77% ergeben.

28 Für die in der Tabelle 2-7 nicht wiedergegebenen Details vgl. Ammermüller et al. 2005, Tab. 106.

gruppe die Rentenansprüche höher (vgl. Tab. 2-7). In den neuen Bundesländern fallen hingegen wegen des insgesamt weit geringeren Nettovermögens und den – insbesondere unter Frauen – vergleichsweise hohen Rentenansprüchen die Relationen von Vermögen zu Rentenansprüchen durchgehend deutlich niedriger aus.

Tab. 2-7: Das Verhältnis von Nettovermögen zu kapitalisierten Rentenansprüchen nach Altersklassen im Jahr 2002 (in %)

Altersklassen der Anspruchsberechtigten	Westdeutschland		Ostdeutschland		Gesamtdeutschland	
	Männer	Frauen	Männer	Frauen	Männer	Frauen
30–39 Jahre	93	61	63	34	88	56
40–49 Jahre	99	74	47	36	89	66
50–59 Jahre	110	104	30	31	95	87

Anmerkungen:

Die Vermögensinformationen beruhen auf den Daten des SOEP. Dabei werden die individuellen Eigentümer von Vermögensgütern erfasst; die Verwendung von Pro-Kopf-Vermögen, die aus wohlfahrtstheoretischer Sicht angemessen wäre, würde vermutlich die Unterschiede zwischen Männern und Frauen geringer erscheinen lassen.

Die Rentenansprüche wurden auf Basis bereits erworbener Rentenanwartschaften, ohne Berücksichtigung von Zurechnungszeiten und Wartezeitenerfüllung, für aktiv und latent Versicherte (Deutsche und Ausländer), Kontenklärungsstand mindestens 12 Jahre, berechnet.

Quelle: Ammermüller et al. 2005, Tab. 106 (gekürzt)

Auch wenn diese Darstellung eindrucksvoll die Bedeutung der kapitalisierten Rentenansprüche hervorhebt, so sagt sie doch noch nichts über die Verteilung der Rentenansprüche nach Nettovermögensklassen aus. Nur eine derartige Klassifizierung kann aber das Gewicht der akkumulierten Alterssicherungsansprüche in Relation zu den vorhandenen Nettovermögen, aufgeteilt nach Alterskohorten und Geschlecht, aufzeigen. Dies erfordert allerdings eine eindeutige Zuordnung der Alterssicherungsansprüche und Nettovermögen zu einzelnen Personen und eine anschließende Klassifizierung nach Nettovermögen, Alter und Geschlecht mit komplementärem Ausweis der in jeder Nettovermögensklasse angesammelten Alterssicherungsansprüche. Erst dann kann abgeschätzt werden, inwieweit die vorhandenen Nettovermögen die Alterssicherungsansprüche gegen die Gesetzliche Rentenversicherung ergänzen könnten, wenn man sie nur unter dem Aspekt der Alterssicherung betrachten und die anderen Vermögensfunktionen vernachlässigen würde. Die Feststellung, dass die akkumulierten Rentenansprüche wesentlich weniger ungleich verteilt sind als die Nettovermögen, gibt zwar bereits einen Hinweis, aber diese isolierte Betrachtung kann eine simultane Darstellung von Nettovermögen und akkumulierten Rentenansprüchen nach Nettovermögensklassen nicht ersetzen.

Das Bild wäre erst abgerundet, wenn auch eine analoge Einbeziehung der Betriebsrentenansprüche (einschließlich der Zusatzversorgung im Öffentlichen Dienst), der Altersversorgung der Beamten, der landwirtschaftlichen Altersversorgung und der berufsständischen Versorgungswerke gelänge. Hierfür sind die statistischen Unterlagen jedoch bislang noch zu schlecht. Lediglich Verbreitungsgrade und durchschnittliche Zahlungsbeträge sind bekannt (Ammermüller et al. 2005: Tab. 109, 110).

Einige dieser methodischen Probleme der Zusammenführung des Geld- und Sachvermögens mit Rentenanwartschaften sind aber im Rahmen dieser Arbeit aufgegriffen und – zumindest ansatzweise – gelöst worden (vgl. dazu die Ausführungen in Kapitel 5).

2.6 Einzelne Aspekte der Nettovermögensverteilung auf Basis der Einkommens- und Verbrauchsstichprobe im Jahr 2003 als Vergleichsbasis

Auch wenn nicht zu erwarten ist, dass unterschiedliche Stichproben von schwierig zu erhebenden Variablen – wie beispielsweise Vermögensbeständen – zu völlig gleichen Ergebnissen kommen, so ist ein Vergleich einiger Kenngrößen doch sinnvoll. Einerseits kann der Effekt einzelner Datenbeschränkungen besser abgeschätzt werden, andererseits stützen sich die Ergebnisse auf unabhängig voneinander gezogene und realisierte Stichproben, so dass sich Hinweise auf die Spannweite ergeben, die für Vermögenserhebungen typisch ist – wenngleich nicht ausgeschlossen werden kann, dass beide Stichproben den wahren Wert unter- oder überschätzen. Im Prinzip sollten daher für den folgenden Vergleich auch Stichprobenfehler (Konfidenzbänder) ausgewiesen werden; dies ist jedoch für die als Quotenstichprobe angelegte EVS nicht möglich; für die auf Zufallsstichproben basierenden SOEP-Ergebnisse werden in den nachfolgenden Kapiteln derartige Informationen ausgewiesen.

Tabelle 2-8 stellt vergleichend einzelne Kernergebnisse der Vermögensverteilung auf Basis von EVS 2003 und SOEP 2002 dar. Neben der schlechten Erfassung der Population mit Migrationshintergrund in der EVS muss dabei auch der unterschiedliche Erhebungszeitpunkt berücksichtigt werden. Da die Vermögensvariablen in der EVS am Jahresanfang 2003 und die SOEP-Variablen im ersten Halbjahr 2002 erhoben wurden, liegen die Ergebnisse zwar zeitlich recht nahe beieinander, doch hat nach Informationen der Deutschen Bundesbank das Nettohaushaltsvermögen zwischen 2002 und 2003 immerhin um mehr als 5% zugenommen. In der Tendenz dürfte damit der Unterschied zwischen EVS und SOEP bei identischem Erhebungszeitraum eher noch etwas größer ausfallen.

Tab. 2-8: Vergleich von Indikatoren zur personellen Verteilung der Nettovermögen pro Kopf in der EVS 2003, einer modifizierten EVS 2003plus und der SOEP-Welle 2002

Indikator	EVS 2003	EVS 2003*plus*	SOEP 2002
	Durchschnittliches Nettovermögen pro Kopf in Euro		
– Gesamtdeutschland	65.841	68.683	64.810
– Alte Bundesländer[a]	73.766	77.034	72.773
– Neue Bundesländer[b]	35.427	36.632	28.961
Gini-Koeffizient	0,638	0,642	0,736
	Dezilsverteilung Gesamtdeutschland (Anteile am Nettovermögen pro Kopf)		
1. Dezil	– 0,4	– 0,4	–1,0
2. Dezil	0,3	0,3	0,0
3. Dezil	1,0	1,0	0,2
4. Dezil	2,3	2,3	1,0
5. Dezil	4,1	4,0	2,3
6. Dezil	6,3	6,3	4,6
7. Dezil	9,0	8,9	7,7
8. Dezil	12,6	12,5	11,9
9. Dezil	18,9	18,7	19,0
10. Dezil	45,9	46,5	54,3
	Anteile am Pro-Kopf-Nettovermögen nach Altersgruppen in %		
0–34 Jahre	–	15,0	20,5
35–44 Jahre	–	30,5	11,5
45–54 Jahre	–	21,6	16,3
55–64 Jahre	–	13,0	23,5
65 und älter	–	19,9	28,2

Indikator	EVS 2003		EVS 2003*plus*		SOEP 2002	
	Durchschnittliches Pro-Kopf-Nettovermögen bzw. Vermögensposition von Personen in Haushalten nach sozialer Stellung der Bezugsperson					
	in Euro	in %	in Euro	in %	in Euro	in %
Selbstständiger	111.307	169,1	143.877	209,5	170.544	263,1
Beamter	71.074	107,9	72.173	105,1	85.860	132,5
Angestellter	57.509	87,3	58.322	84,9	64.225	99,1
Arbeiter	39.071	59,3	39.208	57,1	34.089	52,6
Arbeitslos	26.949	40,9	27.154	39,5	25.589	39,5
Rentner	90.572	137,6	90.847	132,3	87.326	134,7
Pensionär	147.547	224,1	148.440	216,1	149.247	230,3
Sonstige	34.113	51,8	34.556	50,3	46.839	72,3

Indikator	EVS 2003	EVS 2003*plus*	SOEP 2002
	Anteile am gesamten Nettovermögen nach Vermögensarten in %		
Nettoimmobilienvermögen	70,4	67,5	69,6
Positives Geldvermögen	30,6	29,3	23,7
Betriebsvermögen	–	(4,1)[c]	9,9
Konsumentenkredite	–0,9	–0,9	–3,2

a – ohne Berlin-West; *b* – inklusive Berlin; *c* – inklusive aus dem SOEP abgeleiteten Informationen zum Betriebsvermögen

plus: inklusive aus dem SOEP abgeleiteten Informationen zum Betriebsvermögen und Modifikationen zum Wert von Hypotheken.

Quellen: Anonymisiertes Grundfile 3 der EVS 2003; Grabka et al. 2007; SOEP 2002, Personen in Privathaushalten inkl. 0,1%-Top-Coding

Zunächst ist darauf hinzuweisen, dass für die EVS zwei Analysevarianten vorliegen. Zum einen die Original-EVS des Jahres 2003 auf Basis des anonymisierten Grundfile 3 und zum anderen – um das Problem der fehlenden Erfassung des Betriebsvermögens in der EVS zu überkommen – eine um Informationen zum Betriebsvermögen aus dem SOEP angereicherte EVS 2003. Zudem wurden bei diesem synthetischen Datensatz, der im Zusammenhang mit den Analysen zum dritten Armuts- und Reichtumsbericht der Bundesregierung entwickelt wurde, auch Modifikationen zum Wert der Hypotheken in der EVS vorgenommen.

Vergleicht man zunächst die Höhe des mittleren Nettovermögens zwischen Original-EVS und SOEP für Deutschland insgesamt, so zeigt sich, dass die Angaben der EVS nur um knapp 1.000 Euro höher ausfallen. Die Unterschiede in den alten und neuen Ländern sind aber weitaus größer. Während in den alten Bundesländern (ohne Berlin-West) das Pro-Kopf-Nettovermögen in der Original-EVS um etwa 1.000 Euro höher ausfällt als im SOEP, weisen Personen in den neuen Bundesländern nach Angaben der EVS ein um knapp 6.500 Euro höheres Vermögen als im SOEP auf. Diese Unterschiede können unter anderem Ergebnis der selektiven Population aufgrund der Quotenstichprobenziehung sein. Eine um das fehlende Betriebsvermögen angereicherte EVS (EVS2003*plus*) liefert das Ergebnis, dass nun das Nettovermögen in der EVS für Westdeutschland weiter auf 77.000 Euro ansteigt und damit um 4.500 Euro höher ist als im SOEP. Für Deutschland insgesamt liegt das Pro-Kopf-Nettovermögen bei rund 69.000 Euro im Vergleich zu 65.000 Euro im SOEP.

Vor dem Hintergrund der stichprobenbedingten Unterschiede und der fehlenden Erfassung des Betriebsvermögens in der Original-EVS fällt erwartungsgemäß die Verteilung der Pro-Kopf-Nettovermögen im SOEP weitaus ungleicher aus. Der Gini-Koeffizient zeigt auf Basis des SOEP eine um mehr als 15% höhere Ungleichheit als auf Basis der Original-EVS an. Entsprechend streuen die Anteile am gesamten Nettovermögen über die Dezile hinweg beim SOEP deutlich stärker als in der EVS. Auch unter Berücksichtigung des Betriebsvermögens in der EVS2003*plus* ändern sich diese Unterschiede nur geringfügig.

Markante Unterschiede liegen auch in der Verteilung des Nettovermögens nach Altersgruppen vor. Während in der modifizierten EVS2003*plus* die Gruppe der 35- bis 44-Jährigen mit knapp 31% den größten Anteil am Vermögen hält, sind dies im SOEP dagegen solche im Alter von 65 und mehr Jahren mit gut 28%. Die entsprechenden Anteile am gesamten Nettovermögen verlaufen im SOEP eher im Einklang mit dem aus der Theorie zu erwartenden Lebenszyklusmuster (Modigliani 1988), wonach bis zum Renteneintritt Vermögen akkumuliert wird und dementsprechend der Anteil am Gesamtvermögen zunimmt. Nach dem Lebenszyklusmodell sinkt danach zwar wieder das Vermögen aufgrund von Vorabübertragungen bzw. Vermögensverzehr, dieser Effekt kann aber hier nicht nachgewiesen werden.[29] Bei der Gruppe der bis zu 34-Jährigen wirken sich die haushaltsinternen unterstellten Umverteilungsprozesse durch die Verwendung der Pro-Kopf-Gewichtung entsprechend positiv aus, was deren leicht überdurchschnittlichen Anteil erklärt, mit anderen Worten, jüngere Haushaltsmitglieder, insbesondere Kinder, profitieren vom Vermögen der Älteren bzw. der Eltern.

Vergleicht man die durchschnittlichen Vermögenspositionen nach der beruflichen Stellung für die beiden Datenquellen, so zeigen sich in den Strukturen weitgehend Übereinstimmungen. Danach haben Selbstständige und Pensionäre die höchsten relativen Positionen, am Ende rangieren erwartungsgemäß die Arbeitslosen. Allerdings gibt es leichte Variationen in den absoluten Niveaus für die beiden Datenquellen. Dieser Unterschied ist bei den Selbstständigen am prägnantesten, die gemäß Original-EVS lediglich 111.000 Euro und im SOEP immerhin knapp 174.000 Euro erreichen. Auch bei einer um das Betriebsvermögen angereicherten EVS (EVS2003*plus*) bleibt weiterhin eine Differenz von gut 25.000 Euro bestehen. Dies deutet daraufhin, dass vermutlich Betriebsvermögen insbesondere bei Hocheinkommensbeziehern relevant sein dürfte, die in der EVS explizit ausgeschlossen werden. Aber auch bei den Beamten liegt der entsprechende Wert im SOEP gut 20% höher. Auf der anderen Seite wird das Vermögen in der EVS bei Arbeitern mit gut 5.000 Euro (rund 13%) höher als im SOEP ausgewiesen. Dies kann vermutlich auch auf die Selektivität von Quotenstichproben (Selbstselektion der Teilnehmer) zurückgeführt werden.

Erwartungsgemäß zeigen sich auch deutliche Unterschiede in der Vermögenskomposition (Portfolio). Zum einen wird nur im SOEP das Betriebsvermögen erhoben. Aber auch bei einer um diese Vermögenskomponente angereicherten EVS (EVS2003*plus*) weist das SOEP mehr als doppelt so viel Betriebsvermögen aus. Darüber hinaus werden im SOEP deutlich mehr Verbindlichkeiten aus Konsumentenkrediten erfasst. Hier liegt der Anteil am gesamten Nettovermögen im SOEP bei -3,2% während dies in der EVS gerade einmal –0,9% ausmacht.[30] Damit liegt die relative Verschuldung gemäß der SOEP-Daten mehr als dreimal höher als gemäß der EVS. Bei einem Abgleich der aggregierten Verbindlichkeiten im SOEP mit Angaben der Deutschen Bundesbank zeigt sich hingegen eine relativ hohe Übereinstimmung (vgl. Kapitel 7.4.4); ein deutlicher Hinweis darauf, dass die EVS Konsumentenkredite deutlich unterschätzt.

29 Dies liegt auch an der zahlenmäßig größeren Besetzung der Gruppe der über 65-Jährigen im Vergleich zu der Gruppe der 55- bis 64-Jährigen. Dabei ist aber zu beachten, dass Hauser/Stein 2006 mit Hilfe einer Pseudo-Kohortenanalyse zeigen, dass auch nach dem Renteneintritt – entgegen der Lebenszyklushypothese – das Nettovermögen weiter ansteigt, wenngleich auch unterdurchschnittlich.

30 Eine starke Untererfassung der Konsumentenkredite in der EVS im Vergleich zu den Informationen aus der Bundesbankstatistik findet sich auch bei Ammermüller et al. 2005: 29. Danach liegt deren Erfassungsquote bei weniger als 30%.

Insgesamt liegen damit zum Teil markante Unterschiede zwischen EVS und SOEP vor und zwar sowohl bezüglich des Niveaus und der Ungleichheit der Verteilung der Nettovermögen, als auch bezüglich des von verschiedenen Bevölkerungsgruppen gehaltenen Vermögens. Es kann vermutet werden, dass aufgrund der stichprobentheoretisch besseren und bevölkerungsrepräsentativen Stichprobenziehung sowie der umfassenderen Erhebung relevanter Vermögenskomponenten (insbesondere des Betriebsvermögens) das SOEP ein insgesamt adäquateres Bild der Vermögenssituation in Deutschland ergibt als dies mit den Daten der EVS möglich ist. Hierbei ist vor allem die Substichprobe der Hocheinkommensbezieher im SOEP zu betonen, während die EVS das Manko der Exklusion einkommensstarker Haushalte mit entsprechend fehlender Repräsentation des oberen Randes der Vermögensverteilung aufweist.

3. Empirische Analysen zur personellen Vermögensverteilung in den Jahren 2002 und 2007

3.1 Das Sozio-oekonomische Panel als Datengrundlage für eine Analyse der Vermögensverteilung innerhalb des Haushaltssektors

3.1.1 Allgemeine Beschreibung des SOEP

Das Sozio-oekonomische Panel (SOEP) ist eine seit 1984 jährlich durchgeführte Wiederholungsbefragung der Wohnbevölkerung in privaten Haushalten in Deutschland (Wagner et al. 2007; http://www.diw.de/soep). Diese Längsschnitterhebung wird als Teil der informationellen Infrastruktur vom Umfrageforschungsinstitut TNS Infratest Sozialforschung im Auftrag des Deutschen Instituts für Wirtschaftsforschung (DIW Berlin) durchgeführt. Die Standardbefragungsbereiche sind Demographie und Bevölkerung, Arbeitsmarkt und Erwerbstätigkeit, Einkommen, Soziale Sicherung, Wohnen, Gesundheit, (Weiter-)Bildung und Qualifikation, Partizipation, Grundorientierung und Integration. Zentrale Indikatoren zu diesen Bereichen werden jedes Jahr bzw. alle zwei Jahre erfragt. Darüber hinaus werden jährliche Schwerpunktmodule eingesetzt, die die mit Hilfe des Standardfragenkatalogs erhobenen Informationen vertiefen; in den Jahren 2002 und 2007 war dies der Schwerpunkt „Soziale Sicherung und individuelle Vermögenssituation".

Seit dem Erhebungsjahr 2006 besteht das SOEP aus acht Teilstichproben, wobei Sample B, das im Jahr 1984 parallel zum Sample A gezogen wurde, die Arbeitsmigranten aus den fünf Hauptrekrutierungsländern repräsentiert.[1] Bereits im Juni 1990 wurde das SOEP mit der Stichprobe C auf das Gebiet der DDR erweitert. Um die sich im Zuge des Mauerfalls ergebenden neuen Formen der Zuwanderung nach Deutschland zu berücksichtigen, wurde in den Jahren 1994/1995 eine weitere Stichprobe gezogen, Sample D. Durch diese Stichprobe können im SOEP unter anderem die (Spät-)Aussiedler gut identifiziert und ihre Lebenslage analysiert werden. Schließlich fand in den Jahren 1998, 2000 und 2006 jeweils eine repräsentative Aufstockung der SOEP-Stichprobe (mit den Samples E, F, und H) statt. Dazwischen erfolgte im Erhebungsjahr 2002 eine Stichprobenergänzung um Haushalte mit „hohen Einkommen" (rund 1.200 Haushalte). Mit Hilfe (möglichst) regelmäßiger Aufstockungen durch neue, repräsentative

---

1 Es wurden Personen in Haushalten befragt, deren Haushaltsvorstand eine der folgenden Nationalitäten angehörte: Türkei, ehemaliges Jugoslawien, Spanien, Griechenland und Italien. Die anderen Nationalitäten sind durch die Stichprobenziehung in Sample A und später in allen anderen Samples berücksichtigt.

Teilstichproben werden im Prinzip drei Ziele verfolgt und auch erreicht: eine mittel- bis langfristige Stabilisierung der Stichprobengröße im Bereich zwischen 10.000 und 12.000 Haushalten, eine Berücksichtigung zwischenzeitlicher Veränderungen in der Grundgesamtheit (aufgrund von Immigration) und die Möglichkeit zur Kontrolle eventueller Befragungs- oder Paneleffekte durch systematische Vergleiche von Neu- und Altstichproben.[2] Abbildung 3-1 stellt die Entwicklung der diversen Unterstichproben des SOEP seit 1984 dar.

Abb. 3-1: Die Entwicklung der SOEP-Stichproben seit 1984

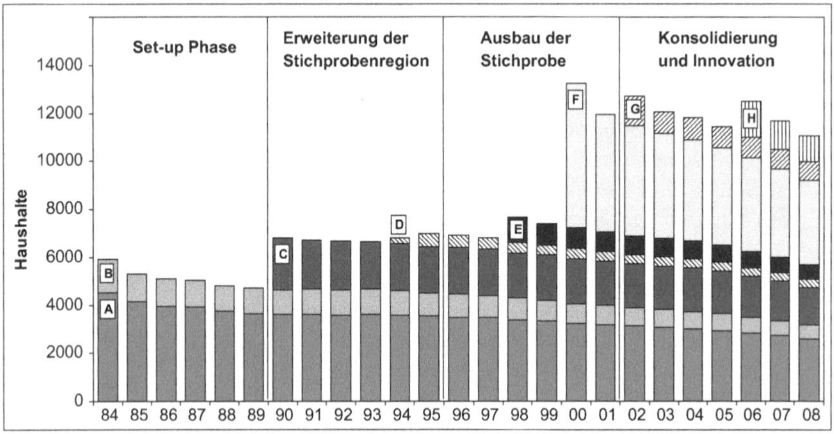

Für die folgenden Analysen zum Vermögen der Personen in privaten Haushalten wird auf die SOEP-Daten der Erbebungsjahre 2002 und 2007 zurückgegriffen, die auf Basis der Sample A bis H knapp 24.000 Personeninterviews in rund 12.700 Haushalten umfassen. Dabei ist die Berücksichtigung der 2002 erstmals befragten Haushalte in Stichprobe G („hohe Einkommen") auch für die Vermögensverteilung von besonderer Relevanz, da aufgrund des erwartet positiven Zusammenhangs von Einkommen und Vermögen auch der obere Bereich der Vermögensverteilung statistisch stabiler erfasst wird, was *ceteris paribus* wiederum positiv auf die Reliabilität der SOEP-Ergebnisse wirken sollte.[3] Für Längsschnittanalysen zum Zusammenhang von permanentem Einkommen und Vermögen werden auch die Daten der Erhebungsjahre bis 1992 rückwirkend verwendet.

2 Vgl. z.B. Frick et al. 2006 für den Nachweis zunehmender Qualität von Einkommensangaben nach der ersten Welle einer neuen Panelstichprobe.

3 Eine umfassende Darstellung der Integration von Sample G („Hohe Einkommen") in das SOEP findet sich in Schupp et al. 2009.

3.1.2 Die Vermögensdaten des SOEP

Zentraler Datenbestand der vorliegenden Analysen sind die Vermögensdaten des SOEP aus den Erhebungsjahren 2002 und 2007. Diese umfassen Informationen zu folgenden Komponenten des Geld- und Sachvermögens, die im Rahmen des Personenfragebogens von allen Haushaltsmitgliedern ab 17 Jahren erhoben wurden: „Selbst genutztes Wohneigentum“, „Sonstiger Haus- und Grundbesitz“, „Geldanlagen“[4], „Lebensversicherungen, Private Rentenversicherungen, Bausparverträge[5]“, „Betriebsvermögen“[6], „Wertsachen“ (wie Goldbarren, Kunstgegenstände die als Wertaufbewahrungsmittel dienen) und „Schulden in Form von Konsumentenkrediten“ sowie „Hypotheken und Bauspardarlehen auf selbst genutztes Wohneigentum oder sonstigen Immobilienbesitz“. Nicht erfasst wird der Wert des Gebrauchsvermögen (wie dem gesamten Hausrat inklusive dem Wert von Fahrzeugen), da ein adäquater Marktwert schwer zu bestimmen ist, sowie der Wert der Anwartschaften an Altersvorsorgesysteme (GRV, Beamtenpensionen etc.), da diese Information den Befragten für gewöhnlich nicht vorliegt bzw. nicht präsent ist.[7] Bei den Aktiva wird jeweils der aktuelle Marktwert zum Befragungszeitpunkt bzw. im Falle von privaten Versicherungen der aktuelle Rückkaufwert erfragt. Bei den Verbindlichkeiten soll die ausstehende Restschuld angegeben werden. Gemäß dem Inländerkonzept sollen von den Befragten nicht nur das in Deutschland gehaltene Vermögen sondern auch entsprechende Aktiva im Ausland aufgeführt werden. Aufgrund der individuellen Erfassung von Vermögen ist es zudem notwendig, auch nach dem persönlichen Eigentumsanteil zu fragen, da eine Vermögenskomponente von mehreren Eigentümern gemeinsam gehalten werden kann. Ein typischer Fall ist eine gemeinschaftlich im Eigentum

---

4 Da im SOEP nach dem Besitz und der Höhe der Geldanlagen gefragt wird, sind Bargeldbestände ausgeschlossen. Der deutsche Beitrag zum Bargeldumlauf in der Europäischen Währungsunion betrug 2007 mehr als 160 Mrd. Euro (Deutsche Bundesbank 2009: 11).

5 Seit der Erhebung 2007 werden Vermögensansprüche aus Bausparverträgen separat erfragt. Soweit nicht anders ausgewiesen umfasst der Begriff „private Versicherungen“ daher auch den Wert von Bausparverträgen.

6 Dies umfasst neben dem alleinigen oder Teil-Eigentum eines gewerblichen oder landwirtschaftlichen Betriebes, einer Firma, eines Geschäfts, einer Kanzlei oder einer Praxis auch Betriebsvermögen in Form von nicht-börslich notierten Aktien.

7 Die Deutsche Rentenversicherung Bund versendet zwar inzwischen in regelmäßigen Abständen für die Mehrzahl der aktiven Versicherten eine Rentenmitteilung, ein Pretest des SOEP zeigte aber, das nur rund 10% der Befragten hierzu eine Auskunft geben konnten. Zudem erfordert die exakte Bestimmung der Rentenanwartschaften ein geklärtes Rentenkonto. Es wird vor einer Wiederholung des Vermögensschwerpunkts im SOEP (wahrscheinlich 2012) zu prüfen sein, ob der Kenntnisstand der Bevölkerung durch die jährliche Zusendung der Rentenmitteilung verbessert wurde und die direkte Erhebung dieser Information durch Befragung realistische Ergebnisse erwarten lässt.

befindliche Immobilie eines Ehepaares. Die kompletten Befragungsinstrumente sind auf der SOEP-Website verfügbar (http://www.diw.de/de/diw_02.c.238114.de/frageboegen_methodenberichte.html), die relevanten Fragebogenseiten des Moduls zur Erhebung der individuellen Vermögen 2002 und 2007 finden sich im Anhang (Kapitel 7.2 und 7.3).

Von grundsätzlicher Bedeutung für die Erhebung der inhaltlich motivierten Module oder Schwerpunkte ist die Einbettung in den SOEP-Längsschnittkontext. Dabei geht es im Falle der Vermögen neben der wiederholten Erhebung der Vermögensdaten als solches auch um die Möglichkeit der Verknüpfung der Vermögensdaten eines gegebenen Jahres (hier 2002 und 2007) mit Längsschnittinformationen zu anderen Dimensionen, z.B. zur individuellen Haushaltseinkommensentwicklung in den jeweiligen Vorjahren, die dann als „Ansparphase" oder „Vermögensaufbauphase" interpretiert werden kann.

Eine erste Erfassung des Vermögens privater Haushalte erfolgte im SOEP im Erhebungsjahr 1988 mit Hilfe eines „Drop-off"-Fragebogens für befragungswillige Haushalte. Dieser wurde entwickelt, da angesichts der zu diesem Zeitpunkt heftigen Diskussion zur „Quellensteuer" mit einer eingeschränkten Befragungswilligkeit zu rechnen war, was sich auch nachhaltig bestätigte: Zum einen gaben lediglich 95% der mit dem Standardfragebogen befragten Haushalte auch Auskünfte zu ihrer Vermögenssituation in diesem Zusatz-Instrument, zum anderen zeigte sich auch eine Verringerung der Bereitschaft zur erneuten Befragung im Folgejahr. Aufgrund dieser negativen Erfahrungen wurde bei der Diskussion um die Wiederholung der Vermögensfragen im Jahre 2002 auf Basis der zwischenzeitlich deutlich größeren, gesamtdeutschen Stichprobe besonderer Wert auf die Einbettung der Fragen in die sonstigen Befragungsinhalte dieses Jahres gelegt: Zum einen wurde die Erhebungseinheit von „Haushalt" auf „Individuum" umgestellt (das heißt, die Vermögensfragen wurden in den Standard-Personenfragebogen integriert) und zum anderen wurde eine stärkere Verbindung zum zweiten inhaltlichen Schwerpunkt „Soziale Sicherung" angestrebt, womit auch die individuelle Altersvorsorgefunktion des Vermögens (siehe Hauser/Stein 2001; Hauser 2007) und die Rentenreformmaßnahmen thematisiert werden. Diese Vorgehensweise hat sich insgesamt sehr gut bewährt, sodass im SOEP im Erhebungsjahr 2007 eine Wiederholungsbefragung mit im Prinzip identischem Fragenkatalog vorgenommen wurde. Es gab dabei lediglich minimale Abweichungen im Sinne einer Trennung von privaten Versicherungen und Bausparverträgen (diese wurden 2002 noch in einer gemeinsamen Kategorie erhoben) sowie des Wegfalls einer unteren Erfassungsschwelle von 2.500 Euro bei verschiedenen Vermögenskomponenten. Diese war damit motiviert, die Befragungsdauer für Personen mit sehr niedrigen Vermögen nicht über Gebühr zu verlängern. Die daher für das Jahr 2002 untererfassten Vermögensposten mit einem Wert von weniger als 2.500 Euro wurden auf Grundlage der Vermögensdaten des Jahres 2007 rückwirkend imputiert (siehe dazu Kapitel 7.4). Somit ist diese befragungsbedingte Untererfassung im Jahre 2002 korrigiert.

Von zentraler Bedeutung für die inhaltlichen Analysen ist die Qualität der zugrunde liegenden Datenbasis. Diese kann durch Inkonsistenzen und insbesondere durch fehlende Antwortangaben bzw. durch vollständige Verweigerung an der Befragung beeinträchtigt sein. Im Rahmen einer umfassenden Datenaufbereitung wurden im SOEP zunächst unplausible Angaben bzw. Inkonsistenzen – soweit individuelle bzw. Haushaltsinformationen zur Verfügung standen – identifiziert und bereinigt. Dies betrifft vorrangig Fälle, in denen zusammenlebende Paare divergierende Angaben zum Wert einer gemeinsam gehaltenen Vermögenskomponente (z.B. selbst genutztes Wohneigentum) machen.

Sowohl quantitativ als auch qualitativ sind fehlende Antwortangaben ein relevantes Problem in Bevölkerungssurveys. Insbesondere sensitive Informationen wie Einkommen und Vermögen weisen für gewöhnlich einen nennenswerten Anteil fehlender Angaben auf. Dieser Wert liegt z.B. beim Geldvermögen im Jahre 2002 im SOEP bei rund 20% (vgl. auch Tab. 7-8). In der Aggregation aller Vermögens- bzw. Schuldenkomponenten zur Generierung des für Verteilungsanalysen relevanten Nettovermögens sind insgesamt 39% aller Personen von fehlenden Antwortangaben mindestens einer der diversen Komponenten betroffen; offensichtlich ein nicht mehr zu ignorierendes Ausmaß. Zudem ist aus der Surveyforschung bekannt, dass fehlende Werte aufgrund eingeschränkter Auskunftsbereitschaft bzw. mangelnden Wissensstandes oft selektiv sind.[8] Diesem Problem wird im SOEP mit einem aufwendigen Imputationsverfahren begegnet, bei dem die fehlenden Informationen mit Hilfe von je nach Vermögensart und Vermögensinformation unterschiedlichen Algorithmen ersetzt werden. Als methodische Besonderheit wird hier ein multiples Ersetzungsverfahren verwendet, das als Ergebnis nicht allein einen Schätzwert für die fehlende Angabe, sondern im Falle des SOEP fünf verschiedene Schätzwerte liefert. Eine derartige multiple Imputation (siehe dazu auch Rubin 1987) soll die Unsicherheit über den „wahren" Wert und die im Imputationsprozess getroffenen Annahmen widerspiegeln. Das genaue methodische Vorgehen bei der Datenaufbereitung wird in Kapitel 7.4 eingehend beschrieben.

Es bleibt festzuhalten, dass die beiden Erhebungen der Vermögenssituation im Jahre 2002 und 2007 mit dem im Rahmen der SOEP-Befragung möglichen Fragen- und Zeitaufwand (zwei Fragebogenseiten) als sehr erfolgreich bezeichnet werden können, bei Vergleichen mit Ergebnissen anderer Studien oder Aggregate muss aber Folgendes berücksichtigt werden:

Die Wahl der Erhebungseinheit „Individuum" (SOEP 2002 und 2007) ist gegenüber der Alternative „Haushalt" (SOEP 1988 oder auch EVS) vorteilhaft,

---

8 Zur Selektivität fehlender Vermögensangaben im SOEP vgl. Abschnitt 7.4.1.

da individuelle Besonderheiten besser erfasst werden können als bei einer Proxy-Befragung durch eine Referenzperson, die gegebenenfalls nicht alle individuellen Vermögensbestände aller Haushaltsmitglieder kennt. Dieses Problem dürfte vor allem mit der Haushaltsgröße zunehmen. Zudem ist eine Antwortverweigerung durch die Referenzperson bei einer Haushaltsbefragung gleichbedeutend mit einem Ausfall der Angaben für alle Haushaltsmitglieder. Zwar birgt die individuelle Befragung das Problem selektiver Teilnahme einzelner Haushaltsmitglieder, diese sind unter Verwendung der Angaben Dritter gegebenenfalls aber besser zu imputieren, als dies bei komplett fehlenden Werten der Fall wäre.

Eine weitere Einschränkung der im Rahmen des SOEP vorgenommenen individuellen Erhebung von Vermögen besteht in einer systematischen Untererfassung von Vermögensbeständen von Kindern. Nach Angaben der KidsVerbraucherAnalyse 2008[9] hatten allein die Sechs- bis 13-Jährigen in Deutschland im Durchschnitt 662 Euro auf ihren Sparkonten, dies entspricht insgesamt 3,8 Mrd. Euro. Auch wenn größere Vermögen im Regelfalle bei Kindern eher selten gegeben sein dürften, ist eine (Vorab-)Übertragung einzelner Vermögensbestandteile auf Kinder – vor allem auch aufgrund von steuerlichen Anreizen[10] – eine Ursache für eine mögliche Untererfassung des Vermögensaggregats.[11] Gemessen am gesamten Geldvermögen der privaten Haushalte in Höhe von 4,5 Billionen Euro (Deutsche Bundesbank 2009a: 53) im Jahre 2007, dürfte sich die durch die fehlende Erhebung der Vermögensbestände von Kindern motivierte Untererfassung aber in engen Grenzen halten.

Nachteilig erscheint ebenfalls die Tatsache inkonsistenter Angaben von Haushaltsmitgliedern zu gemeinsamen Vermögensbeständen (z.B. bei Paaren mit jeweils 50% Anteil am gemeinsamen Wohneigentum). Faktisch sind solche Inkonsistenzen oder Messfehler aber nur aufgrund der individuellen Erhebung überhaupt feststellbar – und nach intensiver Datenprüfung und Editing sind diese Angaben in unserer Interpretation deutlich verlässlicher als haushaltsbezogene Informationen. Letztlich ist nur mit einer Individualbefragung auch die Analyse der intra-häusigen bzw. intra-partnerschaftlichen Vermögensverteilung möglich.

Nicht alle Vermögenskomponenten werden mit dem SOEP-Instrument 2002/2007 (umfassend) erhoben – dies gilt neben dem Hausrat auch für Kraftfahrzeuge. Auch kann aufgrund des begrenzten Fragebogenumfangs der Kom-

---

9 Siehe hierzu die Pressemitteilung des Egmont Ehapa Verlag vom 12.8.2008: http://www.ehapa.de/ehapa/content/e7/e36/e37/e6909/.

10 So können Eltern Steuern sparen, indem sie Vermögen auf Kinder übertragen, denn für jedes Kind gelten im Jahre 2007 Einkünfte aus Zinsen und Dividenden bis zu einem Betrag von 8.501 Euro jährlich als steuerfrei. Bei einer Verzinsung in Höhe von 5% entspricht dies einem eingesetzten Kapital von 170.020 Euro.

11 Vgl. Abschnitt 7.4.4 für einen Abgleich der Vermögensaggregate im SOEP mit externen Statistiken.

plexität bestimmter Vermögenskomponenten nicht ausreichend Rechnung getragen werden. Insbesondere im Falle von Finanzaktiva gibt es eine Vielzahl von Anlagemöglichkeiten, die im Falle der Einzelnennung einen eigenständigen Survey rechtfertigten. Es muss dabei gewürdigt werden, dass auch eine solch detaillierte Erhebung die Gefahr von Untererfassung und Messfehlern aufgrund von zusätzlich induziertem selektiven Non-Response-Verhalten nicht notwendigerweise senkt. Viel relevanter in Hinsicht auf Umfang und Verteilung ist die Nicht-Erhebung von Ansprüchen an die Alterssicherungssysteme (GRV, Beamtenpensionen etc.) im Original-Fragebogen. Diese Information kann jedoch auf Basis der Lebensverlaufsangaben im SOEP bzw. mit Hilfe eines speziellen Verfahrens (Statistisches Matching mit Daten der Rentenversicherung) approximiert werden (vgl. dazu Kapitel 5). Letztlich ist die Vergleichbarkeit mit anderen (mikro- und makro-basierten) Statistiken eingeschränkt, da im SOEP zumindest grobe Informationen über das Betriebsvermögen erhoben werden (diese werden in anderen Surveys wie der EVS seit 1983 gänzlich ausgeblendet).

3.2 Die personelle Verteilung der individuellen Nettovermögen in Deutschland 2002 und 2007

Grundlage der folgenden Berechnungen zur Vermögensverteilung sind Vermögensinformationen im Sozio-oekonomischen Panel (SOEP) der Jahre 2002 und 2007. In herkömmlichen Befragungen wird der Vermögensbestand auf Haushaltsebene erhoben und zum Zweck der Verteilungsanalyse jedem Haushaltsmitglied als Ergebnis einer Pro-Kopf-Berechnung zugewiesen. Im Gegensatz dazu werden im SOEP Vermögenskomponenten auf der Personenebene erfragt, das heißt im Folgenden werden individuelle Vermögen von Personen ab 17 Jahren ausgewiesen. Dadurch ist es im Prinzip möglich, auch die unterstellte private Umverteilung innerhalb von Haushalten zu analysieren.

Die hochgerechneten Angaben auf Basis des SOEP ergeben unter Berücksichtigung der in Kapitel 7.4 beschriebenen Imputationen für das gesamte Bruttogeld- und Sachvermögen (ohne PKW und Hausrat) für das Jahr 2007 rund 7,4 Billionen Euro, wobei der Grund- und Immobilienbesitz mit knapp 5 Billionen Euro den größten Anteil ausmacht. Im Vergleich zu 2002 ist der Wert des Bruttovermögens somit um nominal mehr als 800 Milliarden Euro gewachsen. Diese Veränderungen gehen vorwiegend auf Vermögenszuwächse beim Geldvermögen und privaten Versicherungen zurück. Die Verbindlichkeiten der privaten Haushalte belaufen sich im Jahre 2007 auf knapp 1,3 Billionen Euro, vorrangig bestehend aus Hypothekar- und Konsumentenkrediten. Nach Abzug dieser Verbindlichkeiten beträgt das Nettogesamtvermögen der Personen in privaten Haushalten in Deutschland im Jahre 2007 insgesamt rund 6,1 Billionen Euro.

Aus wohlfahrts- und sozialpolitischer Sicht spielen die personelle Verteilung dieser Aggregate und deren Veränderung über die Zeit eine wichtige Rolle: Im Durchschnitt verfügen die Personen ab 17 Jahren 2007 über ein individuelles Nettogesamtvermögen[12] von rund 88.000 Euro (Tab. 3-1) und damit über rund 10% mehr als 2002. Der Median der Vermögensverteilung, also der Wert, der die reichsten 50% der Bevölkerung von den Ärmeren trennt, liegt bei nur 15.000 Euro. Dabei verfügen etwas mehr als ein Viertel aller Erwachsenen[13] (27%) über kein persönliches Vermögen oder sind sogar verschuldet. Das reichste Zehntel der Bevölkerung ab 17 Jahren hält hingegen ein Nettogesamtvermögen von mindestens 222.000 Euro. Aufgrund der Substichprobe der einkommensstarken Haushalte im SOEP ist es möglich, auch den oberen Rand der Vermögensverteilung detaillierter zu beschreiben. Demnach weisen die vermögensstärksten 5% der Erwachsenen mindestens ein Nettovermögen von knapp 340.000 Euro auf; das vermögensstärkste Ein-Prozent erreicht sogar mindestens knapp 820.000 Euro.

Tab. 3-1: Verteilung des individuellen Nettovermögens in Deutschland 2002 und 2007

Basis: Personen in Privathaushalten im Alter ab 17 Jahren (Angaben inkl. 0,1%-Top-Coding)

	Deutschland		Abweichung
Verteilungskennwerte	2002	2007	2002/07 in %
Mittelwert	80.055	88.034	10,0
Median	15.000	15.288	1,9
90. Perzentil[a]	208.483	222.295	6,6
95. Perzentil[a]	318.113	337.360	6,1
99. Perzentil[a]	742.974	817.181	10,0
HSCV	4,805	6,677	39,0
Gini	0,777	0,799	2,8
MLD	0,582	0,676	16,3
p90/p50-Verhältnis	13,9	14,5	4,7
Anteil negatives oder kein Vermögen (in %)	27,9	27,0	–3,2

a – Die Werte geben die jeweilige Untergrenze des Vermögens im jeweiligen Perzentil an.

Quelle: SOEP 2002, 2007

12 Zur Kontrolle von statistischen Ausreißern in den folgenden Analysen wurden alle Vermögens- bzw. Schuldenkomponenten einem 0,1%-Top-Coding unterzogen.

13 Als Erwachsene werden hier Personen ab einem Alter von 17 Jahren bezeichnet; dies ist das Erstbefragungsalter einer Person im SOEP.

Sortiert man die Personen nach der Höhe ihres Nettovermögens und teilt diese in zehn gleich große Gruppen (Dezile), so zeigt sich, dass das reichste Zehntel im Jahre 2007 über mehr als 60% des gesamten Vermögens verfügt; darunter halten die obersten 5% 46% und das oberste Prozent allein über knapp 23% des gesamten Vermögens (Abb. 3-2). Gegenüber dem Jahr 2002 hat die Konzentration der Nettovermögen im Top-Dezil weiter zugenommen, in allen anderen Dezilen liegen die entsprechenden Anteilswerte für 2002 durchweg niedriger. Mehr als zwei Drittel der Gesamtbevölkerung verfügt dagegen über kein oder nur ein sehr geringes individuelles Nettovermögen. Die untersten 70% der nach dem Nettovermögen sortierten Bevölkerung haben einen Anteil am Geld- und Sachvermögen von unter 9% und damit rund 1,5 Prozentpunkte weniger als im Jahr 2002.

Abb. 3-2: Individuelles Nettovermögen nach Dezilen in Deutschland 2002 und 2007 – Anteil am Gesamtvermögen in %

Basis: Personen in Privathaushalten im Alter ab 17 Jahren (Angaben inkl. 0,1%-Top-Coding)

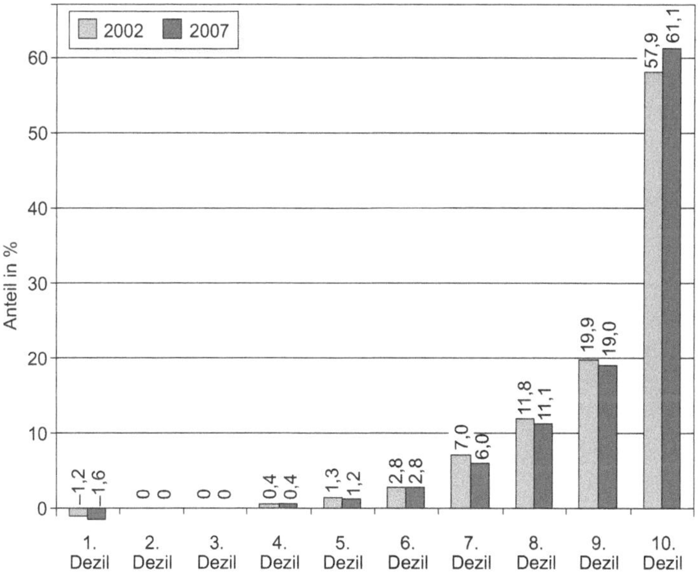

Quelle: SOEP 2002, 2007

Bei dieser Analyse ist aber zu beachten, das die reichsten 100 Haushalte in Deutschland aufgrund der sehr geringen Auswahlwahrscheinlichkeit und der relativ geringen Realisierungswahrscheinlichkeit in Bevölkerungssurveys typischerweise nicht enthalten sind. Dies trifft auch auf das SOEP zu, wenngleich mit der Hocheinkommensstichprobe der obere Rand der Vermögensverteilung detaillierter erfasst wird als im Vergleich zu einer Stichprobe ohne vergleichbare Überrepräsentation. Das tatsächliche Ausmaß der Vermögenskonzentration am oberen Rand der Verteilung dürfte damit sogar noch etwas stärker ausfallen als hier dargestellt.

Nach Angaben des Manager-Magazins (Boldt 2008) verfügten die reichsten 380 Haushalte (dies entspricht 0,001% aller Privathaushalte in Deutschland) im Jahre 2008 über ein Nettovermögen von rund 419,3 Mrd. Euro.[14] Dies entspricht einem Anteil am von der Volkswirtschaftlichen Gesamtrechnung bestimmten Reinvermögen der privaten Haushalte (einschließlich der privaten Organisationen ohne Erwerbszweck wie Kirchen oder Gewerkschaften)[15] von 5,28%. Betrachtet man nur die reichsten 0,0001% aller Haushalte in Deutschland – dies entspricht 38 Haushalten – so lag deren gesamtes Vermögen im Jahre 2008 allein bei 132,35 Mrd. Euro. Diese hielten demnach etwa 1,67% des gesamten Vermögens in Deutschland.[16] Eine vergleichbare Vermögenskonzentration ist auch für andere Länder nachweisbar. So zeigen Kopczuk/Saez (2004), dass der Anteil der 100 vermögensstärksten US-Amerikaner am Gesamtvermögen (dies entspricht 0,00005% aller Personen in den USA) im Jahre 2006 bei knapp 1,9% lag. Die reichsten 0,1% der Bevölkerung hielten zu diesem Zeitpunkt insgesamt rund 9% des gesamten Vermögens in den USA.

Das Ausmaß der Vermögenskonzentration über die Gesamtbevölkerung hinweg wird alternativ in Abbildung 3-3 verdeutlicht. Diese weist die durchschnittliche Höhe des individuellen Nettovermögens nach Dezilen aus und bekräftigt die oben dargestellten Ergebnisse. So liegt z.B. das durchschnittliche Vermögen im obersten Dezil im Jahre 2002 nach den Angaben des SOEP bei rund 480.000 Euro und hat sich bis 2007 um über 60.000 Euro auf gut 540.000 Euro deutlich erhöht. Der Zuwachs im neunten Dezil fällt mit knapp 9.000 Euro etwas höher aus als im Durchschnitt der Bevölkerung mit rund 8.000 Euro. Die absoluten Veränderungen im ersten bis siebten Dezil fallen mit maximal +3.000 Euro erheblich geringer aus.

---

14 Die Liste der reichsten Deutschen führt im Jahre 2008 die Familie um Karl Albrecht mit einem Vermögen von allein 17,55 Mrd. Euro an. Aufgrund der Finanz- und Wirtschaftskrise seit Ende 2008 ist auch das Vermögen der reichsten Deutschen gesunken. 2009 lag das gesamte Vermögen der reichsten 0,001% aller Haushalte bei nur noch 345,45 Mrd. Euro, dies entspricht einem Rückgang um 17,6% (Boldt 2009).

15 Die Angaben der VGR beziehen sich auf das Jahr 2007, vgl. Schmalwasser/Müller 2009: 146.

16 Die Angaben zur Höhe des Vermögens der reichsten Deutschen sind aber mit Vorsicht zu betrachten; insbesondere sind derartige Schätzungen nur eingeschränkt mit den auf Basis von persönlichen Befragungen erzielten Ergebnissen vergleichbar.

Abb. 3-3: Mittleres individuelles Vermögen nach Vermögensdezilen 2002 und 2007

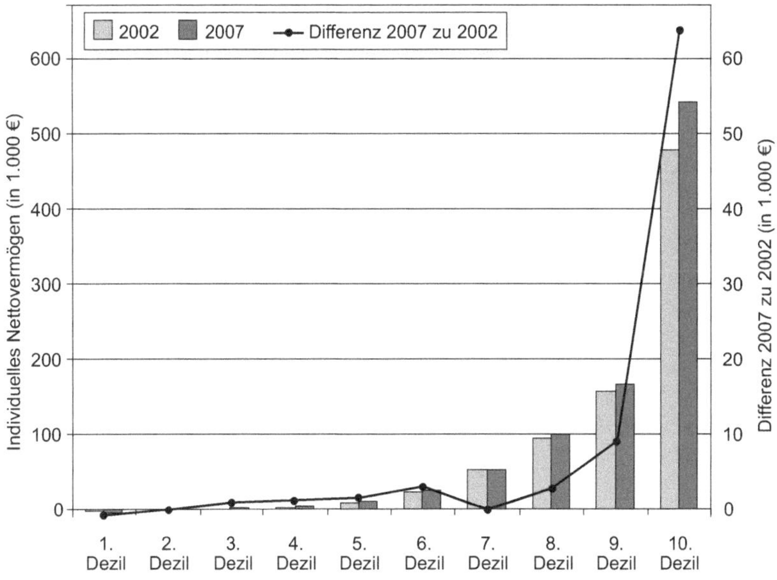

Quelle: SOEP 2002, 2007, ohne Top-Coding, inkl. Anstaltsbevölkerung

Diese sehr ungleiche Verteilung zeigt sich auch in einem relativ hohen Gini-Koeffizienten.[17] Dieser lag für Deutschland insgesamt im Jahr 2007 bei 0,799 und damit noch näher am Maximalwert von 1 (Tab. 3-1) als dies 2002 der Fall war (0,777).[18] Weitere Kennziffern zur Messung der Vermögenskonzentration, die stärker auch die Veränderungen an den Rändern der Verteilung bewerten, belegen sogar eine statistisch signifikante Zunahme der Vermögensungleichheit.

Ein alternatives Verteilungsmaß ist das 90/50-Dezilsverhältnis, welches die untere Vermögensgrenze der reichsten 10% der Bevölkerung auf die obere Ver-

---

17 Beim Einkommen ist die Ungleichheit der Verteilung wesentlich geringer als beim Vermögen. So lag der Gini-Koeffizient für das bedarfsgewichtete verfügbare Einkommen der Personen in Privathaushalten 2007 bei rund 0,3.

18 Im internationalen Vergleich nimmt Deutschland damit eine mittlere Position bei der Vermögensungleichheit (berechnet auf der Ebene von Haushaltsdaten) ein. So lag der Gini-Koeffizient zum Beispiel in Kanada 1999 bei 0,75 und in den USA 2001 bei 0,84; vgl. Sierminska et al. 2006a. Derartige Vergleiche sind jedoch aufgrund unterschiedlicher Definitionen bzw. Abgrenzungen von Vermögen (insb. aufgrund der unterschiedlichen Relevanz von Sozialversicherungsvermögen) nur eingeschränkt gültig.

mögensgrenze der ärmsten 50% (Median) bezieht. Diese Kennziffer gibt also das Vielfache des Vermögens reicher bzw. vermögensstarker Personen im Verhältnis zum Mittelpunkt der Vermögensverteilung an. Für 2007 errechnet sich ein Wert von 14,5, das heißt, die „ärmste" Person innerhalb der reichsten 10% der Bevölkerung übertraf den Median der Verteilung um mehr als das 14-fache. Auch dieser Wert weist auf eine Steigerung gegenüber 2002 (mit 13,9) hin, da der Median lediglich um knapp 2% stieg, die untere Grenze der „Top Ten" aber um rund 10%.

Erwartungsgemäß zeigen sich signifikante Unterschiede in der Höhe des Nettovermögens zwischen West- und Ostdeutschland (Tab. 3-2). Während in den alten Ländern das individuelle Nettovermögen im Durchschnitt bei mehr als 100.000 Euro im Jahre 2007 liegt, macht dieses in den neuen Ländern nur knapp 31.000 Euro aus. Dabei haben sich die Unterschiede im Fünf-Jahres-Untersuchungszeitraum verstärkt: War in den alten Ländern ein Zuwachs von mehr als 11% seit 2002 zu beobachten, so ist das Durchschnittsvermögen in den neuen

Tab. 3-2: Verteilung des individuellen Nettovermögens in West- und Ostdeutschland 2002 und 2007

Basis: Personen in Privathaushalten im Alter ab 17 Jahren (Angaben inkl. 0,1%-Top-Coding)

Verteilungskennwerte	Westdeutschland			Ostdeutschland		
	2002	2007	Abw. 2002/07 in %	2002	2007	Abw. 2002/07 in %
Mittelwert	90.724	101.208	11,6	34.029	30.723	–9,7
Median	18.128	20.110	10,9	7.570	6.909	–8,7
90. Perzentil[a]	235.620	250.714	6,4	102.475	90.505	–11,7
95. Perzentil[a]	350.818	382.923	9,2	149.618	136.594	–8,7
99. Perzentil[a]	805.753	913.814	13,4	293.903	252.603	–14,1
HSCV	4,496	6,103	35,7	2,313	2,829	22,3
Gini	0,765	0,785	2,6	0,792	0,813	2,7
MLD	0,564	0,660	17,0	0,439	0,452	3,0
p90/p50-Verhältnis	13,0	12,58	–4,1	13,5	13,1	–3,2
Anteil negatives oder kein Vermögen (in %)	27,7	26,4	–4,7	29,1	29,7	2,1
Nachrichtlich:						
Bevölkerungsanteil (in %)	81,2	81,3	0,2	18,8	18,7	–0,5

a – Die Werte geben die jeweilige Untergrenze des Vermögens im jeweiligen Perzentil an.

Quelle: SOEP 2002, 2007

Ländern in der gleichen Periode um knapp 10% gesunken – inflationsbereinigt entspricht dies einem Rückgang um mehr als 17%.[19] Hauptverantwortlich hierfür ist der Rückgang des Marktwertes selbst genutzter Immobilien. Auch gemessen am Median entwickelt sich das Nettovermögen in den beiden Landesteilen gegensätzlich. Dies trifft auch für die Entwicklung des Anteils der Personen, die kein Vermögen aufweisen oder verschuldet sind, zu. Während dieser Anteil in den alten Ländern rückläufig ist (–4,7%) hat er in den neuen Ländern leicht zugenommen (+2,1%) und liegt somit noch weiter über dem entsprechenden Wert der alten Länder.

In einer alternativen Darstellung wird die Verteilung des individuellen Nettogesamtvermögens in Ost- und Westdeutschland mit Hilfe von Kerndichteschätzern visualisiert (Abb. 3-4). Auch hier wird der signifikante Unterschied in

Abb. 3-4: Kerndichteschätzer für das individuelle Nettogesamtvermögen in Ost- und Westdeutschland, 2002 und 2007

Basis: Personen in Privathaushalten im Alter ab 17 Jahren (Angaben inkl. 0,1%-Top-Coding)

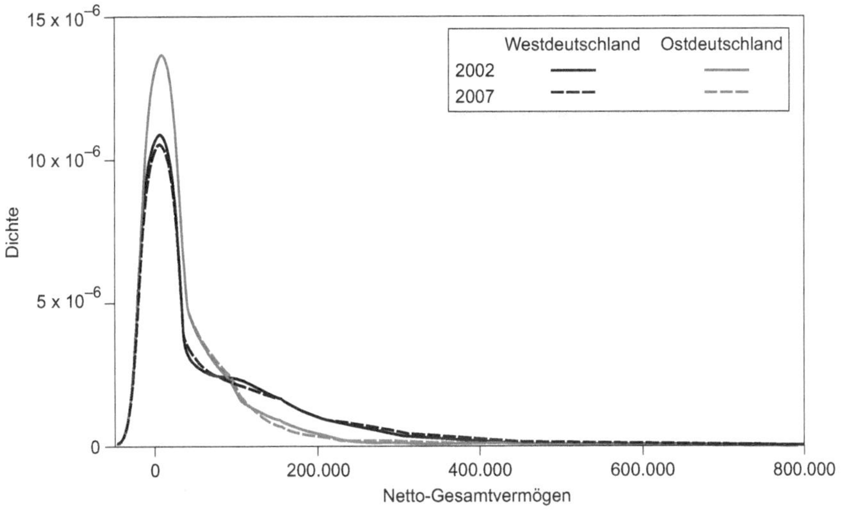

Anmerkung: Werte von weniger als -50.000 € und mehr als +800.000€ sind in dieser Abbildung getrimmt.

Quelle: SOEP 2002, 2007

19 Für diese Berechnung wurde der Preisindex für die Lebenshaltungskosten der Privathaushalte zugrunde gelegt.

der Verteilung des individuellen Nettovermögens in den beiden Landesteilen deutlich. Bereits ab einem Vermögen von 100.000 Euro dominieren die Westdeutschen die Vermögensverteilung. Obwohl der Bevölkerungsanteil der Ostdeutschen bei etwa 18% im Jahre 2007 liegt, haben im obersten Vermögensdezil Ostdeutsche einen Anteil von lediglich 3%. Des Weiteren ist erkennbar, dass die individuellen Nettovermögen in Ostdeutschland stärker konzentriert sind als in Westdeutschland, da ein deutlich größerer Teil der Bevölkerung über ein Vermögen nahe Null verfügt. Im Verlauf der fünf Beobachtungsjahre ist zudem für Westdeutschland eine geringfügige Rechtsverschiebung der Verteilungskurve für das Nettovermögen zu beobachten, was mit dem deutlich gestiegenen Mittelwert und dem leicht sinkenden Anteil von Personen mit einem Vermögen von Null in diesem Landesteil korrespondiert

3.3 Die personelle Verteilung der Pro-Kopf-Nettovermögen

In Bevölkerungssurveys – wie der EVS oder dem US-amerikanischen Survey of Consumer Finances (SCF) – wird das Vermögen üblicherweise auf der Haushaltsebene mit Hilfe einer Referenzperson erfragt. Um eine Analyse der personellen Verteilung der Vermögen vorzunehmen, bedarf es daher einer Pro-Kopf-Gewichtung des Haushaltsvermögens. Mit diesem Vorgehen wird unterstellt, dass alle Haushaltsmitglieder von dem im Haushalt gehaltenen Vermögen gleichermaßen partizipieren bzw. gleiche Verfügungsgewalt haben.

Auf Grundlage der individuell erhobenen Vermögensinformationen im SOEP kann diese Annahme geprüft und das Ausmaß der impliziten, haushaltsinternen Umverteilung quantifiziert werden (Tab. 3-3). Die oben beschriebenen Prozesse der Erhebung und Generierung von Daten zur Vermögenssituation von Individuen in Deutschland auf Basis der SOEP-Daten unterstützen nicht nur empirische Analysen zur personellen Vermögensverteilung auf der Ebene von Personen, sondern – nach Aggregation der Vermögen von Haushaltsmitgliedern – auch auf der Ebene von Haushalten. Dabei werden zur Berechnung eines Pro-Kopf-Vermögens alle Vermögens- bzw. Schuldenkomponenten aller Haushaltsmitglieder inklusive der imputierten Daten für so genannte Partial-Unit-Non-Respondents (d.h. nicht realisierte Personeninterviews in realisierten Haushalten) aufsummiert und durch die Zahl der (erwachsenen) Personen dividiert. Da nicht alle Mitglieder eines Haushalts einen identischen Anteil am Gesamtvermögen des Haushalts halten, impliziert ein solches Vorgehen einen haushaltsinternen Umverteilungsprozess. Ein Vergleich von Ungleichheitsindikatoren auf Basis von personen- und haushaltsbezogenen Vermögensdaten sollte insofern *ceteris paribus* eine höhere Ungleichheit bei individualisierten Daten zeigen.

Tab. 3-3: Vermögensungleichheit auf Basis verschiedener Aggregationsebenen, Deutschland 2002

	Individuelles Vermögen	Haushaltsvermögen pro Erwachsenem	Haushaltsvermögen pro Kopf	Abweichung in %	
	(1)	(2)	(3)	(2)–(1)	(3)–(1)
Mittelwert	80.055	79.397	64.811	–0,8	–19,0
s.e.	(1.790)	(1.518)	(1.239)		
Minimum	–416.982	-396.750	–210.614	–4,9	–49,5
1. Perzentil	–19.982	–19.290	–15.284	-3,5	-23,5
5. Perzentil	–1.838	-2.213	–1.917	20,4	4,3
10. Perzentil	0	0	0	.	.
25. Perzentil	0	2.096	1.347	.	.
50. Perzentil (Median)	15.000	29.130	21.299	94,2	42,0
75. Perzentil	96.589	98.630	76.228	2,1	-21,1
90. Perzentil	208.460	196.112	162.660	-5,9	-22,0
95. Perzentil	318.114	291.050	249.334	–8,5	-21,6
99. Perzentil	742.382	620.995	556.807	–16,4	-25,0
Maximum	20.521.691	12.723.784	12.723.784	-38,0	-38,0
Summe (in Mill. Euro)	5.376.680	5.332.970	5.294.121	–0,8	–1,5
Gini	0,777	0,719	0,736	-7,5	-5,3
s.e.	(0,005)	(0,005)	(0,005)		
HSCV	4,806	3,312	3,503	-31,1	-27,1
s.e.	(1,103)	(0,606)	(0,581)		
P90/P50-Verhältnis	13,9	6,7	7,6	-51,8	–45,3
Anteil: kein oder negatives Vermögen	27,9%	19,6%	20,1%	-29,7	-28,0
N (ungewichtet)	23.004	23.004	28.931		
N (gewichtet)	67.200.000	67.200.000	81.700.000		

Anmerkung: Standardfehler (s.e.) in Klammern.

Quelle: SOEP 2002, Personen in Privathaushalten, inkl. 0,1%-Top-Coding

Mit den Vermögensdaten des SOEP ist es grundsätzlich möglich, zwei Analyseebenen zu unterscheiden. Dies ist zum einen die Personen- bzw. die Haushaltsebene. Um den Effekt des *„pooling"* von Vermögen innerhalb eines Haushalts darzustellen, wird hier zunächst auf der Personenebene nach dem individuellen Vermögen (Modell 1 in Tab. 3-3) bzw. nach dem Pro-Kopf-Vermögen für alle Haushaltsmitglieder (Modell 3) differenziert. Hierbei stellt das Modell 3 die Standardvariante in Vermögensanalysen dar, da bislang eine individuelle Erfassung aller Vermögenskomponenten von keinem bevölkerungsrepräsentativen Survey in Deutschland verfolgt wurde. Um den Effekt der Nichtberücksichtigung der von Kindern gehaltenen Vermögensbestände im SOEP beschreiben zu können, wird in einem alternativen Modell das Pro-Kopf-Vermögen nur auf der Basis der erwachsenen Personen analysiert (Modell 2), was die gleiche Untersuchungspopulation wie im präferierten Modell 1 unterstellt.[20]

Ein Vergleich der Ergebnisse aus den Modellen 1 und 2 bestätigt die Erwartung einer höheren Ungleichheit bei einer individualisierten Analyse. Der Gini-Koeffizient des Nettogesamtvermögens sinkt bei der Betrachtung des Vermögens pro Erwachsenem statistisch signifikant um mehr als 7%, der top-sensitive HSCV-Indikator sogar noch viel stärker um mehr als 30%. Die unterstellte Umverteilung innerhalb der Haushalte wird aber auch beim Vergleich der Vermögensperzentile sichtbar. Während sich insbesondere an den Rändern der Verteilung die entsprechenden Werte reduzieren (das Maximum nimmt um 38% ab), ist ein deutlicher Zuwachs in der Mitte der Verteilung zu beobachten (der Median verdoppelt sich nahezu). Auch der Anteil der Personen mit einem negativen Vermögen bzw. einem Vermögen von Null sinkt von knapp 28% bei der individuellen Analyse auf unter 20% in der Pro-Erwachsenen-Analyse. Dies entspricht einem Rückgang um knapp ein Drittel. Insbesondere junge Erwachsene im elterlichen Haushalt, die typischerweise noch über kein oder nur ein geringes individuelles Vermögen verfügen, profitieren demnach von dem unterstellten haushaltsinternen Umverteilungsprozess bei einer Pro-Erwachsenen-Analyse des Vermögens.

Die Wirkung einer haushaltsinternen Umverteilung durch Verwendung von Pro-Erwachsenen-Vermögen auf der Personenebene (Modell 2) lässt sich eingehender bei einer differenzierten Betrachtung nach Geschlecht und Alter beobachten (Tab. 3-4). Insbesondere jüngere Menschen lassen sich als „Profiteure" des impliziten haushaltsinternen Vermögensumverteilungsprozesses identifizieren. So nimmt der Gini-Koeffizient in der Gruppe der bis zu 24-Jährigen durch die Pro-Erwachsenen-Gewichtung um rund 22% ab. Aber auch im höheren Lebensalter (75 und mehr Jahre) wird die Ungleichheit um 5% reduziert. Gemessen am top-sensitiven HSCV fallen die Unterschiede weitaus größer aus. Sowohl bei den ganz Jungen (bis 25 Jahre) als auch bei den Lebensälteren (75+) wird die Ungleichheit durch eine haushaltsbezogene Pro-Erwachsenen-Gewichtung nachdrücklich reduziert. Bezüglich des Geschlechts zeigt sich, dass beide Geschlechter in vergleichbarem Umfang von der unterstellten haushaltsinternen Umverteilung profitieren. Dies ist vor allem darauf zurückzuführen, dass junge

20 Auf eine Darstellung der Ergebnisse von 2007 wird hier verzichtet, an der grundsätzlichen Aussage ändert sich nichts. Streng genommen sollten die Mittelwerte in den Modellen 1 und 2 gleich sein. Aufgrund der Imputation fehlender Vermögen von nicht befragungsbereiten erwachsenen Haushaltsmitgliedern weichen die Ergebnisse aber leicht voneinander ab.

Erwachsene an dem elterlichen Vermögen partizipieren können und es hierbei in der Regel keine geschlechtsspezifischen Vorteile gibt (wenn überhaupt, profitieren eher junge Männer von der Umverteilung, da sie *ceteris paribus* den elterlichen Haushalt später verlassen).

Tab. 3-4: Vermögensungleichheit auf Basis verschiedener Aggregationsebenen nach Geschlecht und Alter, Deutschland 2002

	Individuelles Vermögen (1)	Haushaltsvermögen pro Erwachsenen (2)	Haushaltsvermögen pro Kopf (3)	Abweichung in % (2)–(1)	Abweichung in % (3)–(1)
Gini	0,777	0,719	0,736	–7,5	–5,3
HSCV	4,805	3,312	3,502	–31,1	–27,1
			Alter		
Gini					
<=24	0,961	0,751	0,753	–21,9	–21,6
25–34	0,940	0,845	0,842	–10,1	–10,4
35–44	0,769	0,726	0,727	–5,6	–5,5
45–54	0,719	0,683	0,683	–5,0	–4,9
55–64	0,686	0,658	0,659	–4,1	–4,0
65–74	0,684	0,658	0,659	–3,8	–3,7
75+	0,723	0,686	0,686	–5,1	–5,1
HSCV					
<=24	20,591	2,561	4,327	–87,6	–79,0
25–34	5,129	7,795	5,280	52,0	2,9
35–44	8,124	5,080	4,898	–37,5	–39,7
45–54	4,062	3,021	2,916	–25,6	–28,2
55–64	2,898	2,748	2,780	–5,2	–4,1
65–74	2,211	1,665	1,672	–24,7	–24,4
75+	2,217	1,670	1,674	–24,7	–24,5
			Geschlecht		
Gini					
Weiblich	0,777	0,723	0,739	–7,0	–5,0
Männlich	0,773	0,714	0,733	–7,7	–5,2
HSCV					
Weiblich	3,562	3,063	3,125	–14,0	–12,3
Männlich	5,423	3,577	3,906	–34,0	–28,0

Quelle: SOEP 2002, Personen in Privathaushalten, inkl. 0,1%-Top-Coding

Die Analyse auf Basis des individuellen Vermögens (Modell 1) im Vergleich zu der Standardvariante des Pro-Kopf-Vermögens (Modell 3) ist zunächst erschwert, da im Modell 1 nur die erwachsenen Befragungspersonen untersucht werden. Im

Modell 3 werden hingegen auch die in einem Haushalt lebenden Kinder mit einem Vermögen von Null berücksichtigt. Beim Vergleich der Mittelwerte beider Modelle ist der implizite Umverteilungseffekt des Pro-Kopf-Modells erkennbar. Dieser Wert fällt im Modell 3 um knapp 20% niedriger aus; dagegen nimmt der Median der Pro-Kopf-Vermögen um mehr als 40% zu. Auch der Anteil der Personen mit Vermögen kleiner (oder gleich) Null wird durch die unterstellte Umverteilung innerhalb des Haushalts nachdrücklich reduziert. Entsprechend sinkt auch die mit Hilfe des Gini-Koeffizienten gemessene Ungleichheit beim Pro-Kopf-Vermögen um mehr als 5% auf 0,736.

Zusammenfassend kann festgestellt werden, dass die implizite haushaltsinterne Umverteilung des Nettovermögens ein signifikantes und damit nicht ignorierbares Ausmaß erreicht. Dabei ist aber anzumerken, dass die Analyseebenen des individuellen Vermögens und des Pro-Kopf-Vermögens in gewissem Sinne Gegenpole darstellen: Um das wahre Ausmaß an Umverteilung innerhalb eines Haushalts beschreiben zu können, bedarf es einer Identifikation derjenigen Personen im Haushalt, die über nur geringes oder kein formalrechtliches Eigentum verfügen, und somit des Ausmaßes, in dem diese an dem Vermögen anderer Haushaltsmitglieder partizipieren.[21] Beim Konzept des Pro-Kopf-Vermögens (Modell 3) wird eine faktische Gleichverteilung und damit eine maximale Umverteilung innerhalb eines Haushalts unterstellt. Dagegen wird bei einer individualisierten Vermögensanalyse keinerlei haushaltsinterne Umverteilung angenommen. Die Realität dürfte zwischen diesen Extremen liegen, wonach das Ausmaß der faktischen haushaltsinternen Umverteilung stark streut. Obwohl insbesondere die Nutzungsfunktion von Vermögen auch von anderen Haushaltsmitgliedern als dem Eigentümer *de facto* in Anspruch genommen werden kann, ist der Eigentumsstatus insbesondere im Falle einer Trennung oder Scheidung (also *de jure*) relevant, da in Deutschland – wie auch in der Mehrzahl aller europäischen Länder – das Prinzip der Zugewinngemeinschaft gilt. Danach werden nur die Vermögenszuwächse, die während einer Ehe erzielt werden, hälftig aufgeteilt, das gesamte in die Ehe eingebrachte Eigentum verbleibt aber vollständig in den Händen derselben Person.[22]

Daher lassen diese Ergebnisse auch interessante Schlussfolgerungen über die Verzerrung von Aussagen zur Einkommensungleichheit auf Basis von im Haushalt aggregierten Einkommen zu, die in der Regel ebenfalls die zentrale

---

21 Eine alternative Fragestellung, die nur mit individualisierten Vermögensinformationen beantwortet werden kann, ist die, inwieweit Eigentum innerhalb eines Haushalts z.B. aufgrund von steuerlichen Anreizen wie Erbschafts- und Schenkungssteuer umverteilt bzw. übertragen wird. Dieses Phänomen dürfte vorrangig für besonders vermögende Haushalte relevant sein.

22 Ausnahmen von dieser Regel liegen insbesondere im Falle von Eheverträgen vor.

Annahme des *pooling* ökonomischer Ressourcen (Einkommen) unterstellen, wonach alle Haushaltsmitglieder identischen Nutzen aus dem gemeinsamen Einkommen ziehen. Vor dem Hintergrund des in diesem Forschungsprojekt verfolgten inhaltlichen Interesses an einer differenzierten geschlechtsspezifischen und intra-partnerschaftlichen Vermögensverteilung basieren alle im Folgenden dargelegten Verteilungsanalysen auf Individualdaten.

3.4 Die Zusammensetzung der individuellen Nettovermögen nach Vermögensarten in den Jahren 2002 und 2007

Die Betrachtung aggregierter Nettogrößen wie dem Nettogesamtvermögen verdeckt im Allgemeinen wichtige Strukturunterschiede, sowohl bezüglich der Zusammensetzung des Vermögens als auch bezüglich eventueller Verbindlichkeiten. So kann ein niedriges Nettovermögen das Ergebnis eines hohen Bruttovermögens bei gleichzeitig ähnlich hohem Schuldenstand sein (z.B. bei jungen Familien kurz nach dem Erwerb eines mit Hypotheken belasteten Eigenheims), oder es kann schlicht ein niedriges Bruttovermögen ausdrücken. Diese Unterscheidung ist auch deshalb von Bedeutung, da mit einem hohen Bruttovermögen auch verschiedene Funktionen des Vermögens verbunden sind, wie die Prestigefunktion oder auch die Nutzungsfunktion wie im Falle einer Immobilie.

Rund die Hälfte der erwachsenen Bevölkerung hält im Jahre 2007 Geldvermögen[23] (49%) oder Vermögen in Form von privaten Versicherungen (inkl. Bausparverträge) (53%) (Tab. 3-5). Gegenüber dem Jahr 2002 hat der Verbreitungsgrad beider Anlageformen zugenommen.[24] Im Durchschnitt liegt der Wert dieser

---

23 Hierbei ist zu beachten, dass Bargeldbestände im SOEP nicht separat erfasst werden. Der deutsche Beitrag zum Bargeldumlauf summiert sich nach Angaben der Deutschen Bundesbank (2009) auf mehr als 160 Mrd. Euro in 2007.

24 Darüber hinaus ist bei der Interpretation dieser Ergebnisse zu berücksichtigen, dass in der hier vorgelegten Analyse der Geld- und Sachvermögen eventuelle Ansprüche an die Sozialversicherungsträger (GRV, Knappschaften, berufsständische Versorgungswerke, Pensionskassen etc.) nicht berücksichtigt – und auch im SOEP wie der amtlichen Einkommens- und Verbrauchsstichprobe (EVS) nicht erhoben – werden. Während ein aktueller Rentenbezug standardmäßig als Einkommensstrom erfasst wird, sind künftige Rentenzahlungen aufgrund der notwendigen Annahmen zur Berechnung eines Gegenwartswertes (differentielle Lebenserwartung, Diskontierungsrate etc.) sowie fehlender Übertrag- und Handelbarkeit von den Analysen ausgeschlossen. Gleichwohl sind bei der Interpretation der Ergebnisse die unterschiedlichen Anreizstrukturen und Notwendigkeiten zum Vermögensaufbau von Selbstständigen im Vergleich zu Beamten und abhängig erwerbstätigen Pflichtversicherten zu beachten. Grabka et al. 2007 versuchen in ihren Analysen diese Rahmenbedingungen zu berücksichtigen.

Tab. 3-5: Vermögenskomponenten des individuellen Nettovermögens in Deutschland 2002 und 2007

	Westdeutschland		Ostdeutschland		Deutschland	
	2002	2007	2002	2007	2002	2007
	Anteil der jeweiligen Eigentümer an der Bevölkerung[a]					
Selbstgenutzter Immobilienbesitz	38,1	38,2	28,8	28,1	36,4	36,3
Sonstiger Immobilienbesitz	11,1	11,1	6,4	6,9	10,2	10,4
Geldvermögen	45,8	49,6	44,4	46,0	45,5	48,9
Private Versicherungen	46,6	53,2	49,9	51,3	47,2	52,9
– darunter: Bausparverträge[b]		29,7		27,8		29,3
Betriebsvermögen	4,4	4,5	3,5	3,7	4,2	4,4
Wertsachen[c]	10,8	6,7	4,6	3,5	9,6	6,1
Schulden[d]	27,8	31,0	25,1	27,9	27,3	30,4
	Portfoliostruktur in Prozent des Nettovermögens					
Selbstgenutzter Immobilienbesitz	62,3	58,3	73,8	73,7	63,2	59,3
Sonstiger Immobilienbesitz	23,4	22,9	10,3	9,9	22,4	22,1
Geldvermögen	11,8	13,8	17,1	20,1	12,3	14,2
Private Versicherungen	10,8	13,0	14,5	18,6	11,1	13,4
– darunter: Bausparverträge[b]		3,2		5,7		3,3
Betriebsvermögen	9,8	11,1	8,6	7,7	9,7	10,9
Wertsachen[c]	1,8	1,3	1,5	0,8	1,8	1,3
Schulden[d]	–20,0	–20,6	–25,9	–30,8	–20,5	–21,2
Insgesamt in Prozent	100,0	100,0	100,0	100,0	100,0	100,0
Insgesamt in Euro	90.724	101.208	34.029	30.723	80.055	88.034
	Durchschnittliche Höhe der jeweiligen Vermögensart[e] in Euro					
Selbstgenutzter Immobilienbesitz	148.291	154.468	87.351	80.433	139.220	143.754
Sonstiger Immobilienbesitz	191.917	208.127	55.112	44.387	175.798	187.786
Geldvermögen	23.436	28.254	13.134	13.463	21.546	25.654
Private Versicherungen	21.100	24.804	9.907	10.048	18.874	22.328
– darunter: Bausparverträge[b]		10.856		6.282		10.048
Betriebsvermögen	203.362	247.191	84.589	65.048	184.959	218.823
Wertsachen[c]	14.968	19.789	10.988	6.527	14.612	18.356
Schulden[d]	–59.507	–61.222	–34.068	–32.235	–55.326	–56.415

a – Personen in privaten Haushalten im Alter ab 17 Jahren; *b* – Nur 2007 separat erhoben; *c* – Wertsachen in Form von wertvollen Sammlungen, Gold, Schmuck oder Kunstgegenstände; *d* – Schulden aus Hypotheken und Konsumentenkrediten; *e* – Nur diejenigen im Besitz der jeweiligen Vermögensart.

Quellen: SOEP 2002, 2007

Anlageformen im Jahre 2007 bei rund 25.000 Euro beim Geldvermögen und bei etwas mehr als 22.000 Euro bei den privaten Versicherungen. Im Vergleich zum Jahre 2002 hat sich deren Wert um mehr als 18% vergrößert.[25]

Diese Entwicklung kann unter anderem durch die Reformen zur Förderung der privaten Altersvorsorge (z.B. Riester- oder Rürup-Rente)[26] erklärt werden, zudem hat sich zwischen 2002 und 2007 auch die aggregierte Sparquote in Deutschland von 9,9% auf 10,8% erhöht (vgl. Deutsche Bundesbank 2009c). Letztlich hat auch der Boom am Aktienmarkt in diesem Zeitraum zu dieser Entwicklung beigetragen. Zwischen 2002 und 2007 ist der Deutsche Aktienindex DAX® von rund 3.000 Punkten auf über 8.000 Punkte gestiegen.

Eine selbst genutzte Immobilie wird von mehr als einem Drittel[27] der Bevölkerung gehalten, sonstiger Immobilienbesitz liegt bei etwa einem Zehntel der erwachsenen Bevölkerung vor. Diese Anteile haben sich seit 2002 nicht verändert. Hinsichtlich der quantitativen Bedeutung, gemessen als Anteil am gesamten Vermögen, sind – bei Ausblendung der GRV-Ansprüche – selbst genutzte Immobilien die wichtigste Anlageform in Deutschland. Der durchschnittliche Marktwert dieser Vermögensform beläuft sich auf knapp 145.000 Euro. Deren Anteil an der Portfoliostruktur ist aber – unter anderem aufgrund von stagnierenden oder sogar rückläufigen Verkehrswerten in verschiedenen Regionen Deutschlands und der gleichzeitig steigenden Relevanz anderer Anlageformen wie den privaten Versicherungen – seit 2002 leicht rückläufig.

Knapp ein Drittel der Bevölkerung weist Verbindlichkeiten in Form von Hypotheken- oder Konsumentenkrediten auf. Dabei liegt der entsprechende Bevölkerungsanteil 2007 um rund drei Prozentpunkte höher als fünf Jahre zuvor. Die durchschnittliche Höhe der Verbindlichkeiten von verschuldeten Personen ist gegenüber 2002 nur geringfügig gestiegen und erreicht in 2007 mehr als 56.000 Euro, vorrangig getrieben durch Hypothekenkredite.

Ein Vergleich der Portfoliostruktur mit der Eigentümerstruktur belegt die Relevanz des Betriebsvermögen: Während lediglich 4% aller Personen diese Vermögensform halten, macht das Betriebsvermögen rund 11% des gesamten

---

25 Nach Angaben der Deutschen Bundesbank hat sich das Geldvermögen der privaten Haushalte zwischen 2002 und 2006 um 23,2% vergrößert (Deutsche Bundesbank 2007: 26).

26 So hat sich die Zahl der so genannten Riesterverträge jeweils zu Beginn eines Jahres von knapp 2 Mio. in 2002 auf mehr als 8,5 Mio. in 2007 mehr als vervierfacht (BMAS 2008c).

27 2007 lebten zwar rund 48% aller Personen in Deutschland in Haushalten mit selbst genutztem Wohneigentum, der Anteil der Personen, die selbst genutzte Immobilien besitzen, lag aber nur bei 36%. In vielen Haushalten gehören selbst genutzte Immobilien nur einem Haushaltsmitglied; insbesondere erwachsene Kinder, die noch im elterlichen Haushalt leben, sind in der Regel nur „Mitbewohner“ aber nicht „Miteigentümer“.

Nettovermögens aus. Dementsprechend liegt die durchschnittliche Höhe für Personen mit Betriebsvermögen bei knapp 220.000 Euro im Jahre 2007. Gegenüber 2002 entspricht dies einem Zuwachs um mehr als 18%. Weiterhin hat der sonstige Immobilienbesitz besondere Relevanz, da mehr als ein Fünftel des gesamten Nettovermögens auf diese Anlageform fällt, während nur 10% aller Erwachsenen diese Anlageform halten. Die durchschnittliche Höhe dieser Vermögensanlage liegt bei knapp 190.000 Euro in 2007.

Das in der EVS als auch in der VGR nicht ausgewiesene Vermögen in Wertsachen wird von weniger als 10% der erwachsenen Bevölkerung gehalten. Der durchschnittliche Wert dieser Anlageform liegt im Jahre 2007 bei rund 18.000 Euro. Entsprechend gering fällt der Anteil der Wertsachen am Nettogesamtvermögen mit weniger als 2% aus. Von unterschiedlicher Relevanz sind die Wertsachen in den beiden Landesteilen. In Westdeutschland werden Wertsachen nicht nur häufiger gehalten, auch der Wert dieser Vermögenskomponente ist mit knapp 20.000 Euro in 2007 mehr als dreimal so hoch wie in Ostdeutschland.

Sowohl der mittlere Wert als auch die Häufigkeit des Immobilienbesitzes fallen in den neuen Ländern deutlich niedriger aus als in den alten Ländern. Während etwa 38% der Westdeutschen Eigentümer einer selbst genutzten Immobilie sind, erreicht der entsprechende Wert in Ostdeutschland nur 28%. Geldvermögen und private Versicherungen werden zwar in beiden Landesteilen vergleichbar häufig gehalten, deren quantitative Bedeutung ist in Ostdeutschland aber weniger als halb so groß. Der Wert der Geldanlagen beträgt in Westdeutschland im Jahre 2007 mehr als 28.000 Euro und fällt damit etwa 2,8-mal größer aus als in Ostdeutschland (10.000 Euro). Trotz der geringeren quantitativen Bedeutung des Geldvermögens und des selbst genutzten Immobilienbesitzes in Ostdeutschland ist die relative Bedeutung dieser Anlageformen – gemessen an ihrem Beitrag zum Gesamtvermögensportfolio – höher als in Westdeutschland. Dies erklärt sich dadurch, das andere Vermögensarten wie Betriebsvermögen oder sonstiger Immobilienbesitz sowohl in qualitativer als auch quantitativer Hinsicht in Ostdeutschland nur von geringer Relevanz sind. Vor allem der sonstige Immobilienbesitz kommt in Westdeutschland weitaus häufiger vor (11% gegenüber 6,9%), aber auch der Wert dieser Vermögenskomponente liegt in Westdeutschland mit knapp 210.000 Euro mehr als viermal höher (rund 45.000 Euro). Auffallend ist zudem, dass die relative Bedeutung von Schulden in den neuen Ländern mit knapp 31% um etwa zehn Prozentpunkte höher ist als in den alten Ländern, wenngleich der absolute Betrag im Osten mit etwa 32.000 Euro nur knapp halb so hoch ist wie im Westen.

Die Entwicklung der Marktwerte der verschiedenen Anlageformen gestaltete sich in den beiden Landesteilen sehr unterschiedlich. Während in den neuen Ländern der Wert des Immobilienbesitzes als auch der von Betriebsvermögen zum Teil deutlich rückläufig ist, zeigen sich bei allen Anlageformen in Westdeutschland Zuwächse. So ist z.B. der Wert des selbstgenutzten Immobilienvermögens von Personen in Westdeutschland zwischen 2002 und 2007 um rund 6.000 Euro auf 154.000 Euro gestiegen, während für Eigentümer in Ostdeutschland ein Verlust von 7.000 Euro auf nunmehr nur noch rund 80.000 Euro zu beobachten ist.[28]

3.5 Die Verteilung der individuellen Nettovermögen nach Altersgruppen

Nach der Lebenszyklustheorie (Modigliani 1988) besteht eine enge Verbindung zwischen der Höhe des Vermögens und dem Lebensalter. Nach dem Eintritt in die Erwerbsphase wird Vermögen akkumuliert und erreicht kurz vor der Verrentung seinen Höhepunkt. Mit Eintritt in das Rentenalter wird für gewöhnlich Vermögen wieder aufgezehrt z.B. zu Konsumzwecken. Mit den querschnittsbezogenen Informationen im SOEP kann zwar dieses klassische Lebenszyklusmuster nicht dargestellt werden, da man hierzu Kohorten im Zeitverlauf analysieren müsste, dennoch deutet die rein querschnittliche Darstellung des individuellen Vermögens nach dem Alter auf das oben dargestellte Muster hin (Abb. 3-5).

Bis zu einem Alter von 25 Jahren verfügen junge Erwachsene im Jahre 2007 nur über ein durchschnittliches Nettogeld- und Sachvermögen von weniger als 7.000 Euro. Nach Abschluss der Ausbildungsphase und mit dem Eintritt in das Erwerbsleben besteht die Möglichkeit des Sparens und des Aufbaus von Vermögen; gleichzeitig steigt die Wahrscheinlichkeit von Erbschaften bzw. des Bezugs von Vorabübertragungen.[29] Im Ergebnis steigt daher das durchschnittliche Nettogesamtvermögen ab einem Alter von mehr als 25 Jahren deutlich. Das höchste durchschnittliche individuelle Nettovermögen besitzt die Gruppe der 56- bis 65-Jährigen mit knapp unter 145.000 Euro. Hierbei kommt dem Aufbau von Nettovermögen in Form von Immobilien besondere Bedeutung zu, da diese in der Regel bis zum Eintritt des Rentenalters abbezahlt sind. Mit dem Beginn des Übergangs in den Ruhestand (die Altersgruppe ab 65 Jahren) sinkt zwar das individuelle Nettogesamtvermögen aufgrund des Aufzehrens von Vermögensbeständen (inklusive Vorabübertragungen an nachfolgende Generationen) leicht, jedoch halten ältere Menschen weiterhin mehr als 120.000 Euro an Nettovermögen. Zu diesem Befund tragen auch empfangene Erbschaften von verstorbenen

---

28 Diese negative Entwicklung bei den Verkehrswerten von Immobilien wird auch von den Gutachterausschüssen für Grundstückswerte bestätigt. So sind zum Beispiel die Bodenwerte für Wohnbauland im engeren Verflechtungsraum in Brandenburg im Zeitraum von 2002 bis 2007 um 17% zurückgegangen. Vgl. Oberer Gutachterausschuss für Grundstückswerte. Land Brandenburg. Grundstücksmarktbericht 2008.

29 Zum Einfluss des Sparens auf den Vermögensaufbau vgl. Westerheide 2005.

Abb. 3-5: Individuelles Nettovermögen nach Altersgruppen in Deutschland 2002 und 2007

Basis: Personen in Privathaushalten im Alter ab 17 Jahren (Angaben inkl. 0,1%-Top-Coding)

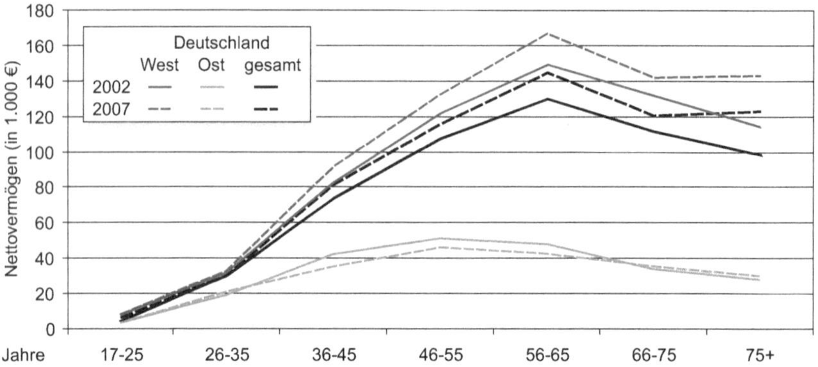

Quelle: SOEP 2002, 2007

Ehepartnern bei, von denen in der Regel Witwen profitieren. Ein nach dem Lebenszyklusmuster zu erwartender Vermögensverzehr im höheren Lebensalter wird durch derartige intra-generationale Umverteilung reduziert bzw. verdeckt. Aufgrund von Kohorteneffekten (also einem höheren Reichtum nachrückender Generationen) kann man die beiden Querschnittsverteilungen aber nicht schlicht in biographische Längsschnitte umdeuten (vgl. auch Hauser/Stein 2006).

Gegenüber dem Jahr 2002 weisen neben der Gruppe der 56- bis 65-Jährigen die über 75-Jährigen die höchsten Vermögenszuwächse auf. Für die letztgenannte Gruppe wirken hierbei neben Kohorteneffekten auch demographische Phänomene wie sozialstrukturell selektive Mortalität (vgl. Himmelreicher et al. 2008) und das Re-Migrationsverhalten von älteren Ausländern. Wohlhabende Ältere machen dementsprechend einen relativ höheren Bevölkerungsanteil innerhalb dieser Altersgruppe aus und erhöhen damit die Chancen für höhere Wertzuwächse im Vergleich zu anderen Altersgruppen. Für die Gruppe der 56- bis 65-Jährigen dürften neben lebenszyklustypisch relativ hohen Erwerbseinkommen auch Erbschaften eine besondere Rolle für den überdurchschnittlichen Vermögenszuwachs spielen (vgl. Szydlik/Schupp 2004).

Die oben dargestellten Unterschiede beim Nettogesamtvermögen zwischen den neuen und alten Ländern fallen umso größer aus, je älter die Personen sind. Während in der Altersgruppe der unter 25-Jährigen die absolute Differenz bei weniger als 5.000 Euro liegt, erreicht dieser Unterschied bei der Gruppe der 56- bis 65-Jährigen knapp 125.000 Euro. Eine Person dieser Altersgruppe hat in

Ostdeutschland demnach nur rund ein Viertel des Vermögens eines gleichaltrigen Westdeutschen (167.000 Euro zu 42.000 Euro). Aber auch im höheren Alter bestehen diese markanten Unterschiede im Vermögen zwischen beiden Landesteilen fort. Die Gruppe der älteren Menschen (66 und mehr Jahre) weist in den neuen Ländern eine weit unterdurchschnittliche Vermögensposition (rund 40% gemessen am gesamtdeutschen Mittelwert) auf. Dieser deutliche Nachteil erklärt sich nach wie vor aus den fehlenden Akkumulationsmöglichkeiten für die ehemaligen Bürger der DDR, wobei dieser Rückstand in den letzten Jahren aufgrund der höheren Arbeitslosigkeitsrisiken, niedrigerer Erwerbseinkommen und der selektiven Ost-West-Wanderung weiter verstärkt wurde. Ein weiterer markanter Unterschied leitet sich aus dem niedrigeren Wohneigentümeranteil in Ostdeutschland ab, wobei hier zudem die rückläufigen Marktwerte des Wohneigentums – ohne entsprechende Reduktion einer gegebenenfalls noch bestehenden Verschuldung – eine wichtige Rahmenbedingung der individuellen Vermögensakkumulation darstellen.

Im Vergleich zu 2002 haben sich die Vermögensdifferenzen zwischen den beiden Landesteilen weiter vergrößert. Obwohl in den mittleren Altersgruppen (36 bis 65 Jahre) im Westen wie erwartet ein Vermögensaufbau beobachtet werden kann, ist in Ostdeutschland ein deutlicher Vermögensverlust zu konstatieren. Dieser beläuft sich je nach Altersgruppe auf 5.000 bis 7.000 Euro, was einem relativen Rückgang von 10% bis 18% entspricht. Neben den sinkenden Marktwerten von Immobilien in verschiedenen Regionen Ostdeutschlands dürfte sich hier auch das generell höhere (Langzeit-)Arbeitslosigkeitsrisiko nachhaltig auswirken. Es ist zu vermuten, dass die institutionellen Rahmenbedingungen zur Einführung des Arbeitslosengeldes II insbesondere in Ostdeutschland zu einem stärkeren Entsparen im Falle von Arbeitslosigkeit beigetragen haben, da eigenes Vermögen zunächst weitgehend aufgezehrt werden muss, bevor diese staatliche Unterstützung in Anspruch genommen werden kann. Letztlich dürfte auch die Entwicklung der Realeinkommen zu dem in Ostdeutschland zu beobachteten Vermögensverzehr geführt haben. Nach Angaben des SOEP zeigen sich in diesem Landesteil zwischen 2002 und 2007 reale Einkommensverluste für die Gesamtbevölkerung, während in Westdeutschland zumindest ein Verharren auf gleichem Niveau erfolgt.[30]

---

30 Vgl. zu der Entwicklung der Reallöhne in Deutschland Brenke 2009.

3.6 Die Verteilung der individuellen Nettovermögen nach Geschlecht und Familienstand

Ein wichtiger Aspekt für die folgenden geschlechtsspezifischen Analysen der Vermögensverteilung ist die rechtliche Betrachtung des Besitzes bzw. des Eigentums von Vermögen. Während der Besitz die tatsächliche Herrschaft über eine Sache beschreibt, bedeutet Eigentum die rechtliche Herrschaft über eine Sache. Das bedeutet, dass ein jeweiliger Eigentümer über die ihm gehörenden Güter bestimmen und somit andere von deren Nutzung ausschließen kann. Diese wichtige Unterscheidung findet ihre Berücksichtigung im Fragebogen zum Vermögen in der SOEP-Erhebung der Jahre 2002 und 2007, wo explizit nur der Aspekt des Eigentums von Vermögen erfasst wird. Trotzdem kann die faktische Verfügungsgewalt über eine Sache im Sinne der Vermögensnutzungsfunktion von dieser Regelung abweichen, wie z.B. im Falle des von einem Ehepaar gemeinsam bewohnten Hauses, welches aber einem der Partner zu 100% gehört. Für die hier vorgenommenen geschlechtsspezifischen Analysen des Vermögens ist dieser Aspekt zentral, da nur das *Eigentum* betrachtet wird.[31] Es kann davon ausgegangen werden, dass mit dem derart erfassten Vermögen auch das intra-partnerschaftliche Machtverhältnis korreliert ist. Dieser Aspekt wird weiter unten näher beleuchtet.

Aufgrund der individuellen Erfassung von Vermögensbeständen im SOEP ist es somit erstmals möglich, eine geschlechtsspezifische Darstellung von individuellem Vermögen in Deutschland vorzunehmen (Tab. 3-6). Vergleicht man das mittlere individuelle Nettogesamtvermögen von Personen im Alter ab 17 Jahren, so zeigt sich, dass Männer im Jahre 2002 mit rund 92.000 Euro über ein gut ein Drittel höheres Vermögen verfügen als Frauen. Bezogen auf den Median der jeweiligen Gruppen fällt dieser Unterschied sogar noch deutlicher aus: Hier erreichen Männer mit etwa 20.000 Euro sogar rund doppelt so viel Vermögen wie Frauen. Andererseits fällt aber auch der etwas höhere Anteil von Männern mit einem negativen Vermögen auf (knapp 7% im Vergleich zu etwa 5% bei den Frauen). Die Konzentration der individuellen Nettovermögen ist – gemessen am Gini-Koeffizienten – für beide Geschlechter mit rund 0,78 in 2002 ähnlich hoch. Bei Verwendung des eher für Veränderungen im oberen Bereich der Verteilung sensitiven HSCV zeigt sich eine etwas größere Ungleichheit unter Männern.

31 Der alleinige Fokus auf das Eigentum vernachlässigt aber u.a. die rechtlichen Konsequenzen im Falle einer Scheidung. Lastet bei einem Ehepaar eine Hypothek auf einem Grundstück, dessen Eigentümer nur einer der Ehepartner ist, so kann im Falle einer Scheidung und der Zahlungsunfähigkeit des Eigentümers auch der eigentumslose Ehepartner zur Rückzahlung des Darlehens verpflichtet werden.

Tab. 3-6: Individuelles Nettovermögen nach Geschlecht, 2002 und 2007

Basis: Personen in Privathaushalten im Alter ab 17 Jahren

	2002		2007	
Verteilungskennwerte	Männer	Frauen	Männer	Frauen
Mittelwert in €	92.274	69.333	108.661	70.314
Median, in €	20.000	10.746	20.260	12.436
Relative Vermögensposition (in %)	115	87	123	80
Anteil der Personen mit negativem Vermögen (in %)	6,8	4,8	8,2	7,3
Anteil der Personen mit einem Vermögen von Null (in %)	19,6	24,6	17,3	21,0
Gini-Koeffizient	0,773	0,778	0,804	0,784
HSCV	5,423	3,563	7,664	3,558
p90/p50 Dezilsverhältnis	11,732	17,616	12,812	15,326
Nachrichtlich:				
Bevölkerungsanteil (in %)	46,7	53,3	46,3	53,7

Quelle: SOEP 2002, 2007, inkl. 0,1%-Top-Coding

Im Beobachtungszeitraum von 2002 bis 2007 hat sich die bereits überdurchschnittliche Vermögensposition der Männer weiter verbessert. Während das durchschnittliche Vermögen der Männer um rund 18% oder 16.000 Euro zulegte, fiel der Zuwachs bei den Frauen mit nominal knapp 1.000 Euro oder weniger als 2% erheblich geringer aus. Damit steht erwachsenen Männern im Schnitt das 1,5-fache Vermögen von Frauen zur Verfügung. Diese Entwicklung verlief aber in Ost- und Westdeutschland unterschiedlich (Abb. 3-6). Westdeutsche Männer sind die einzige Gruppe, die deutliche Vermögenszuwächse erzielen können. Deren bereits überdurchschnittliche Vermögen sind zwischen 2002 und 2007 um weitere 20.000 Euro oder 18% gewachsen. Westdeutsche Frauen verharren dagegen auch nach fünf Jahren auf dem gleichen Vermögensniveau, während in Ostdeutschland beide Geschlechter Vermögensverluste aufweisen. Diese fallen aber hier bei den Männern mit rund 11% (oder mehr als –4.000 Euro) sogar etwas größer als für ostdeutsche Frauen aus. Die geschlechtsspezifischen Vermögensdifferenzen sind demnach ein Phänomen, welches verstärkt in Westdeutschland beobachtet werden kann und in den vergangenen fünf Jahren weiter an Relevanz gewonnen hat.

Der Unterschied in der durchschnittlichen Höhe des Nettogesamtvermögens zwischen Männern und Frauen ist einerseits darauf zurückzuführen, dass Männer signifikant häufiger bestimmte Vermögenskomponenten wie Geld-, Betriebsvermögen oder private Versicherungen halten (Tab. 3-7). Zum anderen fällt aber auch die durchschnittliche Höhe aller beobachteten Vermögens- und auch Schuldenkomponenten bei Männern deutlich höher aus als bei Frauen.[32] So liegt z.B. das durchschnittliche Betriebsvermögen von Männern etwa fünfmal so hoch wie jenes der Frauen. Diese Vermögenskomponente wird aber auch mehr als dreimal so häufig von Männern gehalten. Aber auch beim Geldvermögen erreichen Frauen im Schnitt nur etwa drei Viertel des Vermögens der Männer.

Abb. 3-6: Individuelles Nettovermögen nach Geschlecht und Region

Basis: Personen in Privathaushalten im Alter ab 17 Jahren

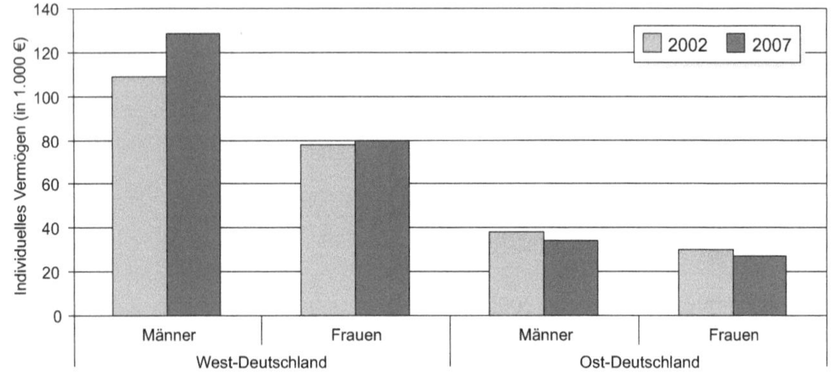

Quelle: SOEP 2002, 2007, inkl. 0,1%-Top-Coding

Der relativ starke Zuwachs der Vermögen der Männer zwischen 2002 und 2007 ist mit Ausnahme der Wertsachen bei allen Aktiva zu beobachten. Die Zuwächse reichen von 3.200 Euro beim Geldvermögen bis zu rund 4.600 Euro beim Betriebsvermögen. Im gleichen Zeitraum haben sich aber auch die Verbindlichkeiten der Männer um mehr als 3.000 Euro erhöht.

32 Die weiteren Analysen geschlechtsspezifischer Vermögensunterschiede weisen darauf hin, dass dieser Unterschied im Wesentlichen von verheirateten Personen herrührt, während die Differenz der geschlechtsspezifischen Vermögen bei jungen Singles bzw. älteren Verwitweten nicht signifikant ausfällt. Dies kann auch ein Hinweis darauf sein, dass der Besitz von Vermögen nicht notwendigerweise mit Verfügungsgewalt gleichgesetzt werden darf. So kann es z.B. aus steuerrechtlichen Gründen sinnvoll sein, eventuell vorhandenes Betriebsvermögen über den männlichen Partner laufen zu lassen, während das gemeinsam erworbene Wohneigentum offiziell nur dem weiblichen Partner gehört, um im Falle der Insolvenz geschützt zu sein. Auch kann der Anspruch auf eine beitragsfreie Familienmitversicherung in der Gesetzlichen Krankenversicherung bei nicht erwerbstätigen Ehepartnern verlorengehen, falls Kapitaleinkünfte einen bestimmten Schwellenwert überschreiten. Auch aus diesem Grunde kann eine formal juristische Abtretung von Geldvermögen an einen Ehepartner vorteilhaft sein.

Bei den Frauen zeigt sich ein uneinheitliches Bild: Während der Wert der Geldvermögen und der privaten Versicherungen (inklusive Bausparguthaben) immerhin um jeweils rund 2.300 Euro zulegen, reduzieren sich die restlichen Vermögensbestände um jeweils etwa 500 Euro. Aber auch die Verschuldung wächst bei den Frauen um etwa 1.700 Euro. Im Ergebnis bedeutet dies für alle Frauen nur einen marginalen Vermögenszuwachs um knapp 1.000 Euro gegenüber dem Jahr 2002.

Tab. 3-7: Vermögenskomponenten nach dem Geschlecht, 2002 und 2007

Basis: Personen in Privathaushalten im Alter ab 17 Jahren

	2002		2007	
	Männer	Frauen	Männer	Frauen
	Anteil der Personen mit Besitz von Vermögenskomponenten (%)			
Selbstgenutzter Immobilienbesitz	37,7	35,2	37,9	35,0
Sonstiger Immobilienbesitz	11,4	9,2	11,7	9,2
Geldvermögen	48,1	43,3	51,0	47,0
Private Versicherungen[a]	52,4	42,6	56,8	49,5
Betriebsvermögen	6,5	2,2	6,8	2,3
Wertsachen[b]	9,5	9,8	6,4	5,9
Schulden[c]	30,8	24,1	33,3	27,9
	Portfoliostruktur in Prozent des Nettovermögens			
Selbstgenutzter Immobilienbesitz	57,2	70,2	52,1	68,9
Sonstiger Immobilienbesitz	22,7	22,0	23,0	20,9
Geldvermögen	12,3	12,2	13,4	15,3
Private Versicherungen[a]	13,1	8,8	14,5	11,9
Betriebsvermögen	13,6	5,2	15,8	4,3
Wertsachen[b]	1,7	1,8	1,5	1,0
Schulden[c]	–20,7	–20,2	–20,4	–22,4
Nettogesamtvermögen	100,0	100,0	100,0	100,0
	Durchschnittliche Höhe der jeweiligen Vermögensart in Euro			
Selbstgenutzter Immobilienbesitz	52.817	48.669	56.622	48.469
Sonstiger Immobilienbesitz	20.937	15.282	24.991	14.668
Geldvermögen	11.355	8.453	14.592	10.782
Private Versicherungen[a]	12.115	6.093	15.801	8.364
Betriebsvermögen	12.579	3.578	17.206	3.045
Wertsachen[b]	1.558	1.275	1.606	709
Schulden[c]	–19.087	–14.017	–22.156	–15.723
Nettogesamtvermögen	92.274	69.333	108.661	70.314

a – Inklusive Bausparguthaben; *b* –Wertsachen in Form von wertvollen Sammlungen, Gold, Schmuck oder Kunstgegenständen; *c* – Schulden aus Hypotheken und Konsumentenkrediten.

Quelle: SOEP 2002, 2007, inkl. 0,1%-Top-Coding

Über diese aggregierte Betrachtungsweise hinausgehend wird im Folgenden die geschlechtsspezifische Analyse zusätzlich nach dem Familienstand differenziert dargestellt. Tabelle 3-8 zeigt getrennt für Männer und Frauen Mittelwerte und Bevölkerungsanteile für die diversen Vermögens- bzw. Schuldenkomponenten sowie die Portfoliostruktur nach dem Familienstand.

Unter Männern und Frauen halten Verheiratete und Verwitwete jeweils die höchsten Nettovermögen, während Ledige (niemals verheiratet) auch wegen ihres durchschnittlich geringeren Lebensalters relativ am schlechtesten dastehen. Gleichzeitig sind verwitwete Männer und Frauen am seltensten verschuldet; entsprechend liegt der Portfolioanteil der Verbindlichkeiten bei lediglich –4% bzw. –6%. Offensichtlich wirken hier Alterseffekte besonders stark.

Mit Ausnahme des Wohneigentums bei verheirateten und verwitweten Frauen und beim Geldvermögen von Verwitweten zeigt sich quasi für jede Vermögensform eine (zum Teil signifikant) unterdurchschnittliche relative Position für Frauen gegenüber dem Bevölkerungsmittelwert. Die absolut größten Vermögensdifferenzen bestehen zwischen den verheirateten Männern und Frauen mit 55.000 Euro, gefolgt von den Verwitweten mit mehr als 50.000 Euro. Aber selbst bei den ledigen, niemals verheirateten Männern und Frauen betragen die Vermögensdifferenzen knapp 20.000 Euro. Dies ist insofern erstaunlich, als diese Gruppe sich vorrangig aus jungen Erwachsenen zusammensetzt, bei denen lebenszyklusbedingt noch keine größeren Vermögen akkumuliert werden. Dennoch dürften die bestehenden Entlohnungsunterschiede zwischen Männern und Frauen und eine höhere Erwerbsquote unter Männern zu einem entsprechend schnelleren Vermögensaufbau führen (vgl. Busch/Holst 2008; Hinz/Gartner 2005).

Selbstgenutztes Wohneigentum ist mit Abstand die wichtigste Vermögenskomponente für Frauen, da deren gesamten Vermögen sich zu mehr als 70% aus dieser Anlageform speist. Auch der Verbreitungsgrad dieser Vermögensart unterscheidet sich nur geringfügig von jenem unter Männern. So halten mehr als die Hälfte aller verheirateten Männer und Frauen Anteile an selbstgenutztem Immobilienbesitz. Bei Männern fällt die relative Bedeutung des selbst genutzten Immobilienbesitzes jedoch mit weniger als 50% deutlich geringer aus, da Männer verstärkt auch in andere Anlageformen investieren.

Tab. 3-8a: Vermögensportfolio nach Geschlecht und Familienstand, Deutschland 2002

Vermögenskomponente	Männer: Insgesamt	Männer: verheiratet	Männer: nicht ehel. Partnerschaft	Männer: Geschieden/ getrennt lebend	Männer: verwitwet	Männer: ledig – niemals verheiratet	Frauen: Insgesamt	Frauen: verheiratet	Frauen: nicht ehel. Partnerschaft	Frauen: Geschieden/ getrennt lebend	Frauen: verwitwet	Frauen: ledig – niemals verheiratet	Insgesamt
							Mittelwert in Euro						
Selbstgenutztes Wohneigentum	52.817	72.870	26.671	34.605	83.428	13.514	48.669	63.724	22.850	25.551	67.309	13.413	50.608
anderer (Immobilien-)Besitz	20.937	28.765	19.903	11.814	11.196	5.582	15.282	19.837	6.840	7.274	21.875	4.719	17.925
Geldvermögen	11.355	13.031	8.797	11.877	16.465	7.318	8.453	8.631	8.042	5.338	13.069	6.185	9.809
Private Rentenversicherungen[a]	12.115	15.328	9.669	11.556	6.957	5.832	6.093	8.275	5.152	4.438	2.965	3.217	8.907
Betriebsvermögen	12.579	17.074	9.170	9.258	2.766	4.813	3.578	5.811	1.387	1.075	1.733	613	7.785
Wertsachen[b]	1.558	1.982	1.569	1.639	1.076	539	1.275	1.636	772	1.221	1.392	364	1.407
Schulden[c]	–19.087	–26.096	–15.922	–18.000	–2.342	–5.261	–14.017	–20.840	–10.545	–10.351	–4.738	–4.104	–16.387
Nettovermögen	92.274	122.953	59.856	62.750	119.546	32.337	69.333	87.074	34.498	34.545	103.606	24.407	80.055
							Bevölkerungsanteil mit Besitz von Vermögen/Schulden (in %)						
Selbstgenutztes Wohneigentum	37,7	53,9	17,5	20,7	41,6	8,9	35,2	49,6	15,7	17,1	38,1	8,1	36,4
anderer (Immobilien-)Besitz	11,4	15,6	8,6	7,9	7,4	3,3	9,2	13	4	5	8,2	2,9	10,2
Geldvermögen	48,1	55,4	38,3	38,2	57	35	43,3	47,2	37,7	32,2	50,4	34,4	45,5
Private Rentenversicherungen[a]	52,4	58,2	56,6	47	32,8	40,5	42,6	48,2	55,7	35	24,1	37,5	47,2
Betriebsvermögen	6,5	7,5	8,3	6,2	3,9	3,7	2,2	2,8	1,4	2	1,7	1,4	4,4
Wertsachen[b]	9,5	11	10,2	8,2	6,5	6,3	9,8	11,9	7,2	6,9	10,9	5	6,1
Schulden[c]	33,4	41,7	30,8	39	6,8	15,6	26,3	36,9	24,7	23,7	8,4	10	33,1
Nettovermögen	73,7	83,3	68,7	59,3	78,9	54,6	70,6	78,6	66,7	56,3	73,1	53,9	73
Geschlechtsspezifischer Bevölkerungsanteil in %	100,0	58,5	8,6	6,4	3,0	23,5	100,0	52,2	8,4	9,0	13,2	17,2	
Gesamtbevölkerungsanteil in %	46,7	27,4	4,0	3,0	1,4	11,0	53,3	27,8	4,5	4,8	7,1	9,2	100

Tab. 3-8b: Vermögensportfolio nach Geschlecht und Familienstand, Deutschland 2007

Vermögenskomponente	Männer: Insgesamt	Männer: verheiratet	Männer: nicht ehel. Partnerschaft	Männer: Geschieden/ getrennt lebend	Männer: verwitwet	Männer: ledig – niemals verheiratet	Frauen: Insgesamt	Frauen: verheiratet	Frauen: nicht ehel. Partnerschaft	Frauen: Geschieden/ getrennt lebend	Frauen: verwitwet	Frauen: ledig – niemals verheiratet	Insgesamt
	Mittelwert in Euro												
Selbstgenutztes Wohneigentum	56.622	78.224	35.877	42.865	118.468	13.400	48.469	65.629	21.849	27.400	71.113	15.612	52.236
anderer (Immobilien-)Besitz	24.991	31.833	22.935	20.405	11.241	13.343	14.668	20.283	9.605	4.850	19.765	4.693	19.438
Geldvermögen	14.592	17.556	10.362	12.462	31.664	8.323	10.782	10.804	10.550	7.490	20.318	6.908	12.543
Private Rentenversicherungen[a]	15.801	20.625	11.388	12.005	3.204	9.452	8.364	10.722	8.741	6.832	4.835	4.686	11.801
Betriebsvermögen	17.206	23.185	14.899	15.350	3.593	6.839	3.045	4.001	774	1.729	5.465	1.067	9.588
Wertsachen[b]	1.606	1.716	833	684	1.030	2.042	709	964	160	444	1.120	245	1.124
Schulden[c]	–22.156	–28.941	–27.380	–22.476	–3.664	–6.491	–15.723	–23.187	–12.789	–8.631	–8.850	–5.173	–18.696
Nettovermögen	108.661	144.198	68.913	81.294	165.535	46.907	70.314	89.216	38.890	40.114	113.766	28.036	88.034
	Bevölkerungsanteil in Besitz von Vermögen/Schulden (in %)												
Selbstgenutztes Wohneigentum	37,9	55,1	20,5	23,9	54,3	8,8	35,0	51,1	14,8	19,3	39,7	9,0	36,3
anderer (Immobilien-)Besitz	11,7	15,1	11,5	10,1	12,4	4,7	9,2	12,8	7,8	5,1	8,4	2,8	10,4
Geldvermögen	51,0	57,6	45,0	41,0	60,2	40,8	47,0	49,1	44,9	34,5	57,8	43,0	48,9
Private Rentenversicherungen[a]	56,8	63,0	61,8	45,6	25,0	47,4	49,5	52,7	64,8	41,9	30,6	47,0	52,9
Betriebsvermögen	6,8	7,8	8,8	8,0	2,2	3,9	2,3	3,0	2,1	1,1	2,6	0,9	4,4
Wertsachen[b]	6,4	7,4	7,0	3,7	5,0	4,7	5,9	7,3	3,5	2,8	7,3	4,4	6,1
Schulden[c]	36,3	44,1	45,9	39,1	10,2	16,4	30,5	40,6	31,5	29,4	11,1	14,5	33,1
Nettovermögen	74,5	83,1	67,3	62,5	79,0	61,3	71,7	77,4	68,7	56,1	78,2	62,6	73,0
Geschlechtsspezifischer Bevölkerungsanteil in %	100,0	54,9	11,1	6,9	2,9	24,2	100,0	49,8	11,0	9,9	11,0	18,3	
Gesamtbevölkerungsanteil in %	46,3	25,3	5,1	3,2	1,4	11,2	53,8	27,8	4,5	4,8	7,1	9,2	100,0

Tab. 3-8c: Vermögensportfolio nach Geschlecht und Familienstand, Deutschland – Veränderung 2007–2002

Basis: Personen in Privathaushalten im Alter ab 17 Jahren

Vermögenskomponente	Männer						Frauen						
	Insgesamt	verheiratet	nicht ehel. Partnerschaft	Geschieden/ getrennt lebend	verwitwet	ledig – niemals verheiratet	Insgesamt	verheiratet	nicht ehel. Partnerschaft	Geschieden/ getrennt lebend	verwitwet	ledig – niemals verheiratet	Insgesamt
	Absolute Veränderung 2007–2002 in Euro												
Selbstgenutztes Wohneigentum	3.805	5.354	9.206	8.260	35.040	–114	–200	1.905	–1.001	1.849	3.804	2.199	1.628
anderer (Immobilien-)Besitz	4.054	3.068	3.032	8.591	45	7.761	–614	446	2.765	–2.424	–2.110	–26	1.513
Geldvermögen	3.237	4.525	1.565	585	15.199	1.005	2.329	2.173	2.508	2.152	7.249	723	2.734
Private Rentenversicherungen[a]	3.686	5.297	1.719	449	–3.753	3.620	2.271	2.447	3.589	2.394	1.870	1.469	2.894
Betriebsvermögen	4.627	6.111	5.729	6.092	827	2.026	–533	–1.810	–613	654	3.732	454	1.803
Wertsachen[b]	48	–266	–736	–955	–46	1.503	–566	–672	–612	–777	–272	–119	–283
Schulden[c]	–3.069	–2.845	–11.458	–4.476	–1.322	–1.230	–1.706	–2.347	–2.244	1.720	–4.112	–1.069	–2.309
Nettovermögen	16.387	21.245	9.057	18.544	45.989	14.570	981	2.142	4.392	5.569	10.160	3.629	7.979
	Relative Veränderung 2007–2002 in %												
Selbstgenutztes Wohneigentum	7,2	7,3	34,5	23,9	42,0	–0,8	–0,4	3,0	–4,4	7,2	5,7	16,4	3,2
anderer (Immobilien-)Besitz	19,4	10,7	15,2	72,7	0,4	139,0	–4,0	2,2	40,4	–33,3	–9,6	–0,6	8,4
Geldvermögen	28,5	34,7	17,8	4,9	92,3	13,7	27,6	25,2	31,2	40,3	55,5	11,7	27,9
Private Rentenversicherungen[a]	30,4	34,6	17,8	3,9	–53,9	62,1	37,3	29,6	69,7	53,9	63,1	45,7	32,5
Betriebsvermögen	36,8	35,8	62,5	65,8	29,9	42,1	–14,9	–31,1	–44,2	60,8	215,3	74,1	23,2
Wertsachen[b]	3,1	–13,4	–46,9	–58,3	–4,3	278,8	–44,4	–41,1	–79,3	–63,6	–19,5	–32,7	–20,1
Schulden[c]	16,1	10,9	72,0	24,9	56,4	23,4	12,2	11,3	21,3	–16,6	86,8	26,0	14,1
Nettovermögen	17,8	17,3	15,1	29,6	38,5	45,1	1,4	2,5	12,7	16,1	9,8	14,9	10,0

a – Inkl. Bausparguthaben; *b* – Wertsachen in Form von wertvollen Sammlungen, Gold, Schmuck oder Kunstgegenständen; *c* – Schulden aus Hypotheken und Konsumentenkrediten. Quelle: SOEP 2002, 2007, inkl. 0,1%-Top-Coding

Mit Ausnahme der Ledigen und Verwitweten sind Männer häufiger verschuldet als Frauen (mehr als 40% im Vergleich zu rund 30%). Auch fällt die Höhe der Verbindlichkeiten bei den Männern höher aus. Besonders markant ist dieser Unterschied bei den Geschiedenen bzw. getrennt Lebenden. Während Frauen allgemein im Hinblick auf das verfügbare Einkommen als die ökonomischen Verlierer einer Scheidung betrachtet werden (vgl. Andreß et al. 2003), deuten die Analysen zur Höhe der Verbindlichkeiten auf eine benachteiligte Position geschiedener Männer hin. So liegen die Verbindlichkeiten bei getrennt lebenden und geschiedenen Frauen in einer Höhe von weniger als 9.000 Euro, die entsprechende Verschuldung bei den geschiedenen Männern fällt aber gut 2,5-mal höher aus (rund 23.000 Euro). Dieser Befund kann auch darauf zurückgeführt werden, dass Männer im Falle einer Scheidung aufgrund des Prinzips der Zugewinngemeinschaft einen entsprechenden Anteil an den früheren Ehepartner auszahlen müssen. Falls kein liquides Vermögen vorliegt, kann ein Ausgleich durch eine höhere Verschuldung erzielt werden.

Gegenüber dem Jahr 2002 weisen die verheirateten und verwitweten Männer die absolut größten Steigerungen mit mehr als 20.000 Euro bzw. knapp 46.000 Euro auf. Im Vergleich zu den verheirateten Frauen fällt damit dieser Zuwachs etwa zehnmal höher aus (2.100 Euro). Verstärkt wird dieses Ergebnis bei den verheirateten Männern vor allem von einem deutlichen Zuwachs beim Betriebsvermögen, aber auch von deutlichen Wertzuwächsen beim selbstgenutzten Immobilienbesitz, dem Geldvermögen und privaten Versicherungen mit jeweils knapp 5.000 Euro.

Bei den Frauen fällt beim Vergleich der Jahre 2002 und 2007 besonders die Gruppe der Verwitweten auf. Deren Nettogeld- und Sachvermögen hat sich um gut 10.000 Euro erhöht und weist damit einen stärkeren Zuwachs auf als bei anderen Frauen. Insbesondere das Geldvermögen dieser Gruppe ist überdurchschnittlich um mehr als 7.000 Euro gewachsen. Hierbei ist aber zu beachten, dass der Vermögensbestand dieser Gruppe bereits im Ausgangsjahr überdurchschnittlich hoch ausfiel, so dass sich selbst bei gleichen Zinssätzen höhere absolute Renditen erzielen ließen. Für die verwitweten Personen gilt zudem, dass auch das vom verstorbenen Ehepartner erhaltene Erbe zu einem entsprechenden Vermögenszuwachs führen dürfte.

Abgeleitet aus den geschlechtsspezifischen Angaben wird in Tabelle 3-9 die relative Vermögensposition von Männern gegenüber Frauen dargestellt; statistisch signifikante Abweichungen sind dabei in grauer Schraffur hervorgehoben. Werte über 100 weisen auf einen entsprechenden „Vermögensvorsprung“ von Männern hin: So liegt z.B. das Nettogesamtvermögen von Männern im Schnitt um 33% in 2002 über jenem von Frauen. Dieser Unterschied ist bei Verheirateten etwas höher (41%), bei Personen in Lebenspartnerschaften ebenfalls stärker ausgeprägt (74%) und bei Geschiedenen bzw. getrennt Lebenden mit 82% am höchsten. Hingegen fallen die geschlechtsspezifischen Vermögensdifferenzen bei Ledigen (niemals Verheirateten) und Verwitweten am geringsten aus (hier ist auch wie bei den nicht ehelichen Partnerschaften kein statistisch signifikanter Unterschied feststellbar). Das Ergebnis bei Verwitweten hat offensichtlich damit zu tun, dass Hinterbliebenenversorgung bzw. erbrechtliche Rahmenbedingungen geschlechtsneutral ausgestaltet sind.

Tab. 3-9: Geschlechtsspezifische Relation von Vermögenskomponenten[a] *nach Familienstand, Deutschland 2002 und 2007*

Vermögenskomponente	Insgesamt	verheiratet	nicht ehel. Partnerschaft	Geschieden/ getrennt lebend	verwitwet	ledig – niemals verheiratet
				2002		
Selbstgenutztes Wohneigentum	109	114	117	135	124	101
anderer Immobilienbesitz	137	145	291	162	51	118
Finanzvermögen	134	151	109	222	126	118
Private Versicherungen[b]	199	185	188	260	235	181
Betriebsvermögen	352	294	661	861	160	785
Wertsachen[c]	122	121	203	134	77	148
Verbindlichkeiten[d]	136	125	151	174	49	128
Nettovermögen	133	141	174	182	115	132
				2007		
Selbstgenutztes Wohneigentum	117	119	164	156	167	86
anderer Immobilienbesitz	170	157	239	421	57	284
Finanzvermögen	135	162	98	166	156	120
Private Versicherungen[b]	189	192	130	176	66	202
Betriebsvermögen	565	579	1925	888	66	641
Wertsachen[c]	227	178	521	154	92	833
Verbindlichkeiten[d]	141	125	214	260	41	125
Nettovermögen	155	162	177	203	146	167

a – Basierend auf der Division des jeweiligen durchschnittlichen Vermögens von Männern und Frauen. Signifikante Abweichungen sind grau schattiert hervorgehoben; *b* – Inklusive Bausparguthaben; *c* – Wertsachen in Form von wertvollen Sammlungen, Gold, Schmuck oder Kunstgegenständen; *d* – Schulden aus Hypotheken und Konsumentenkrediten. Lesebeispiel: Die Zahl 155 in der Zelle „Nettovermögen, Insgesamt" in 2007 bedeutet, dass Männer über ein 55% höheres Nettovermögen verfügen als Frauen.

Quelle: SOEP 2002

Darüber hinaus gibt es jedoch beträchtliche Variationen zwischen den diversen Vermögenskomponenten. Insbesondere sind Betriebsvermögen und private Versicherungen eine Männerdomäne: Bei ersteren liegt die geschlechtsspezifische

Vermögensrelation bei über 300%, bei den privaten Versicherungen immerhin noch bei 200%. Auf der anderen Seite ist selbst genutztes Wohneigentum die Komponente mit dem geringsten relativen Abstand (knapp 10%).

Diese in diesem Abschnitt dargestellten, deskriptiven Analysen der geschlechtsspezifischen Unterschiede in Niveau und Struktur der Vermögen werden im Folgenden durch entsprechende multivariate, regressionsbasierte Schätzungen erweitert, die explizit für verschiedene Charakteristika von Männern bzw. Frauen kontrollieren. Dabei ist zu prüfen, ob die offensichtlich nachweisbaren geschlechtsspezifischen Vermögensdifferenzen als Ergebnis von Diskriminierung oder individueller und biographischer Eigenschaften (wie Alter, Familienstand, Bildung, Erwerbsstatus und -verlauf, Fertilität, intergenerationalem Kontext, Erbschaften u.v.m.) erklärt werden kann. So ist z.B. im Rahmen der Diskussion um geschlechtsspezifische Vermögensunterschiede sicherlich relevant, dass es altersstruktur- und mortalitätsbedingt fünfmal mehr Witwen gibt als Witwer.

3.6.1 Intra-partnerschaftliche Vermögensposition und Regime des ökonomischen Ressourcenmanagements

Zum besseren Verständnis der markanten geschlechtsspezifischen Unterschiede in der Vermögensverteilung wird die individuelle Vermögensausstattung von aktuell zusammenlebenden (Ehe-)Partnern im Zusammenhang mit dem in einer gegebenen Partnerschaft angewandten Regime des ökonomischen Ressourcenmanagements analysiert. Diese Information wurde im SOEP im Jahre 2005 erhoben und umfasst neben einer Angabe zur Regelung des gemeinschaftlichen Umgangs mit Einkommen eine Bewertung, wer in der Partnerschaft „das letzte Wort" bei finanziellen Entscheidungen fällt (vgl. Pahl 2001; Allmendinger et al. 2006).

Tabelle 3-10 zeigt die Häufigkeitsverteilung der entsprechenden Informationen im SOEP nach dem Geschlecht für zusammenlebende Ehe- oder Lebenspartner. Immerhin 63% aller Erwachsenen in Deutschland leben derzeit in einer Ehe oder Lebenspartnerschaft. Danach geben rund zwei Drittel aller Paare an, dass sie ihr jeweiliges Einkommen zusammenlegen und gemeinsam verwalten. Bei 8% aller Paare wird dies nur für Teile des Einkommens getan. Paare, bei denen nur eine der beiden Personen das Geld verwaltet, machen gut 15% aller zusammenlebenden Personen aus. Vollständig voneinander getrennte Kassen werden von knapp 12% der Männer und Frauen gehalten.

Eine alternative Beschreibung des intra-partnerschaftlichen ökonomischen Ressourcenmanagements ergibt sich aus der Antwort auf die Frage, welcher Partner das letzte Wort bei wichtigen finanziellen Entscheidungen hat. Hier geben mehr als vier Fünftel aller Paare an, dass dies in abgestimmter gemeinsamer Weise und für beide in gleichem Maße erfolgt. Bei rund 9% aller Paare bestimmt allein der Mann bzw. in rund 6% aller Fälle dominiert die Frau bei wichtigen finanziellen Entscheidungen.

Tab. 3-10: Partnerschaftliches Ressourcenmanagement

Population: zusammenlebende Ehe- oder Lebenspartner, 2002 bis 2005

	Männer	Frauen	*Insgesamt*
		Anteil in %	
Umgang mit dem Einkommen			
– Jeder verwaltet sein eigenes Geld	11,6	11,6	*11,6*
– Ich verwalte, Partner erhält Anteil	6,9	6,9	*6,9*
– Partner verwaltet, ich erhalte Anteil	7,2	8,2	*7,7*
– Legen alles zusammen und jeder nimmt was er braucht	66,8	65,7	*66,2*
– Legen Teil zusammen, jeder behält einen Teil für sich	7,5	7,6	*7,5*
Wer hat das letzte Wort bei wichtigen finanziellen Entscheidungen?			
– Ich	9,2	5,9	*7,5*
– Partner/in	6,6	8,9	*7,8*
– Beide in gleichem Maße	84,3	85,2	*84,7*

Quelle: SOEP

Auffallend ist die hohe interne Konsistenz der Angaben innerhalb von Paaren. In nur wenigen Fällen weichen die Antworten von Männern und Frauen innerhalb von Partnerschaften zu diesen Tatbeständen voneinander ab.

In Tabelle 3-11 ist erkennbar, dass bei jüngeren Paaren und Paaren mit höherem Bildungsabschluss eher eine autonome und getrennt voneinander vorgenommene Einkommensverwaltung auftritt. Stärker ausgeprägt ist dieser Aspekt bei unverheirateten Paaren, wo eine Mehrheit entweder das Geld vollständig (45%) oder zumindest teilweise (18,9%) selbst verwaltet. Bei verheirateten Paaren dominiert dagegen klar eine vollständig gemeinsame Geldverwaltung (69,7%). Ein Ressourcenmanagement, das von nur einer Person dominiert wird, findet sich häufiger bei älteren, verheirateten Paaren ohne beruflichen Bildungsabschluss (rund 8 bis 12%).

Da die Information zum partnerschaftlichen Ressourcenmanagement nur im Jahre 2005 erhoben wurde, muss für eine entsprechende Analyse zum Zusammenhang mit dem Vermögen auf eine Längsschnittpopulation (balanciertes Panel) zurückgegriffen werden, was einen Verlust an Beobachtungseinheiten sowie eine gewisse Selektion gegenüber der Querschnittspopulation des Jahres 2002 bewirkt. Zum einen sind dies demographische Ausfälle aufgrund von Tod bzw. Umzug in das Ausland, wobei erstere erwartungsgemäß altersselektiv sind. Zum zweiten ist die Wahrscheinlichkeit der kontinuierlichen Teilnahme am SOEP auch von sozial-strukturellen Variablen sowie von feldbedingten Faktoren abhängig (z.B. Interviewerwechsel). Die damit verbundenen Selektivitäten werden im Allgemeinen im Rahmen von wellenspezifischen Ausfallanalysen erkannt und mit Hilfe der Längsschnittgewichtung des SOEP kompensiert, die hier entsprechend zur Anwendung kommt (vgl. Spiess/Kroh 2006).

Tab. 3-11: Partnerschaftliches Ressourcenmanagement nach Alter, Familienstand und Bildungsabschluss

Population: zusammenlebende Ehe- oder Lebenspartner, 2002 bis 2005

	Alter			Familienstand		Bildungsniveau		
Umgang mit dem Einkommen	18-40	41-60	61 und älter	verheiratet	unverheiratet	Ohne Abschluss	Lehre	(Fach)-Hochschule
Jeder verwaltet sein eigenes Geld	14,5	12,9	8,0	8,3	45,0	9,2	11,0	15,1
Ich verwalte, Partner erhält Anteil	4,6	6,2	9,3	7,4	2,3	9,9	6,8	5,3
Partner verwaltet, ich erhalte Anteil	6,0	7,5	9,2	8,2	3,0	12,7	7,6	4,0
Legen alles zusammen und jeder nimmt was er braucht	63,7	66,7	67,4	69,7	30,8	64,4	67,3	64,9
Legen Teil zusammen, jeder behält Teil für sich	11,2	6,7	6,1	6,4	18,9	3,8	7,3	10,7

Quelle: SOEP

Männer, die das Einkommen des Haushalts vollständig selbst verwalten, weisen das höchste durchschnittliche Vermögen auf (141.000 Euro) (Tab. 3-12). In einer solchen Haushaltskonstellation finden sich auch maximale Differenzen bei den individuellen Einkommen[33] der Partner (34.000 zu 5.000 Euro). In Partnerschaften, in denen Frauen allein das gesamte Einkommen des Haushalts verwalten, finden sich nur relativ geringe Vermögen für Männer (rund 75.000 Euro) und die intra-partnerschaftliche Vermögensdifferenz beläuft sich nur auf rund 12.000 Euro.

Die größte intra-partnerschaftliche Vermögensdifferenz von rund 65.000 Euro wird bei denjenigen beobachtet, die angeben, nur einen Teil des Einkommens zusammenzulegen. Dabei verfügt diese Gruppe gemeinsam mit denjenigen, die angeben das eigene Einkommen selbst zu verwalten, über relativ homogene Einkommensstrukturen innerhalb der Paarhaushalte: Hier erbringen Frauen immerhin knapp 40% des gesamten Paareinkommens.

Eine tiefer gehende Untersuchung der Bedeutung des partnerschaftlichen Ressourcenmanagements für die Höhe des individuellen Einkommens und Ver-

33 Dies ist die Summe der im Vorjahr bezogenen Einkommen aus Erwerbstätigkeit, Renten, Lohnersatzleistungen, privaten Transfers, empfangenen Unterhaltszahlungen sowie Bafög und Stipendien.

Tab. 3-12: Partnerschaftliches „Ressourcenmanagement" nach Einkommens- und Vermögenshöhe

Population: Stabile Partnerschaften, 2002 bis 2005. Im Jahr 2002 mind. 17 Jahre alt.

Umgang mit dem Einkommen		Männer	Frauen	Insgesamt
Jeder verwaltet eigenes Geld	Anteil am Paareinkommen in %	62,3%	39,5%	51,0%
	eigenes Einkommen in Euro	35.251	22.493	28.962
	Partnereinkommen in Euro	21.210	34.609	27.815
	eigenes Vermögen in Euro	126.401	72.406	99.786
	Partnervermögen in Euro	74.299	121.418	97.525
	N in Tsd.	1.929	1.875	3.803
Ich verwalte, Partner erhält Anteil	Anteil am Paareinkommen in %	84,9%	28,5%	55,9%
	eigenes Einkommen in Euro	34.422	10.799	22.289
	Partnereinkommen in Euro	5.435	28.941	17.508
	eigenes Vermögen in Euro	141.108	63.435	101.213
	Partnervermögen in Euro	88.213	75.745	81.809
	N in Tsd.	1.162	1.227	2.388
Partner verwaltet, ich erhalte Anteil	Anteil am Paareinkommen in %	72,0%	14,5%	41,9%
	eigenes Einkommen in Euro	28.829	5.697	16.715
	Partnereinkommen in Euro	10.769	34.720	23.312
	eigenes Vermögen in Euro	72.972	88.824	81.274
	Partnervermögen in Euro	61.186	158.089	111.937
	N in Tsd.	1.292	1.420	2.712
Legen alles zusammen und jeder nimmt sich was er/sie braucht	Anteil am Paareinkommen in %	72,9%	27,2%	50,1%
	eigenes Einkommen in Euro	33.705	12.507	23.113
	Partnereinkommen in Euro	12.620	33.503	23.055
	eigenes Vermögen in Euro	126.468	79.005	102.752
	Partnervermögen in Euro	80.668	121.779	101.210
	N in Tsd.	11.463	11.440	22.903
Legen Teil zusammen, jeder behält Teil	Anteil am Paareinkommen in %	63,6%	36,9%	50,3%
	eigenes Einkommen in Euro	32.001	21.195	26.613
	Partnereinkommen in Euro	19.495	34.702	27.076
	eigenes Vermögen in Euro	121.317	58.656	90.077
	Partnervermögen in Euro	55.848	121.061	88.360
	N in Tsd.	1.187	1.180	2.366

Individuelle Einkommen umfassen Vorjahreseinkommen aus Erwerbstätigkeit, Renten, Lohnersatzleistungen, privaten Transfers, empfangenen Unterhaltszahlungen und Bafög oder Stipendien. Die Vermögensangaben beziehen sich auf die Erhebung des Jahres 2002.

Quelle: SOEP

mögens wird nachfolgend mittels multivariater Regressionsschätzungen vorgenommen. Dazu werden, getrennt nach Geschlecht, nur Personen in stabilen Partnerschaften im Zeitraum 2002 bis 2005 untersucht.

Abhängige Variablen sind das individuelle (permanente) Einkommen (Tab. 3-13, S. 88) bzw. das individuelle Nettovermögen (Tab. 3-14, S. 90).

In Tabelle 3-13 zeigt sich in einer zunächst quasi bivariaten Analyse (d.h. ohne weitere Kontrollvariablen in Modellen 1a und 1b), dass insbesondere bei Paaren, in denen nur eine Person das Einkommen des Haushalts verwaltet, das individuelle Einkommen signifikant geringer ausfällt als bei solchen Paaren, bei denen das Geld von beiden Partnern gänzlich selbst verwaltet wird. Der Anteil der erklärten Varianz fällt hierbei aber sehr gering aus. Berücksichtigt man zusätzlich sozio-demographische Kovariaten, so steigt der Anteil der erklärten Varianz auf mehr als 35%. Nach deren Kontrolle liefert das partnerschaftliche Ressourcenmanagement nur noch einen geringen zusätzlichen Erklärungsbeitrag. Frauen, deren Partner die Verwaltung des Haushaltseinkommens übernommen hat, verfügen über rund 7.500 Euro weniger eigenes „permanentes" Einkommen als solche mit getrennter Verwaltung. Aber auch wenn Frauen selbst das gesamte Geld verwalten bzw. das Einkommen zusammenlegen, so liegt deren Einkommen um knapp 5.000 Euro unter jenem der Vergleichsgruppe. Zusammenfassend ist festzustellen, dass bei simultaner Kontrolle von Bildung, Alter, Familienstand, Kinderzahl, Migrationshintergrund, beruflicher Stellung und regionaler Charakteristika Frauen mit dem höchsten individuellen Einkommen tendenziell in Partnerschaften mit komplett getrenntem Ressourcenmanagement leben. Bei Männern hingegen finden sich nach Kontrolle der genannten Indikatoren keine strukturellen Einkommensunterschiede bezüglich des Ressourcenmanagements.

Führt man diese Regressionsanalyse mit dem individuellen Vermögen als abhängige Variable durch, so zeigt sich zunächst, dass durch die berücksichtigten Kovariaten nur maximal 8% der Varianz erklärt werden können. Bezogen auf das partnerschaftliche Ressourcenmanagement findet sich nur bei Frauen, die allein das gesamte Haushaltseinkommen verwalten, ein signifikant negativer Effekt. Diese verfügen im Vergleich zur Referenzgruppe der Partnerschaften mit getrennter Einkommensverwaltung über ein rund 38.000 Euro geringeres Nettovermögen.

Alle weiteren Kovariaten liefern die nach den oben beschriebenen deskriptiven Befunden zu erwartenden Ergebnisse. So steigt das Vermögen signifikant mit dem Alter der Personen. Für ältere Menschen deutet ein negatives Vorzeichen beim quadrierten Alterseffekt auf Entsparen bzw. Vorabübertragungen hin. Ostdeutsche verfügen über ein unterdurchschnittliches Vermögen. Mit dem beruflichen Bildungsabschluss steigt auch das individuelle Vermögen. Selbstständigkeit liefert einen signifikanten zusätzlichen Beitrag zur Erklärung der Höhe des Vermögens. Unterschiedliche Ergebnisse für Männer und Frauen finden sich beim Migrationshintergrund. Während für Männer hier keine signifikanten Effekte auftreten, fällt das Vermögen für Migrantinnen signifikant niedriger aus. Neben der insbesondere bei der türkischen Population häufig vorzufindenden patriarchalisch organisierten Familienstruktur kann vermutet werden, dass die Frauen im Rahmen von Familienzusammenführungen zu ihren Ehepartnern nach Deutschland gekommen sind und aufgrund der Haushaltsführung im Heimatland kein eigenes Vermögen aufbauen konnten.

Auch bezüglich der Zahl der bisherigen Eheschließungen zeigen sich geschlechtsspezifische Unterschiede, wonach Frauen – bezüglich der Vermögenssituation – eher von stabilen Partnerschaften profitieren als Männer. Bei zwei und mehr Eheschließungen reduziert sich das Vermögen von Frauen um rund 25.000 Euro, während es für Männer um etwa 80.000 Euro – wenngleich nicht statistisch signifikant – höher ausfällt. Dies spricht dafür, dass Frauen während einer Ehe am Vermögensaufbau partizipieren, im Falle einer Scheidung zählen diese aber zu den ökonomischen Verlierern (Andreß et al. 2003). Hier kommt sicherlich auch zum Tragen, dass das individuelle Einkommen von Frauen und insbesondere von Alleinerziehenden unterdurchschnittlich ist und diese Frauen im Falle einer Scheidung früher als Männer gezwungen sind, Vermögen aufzehren zu müssen. Dieses Ergebnis dürfte noch prägnanter ausfallen, wenn die Untersuchungspopulation auf die gesamte erwachsene Bevölkerung ausgeweitet würde und nicht wie hier allein Paare in stabilen Partnerschaften (im Zeitraum 2002 bis 2005) untersucht werden.

3.6.2 Erklärungsansätze für geschlechtsspezifische Vermögensunterschiede

Wie in den obigen Analysen aufgezeigt ist das durchschnittliche individuelle Vermögen von (erwachsenen) Männern in Deutschland im Jahre 2002 um knapp 30.000 Euro (oder etwa 43%) höher als bei Frauen. Aber auch gemessen am Median beträgt dieser Unterschied knapp 10.000 Euro. Für verwitwete und unverheiratete Singles finden sich keine statistisch signifikanten Unterschiede zwischen den Geschlechtern, doch liegen auch hier Männer im Vorteil. Das höchste Vermögen bei Frauen findet sich bei Verwitweten, wobei vermutet werden kann, dass diese vom ererbten Vermögen ihres verstorbenen Partners profitieren (Abb. 3-7).

Die größten Differenzen finden sich für verheiratete zusammenlebende Frauen und Männer. Hier liegt der Unterschied zwischen den Geschlechtern bei etwa 46.000 Euro. Dies Ergebnis mag überraschen, da verheiratete Paare überwiegend das Einkommen des gesamten Haushalts zusammenlegen und demnach vermutet werden kann, dass ökonomischen Ressourcen in ähnlicher Weise geteilt werden. Dies trifft aber nicht für das Vermögen zu.

Tab. 3-13: Partnerschaftliches Ressourcenmanagement und Höhe des individuellen Einkommens[a] (OLS-Regression)

Population: Stabile Partnerschaften, 2002 bis 2005. Im Jahr 2002 mind. 17 Jahre alt.

	1a Männer	1b Frauen	2a Männer	2b Frauen	3a Männer	3b Frauen
Alter			2.062**	169	2.056**	218*
			205	*93*	*205*	*92*
Alter quadriert			−17**	−2*	−17**	−3**
			2	*1*	*2*	*1*
Keine deutsche Staatsangehörigkeit			−6.523**	−837	−6.786**	−481
			1.328	*769*	*1.332*	*763*
außerhalb Deutschlands geboren			−446+	−1.365*	−454+	−1.161+
			255	*604*	*255*	*598*
Ostdeutschland			−16.228**	975*	−16.149**	1.014**
			824	*391*	*824*	*388*
Anzahl Kinder unter 14 im HH			2.520**	−3.013**	2.437**	−2.917**
			496	*238*	*497*	*235*
2 oder mehr Eheschließungen			2.040	2.796**	2.175*	2.372**
			1.093	*515*	*1.097*	*512*
			Familienstand[b]			
Verheiratet getrennt lebend			2.000	497	2.146	−2.040
			7.148	*6.001*	*7.165*	*5.948*
ledig			−3.580+	2.838**	−3.515+	781
			1.969	*921*	*2.024*	*939*
geschieden			−4.781*	5.379**	−4.539*	3.529**
			2.146	*1.060*	*2.194*	*1.070*
verwitwet			3.440	7.795**	3.679	5.542**
			4.332	*1.502*	*4.357*	*1.505*
			Berufliche Bildung[c]			
Lehre			4.320**	2.125**	4.341**	1.879**
			1.177	*437*	*1.177*	*433*
(Fach-)Hochschulabschluss			27.189**	12.098**	27.093**	11.640**
			1.314	*566*	*1.317*	*562*
			Berufliche Stellung[d]			
Selbständig			31.387**	15.545**	31.229**	15.042**
			1.369	*770*	*1.372*	*764*
Beamter			13.111**	18.340**	13.017**	17.699**
			1.636	*901*	*1.637*	*895*
Abhängig Beschäftigte			20.580**	10.603**	20.487**	10.025**
			1.023	*392*	*1.025*	*392*

Tab. 3-13: (Fortsetzung)

	1a Männer	1b Frauen	2a Männer	2b Frauen	3a Männer	3b Frauen
	Ressourcenmanagement[e]					
Ich verwalte, Partner erhält Anteil	-1.126	-10.691**			2.744	-4.899**
	2.046	*921*			*1.737*	*776*
Partner verwaltet, ich erhalte Anteil	-11.179**	-16.764**			-2.849+	-7.517**
	1.983	*917*			*1.676*	*791*
Legen alles zusammen und jeder	-2.691+	-8.691**			51	-4.106**
nimmt was er braucht	*1.378*	*632*			*1.195*	*550*
Legen Teil zusammen, jeder behält	-4.005*	-2.195*			-1.940	-460
Teil für sich	*2.019*	*945*			*1.659*	*776*
Konstante	40.825**	22.808**	-37.059**	5.610*	-36.409**	8.633**
	1.286	*588*	*5.924*	*2.537*	*6.024*	*2.554*
n	5.965	5.964	5.932	5.920	5.932	5.920
R^2	0,01	0,07	0,35	0,38	0,35	0,39

a – Permanentes Einkommen der Jahre 2002 bis 2005 Referenzgruppen: *b* – Verheiratet zusammenlebend; *c* – ohne Abschluss; *d* – nicht erwerbstätig; *e* – eigene Verwaltung.

Kursive Angaben geben den entsprechenden Standardfehler an. + : p < 10%; * p < 5% ; ** p < 1%

Quelle: SOEP, unter Kontrolle regionaler Informationen, hier nicht ausgewiesen

Bevor im Weiteren die geschlechtsspezifischen Vermögensunterschiede in Deutschland empirisch untersucht werden, erfolgt im anschließenden Abschnitt eine kurze Darstellung eines einfachen theoretischen Modells zur Erklärung der geschlechtsspezifischen Vermögensunterschiede sowie Verweise auf einschlägige internationale Erfahrungen.

Ein einfaches Model zur Vermögensakkumulation zu einem gegebenen Zeitpunkt ist eine Funktion des Vermögensbestandes in der Vorperiode, dessen Verzinsung sowie (Ent-)Sparen seit der Vorperiode, also der Saldo von Einkommen und Konsum. In diesem Modell ergeben sich Unterschiede in der Höhe des Vermögens durch folgende drei Faktoren:

1. Haushalte starten mit einem unterschiedlich hohen Vermögensstock, z.B. aufgrund von Erbschaften oder Vorabübertragungen sowie früheren Ersparnissen und Wertänderungen.
2. Haushalte erzielen unterschiedlich hohe Renditen ihrer Investitionen, z.B. aufgrund von unterschiedlichen Investitionsentscheidungen mit unterschiedlich hohem Risiko und entsprechend variierenden Erträgen. Daneben erzielen Haushalte auch unterschiedlich hohe Veränderungen ihres Vermögens aufgrund von Wertänderungen ihrer Anlagen (vgl. z.B. Stein 2004).

Tab. 3-14: Partnerschaftliches „Ressourcenmanagement" und Höhe des individuellen Vermögens (OLS-Regression)

Population: Stabile Partnerschaften, 2002 bis 2005. Im Jahr 2002 mind. 17 Jahre alt.

	1a Männer	1b Frauen	2a Männer	2b Frauen	3a Männer	3b Frauen
Alter			18.315*	10.222**	18.645*	10.279**
			9.129	1.639	9.145	1.640
Alter quadriert			−139+	−69**	−142+	−70**
			81	15	81	15
Keine deutsche Staatsangehörigkeit			−79.756	−6.032	−78.718	−7.642
			59.208	13.515	59.433	13.530
außerhalb Deutschlands geboren			−4.061	−43.771**	−4.020	−44.155**
			11.381	10.613	11.384	10.612
Ostdeutschland			−153.712**	−78.833**	−152.148**	−77.938**
			36.715	6.882	36.761	6.884
Anzahl Kinder unter 14 im HH			2.984	3.740	4.242	3.815
			22.094	4.176	22.173	4.177
2 oder mehr Eheschließungen			85.127+	−24.838**	81.055	−25.231**
			48.719	9.056	48.930	9.088
			Familienstand[a]			
Verheiratet getrennt lebend			−176.043	48.966	−207.916	43.169
			318.578	105.494	319.576	105.523
ledig			−29.190	4.283	−56.453	−1.056
			87.745	16.195	90.271	16.664
geschieden			−85.389	−23.627	−110.339	−29.292
			95.659	18.628	97.876	18.987
verwitwet			9.569	−41.481	−17.119	−44.917+
			193.048	26.405	194.336	26.695
			Berufliche Bildung[b]			
Lehre			45.238	42.159**	44.951	42.536**
			52.477	7.674	52.515	7.689
(Fach-)Hochschulabschluss			167.869**	82.642**	162.883**	82.444**
			58.566	9.944	58.753	9.978
			Berufliche Stellung[c]			
Selbständig			483.670**	72.557**	476.469**	72.675**
			61.015	13.541	61.199	13.558
Beamter			−42.344	11.502	−46.346	10.793
			72.923	15.848	72.997	15.879
Abhängig Beschäftigte			21.737	6.488	18.236	6.716
			45.589	6.885	45.707	6.946

Tab. 3-14: (Fortsetzung)

	1a Männer	1b Frauen	2a Männer	2b Frauen	3a Männer	3b Frauen
			Ressourcenmanagement[d]			
Ich verwalte, Partner erhält Anteil	-37.280 74.464	-28.820* 13.710			-53.100 77.486	-38.250** 13.775
Partner verwaltet, ich erhalte Anteil	-152.159* 72.184	10.877 13.654			-114.365 74.769	5.817 14.034
Legen alles zusammen und jeder nimmt was er braucht	-67.780 50.168	-2.912 9.399			-62.118 53.311	-14.251 9.751
Legen Teil zusammen, jeder behält Teil für sich	-50.175 73.482	-16.136 14.067			-49.416 73.991	-19.208 13.766
Konstante	223.509** 46.825	94.823** 8.757	-488.182+ 264.018	-262.127** 44.607	-433.615 268.682	-249.871** 45.303
n	5.965	5.964	5.932	5.920	5.932	5.920
R^2	0,00	0,00	0,02	0,08	0,02	0,08

Referenzgruppen: *a* – Verheiratet zusammenlebend; *b* – ohne Abschluss; *c* – nicht erwerbstätig; *d* – eigene Verwaltung.

Kursive Angaben geben den entsprechenden Standardfehler an. + : p < 10%; * p < 5% ; ** p < 1%

Quelle: SOEP, unter Kontrolle regionaler Informationen, hier nicht ausgewiesen

3. Haushalte unterscheiden sich bezüglich der Höhe des gesparten Betrags. Einen wichtigen Einfluss auf die Höhe des Sparbetrags hat dabei die Position im Lebenszyklus (Modigliani/Brumberg 1954; Friedman 1957). Bei jüngeren Personen ist insofern von einem unterdurchschnittlichen Sparbetrag auszugehen. Als weiteres wirkt die Höhe des Einkommens auf die Spartätigkeit. Haushalte mit der gleichen Sparquote erzielen ein unterschiedliches Vermögen, wenn diese sich in der Höhe des Einkommens unterscheiden. Zudem beeinflussen Erwartungen, Überzeugungen, Werte und auch Traditionen das Sparverhalten wie z.B. das Vorsichtssparen im Falle von Risikoaversion (vgl. Kimball 1990; Zeldes 1989) oder der Wunsch hohe intergenerationale Transfers zu leisten. Vor dem Hintergrund der Unsicherheit über künftige Entwicklungen oder im Falle von absehbaren Liquiditätseinschränkungen eines Haushalts werden insbesondere risikoaverse Personen überdurchschnittlich sparen, um künftigen Konsum zu finanzieren.

Abb. 3-7: Individuelles Nettovermögen nach Geschlecht und Familienstand, Deutschland 2002

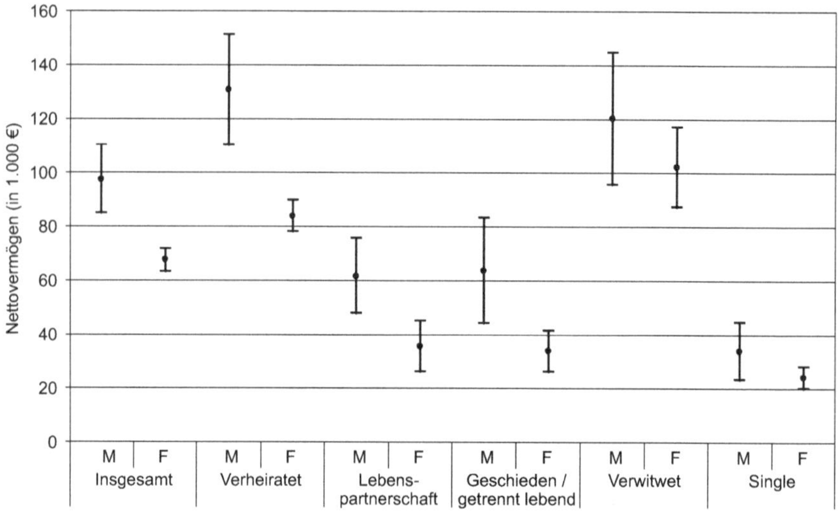

Dargestellt ist jeweils ein 95%-Konfidenzintervall um den Mittelwert jeder Gruppe.
Quelle: SOEP 2002, multiple Imputationen

Diese drei grundsätzlichen Erklärungsansätze für Unterschiede in der Vermögenshöhe können durch geschlechtsspezifische Ursachen verstärkt werden. Zunächst ist hier die Arbeitsmarkterfahrung und Arbeitsmarktbeteiligung zu nennen. Vermögensunterschiede sind u.a. auch das Ergebnis einer geringeren Arbeitsmarktintegration von Frauen (Warren et al. 2001). Das Standardfamilienmodell des „Male-breadwinner"-Haushalts führt zu geringeren Karriere- und Einkommenschancen für Frauen (Bardasi/Gornick 2008): Neben der geringeren Arbeitsmarktbeteiligung besteht die Möglichkeit von Lohndiskriminierung zu Lasten von Frauen (Blau/Kahn 1997, 2000; O'Neill 2003; Moore/Shierholz 2004), was *ceteris paribus* die Chancen für das Sparen von Frauen beeinträchtigt. Es gibt Hinweise darauf, dass Frauen unterdurchschnittliche Renditen für ihre Investitionen erzielen, da sie eher konservativ investieren (Bajtelsmit/Van Derhei 1997; Hinz et al. 1997; Jianakoplos/Bernasek 1998). Brush et al. (2002) weisen zudem darauf hin, dass Frauen einen schlechteren Zugang zu alternativen Finanzquellen haben und demnach von bestimmten Investitionsarten tendenziell eher ausgeschlossen sind.

Zusätzlich gilt, dass Frauen im Durchschnitt der Bevölkerung eine geringere Wahrscheinlichkeit für selbst genutztes Wohneigentum haben. Nicht allein, dass diese Vermögenskomponente eine der quantitativ bedeutendsten ist, diese dient zudem oft als Basis für die Absicherung weiterer Hypotheken oder Darlehen. Nach Ladd (1998) gibt es in den USA eine Diskriminierung bei der Vergabe von Hypotheken für Frauen. Hierbei wirkt sich die geringere Arbeitsmarktbeteiligung der Frauen, deren unterdurchschnittlichen Einkommen und für Kreditzwecke ungünstigere Familienkonstellation (insbesondere im Falle allein erziehender Haushalte) zusätzlich ungünstig auf die Vergabe von (günstigen) Krediten aus (Robinson 2002).

Letztlich wirken sich bestimmte Heiratsmuster auf die Höhe des individuellen Vermögens aus. Eine recht alte Studie von Wedgwood (1939) belegt, dass Heirat und Erbschaft eine der wichtigsten Quellen für Vermögen von Frauen in den 1930er Jahren darstellten (vgl. auch die aktuellere Studie von Harbury/Hitchens 1977). Zudem gilt, dass Frauen bei einer Heirat in der Regel einige Jahre jünger sind als ihre Partner, was wiederum ihre Vermögensakkumulation bis zu einem gegebenen Zeitpunkt niedriger ausfallen lässt (Zagorsky 1999; Gibson et al. 2006).

Über diese internationalen Erfahrungen hinausgehend ist es für das vorliegende Projekt zur Erläuterung potenzieller Ursachen der geschlechtspezifischen Vermögensdifferenzen in Deutschland notwendig, auf relevante institutionelle Rahmenbedingungen im Ehe- und Scheidungsrecht in Deutschland hinzuweisen. Eine frühere Heirat kann maßgeblich das Vermögen einer Person beeinflussen, sei es durch eine Scheidung oder durch eine Erbschaft.

Im Falle einer Scheidung gilt in Deutschland, wie auch in den meisten europäischen Ländern, das Prinzip der Zugewinngemeinschaft, also das Prinzip der gemeinsamen Partizipation an Vermögensbeständen, die während der gemeinsamen Ehe akkumuliert wurden – dies gilt sowohl für Wertänderungen von schon vor der Ehe bestehendem Vermögen als auch für „neue" Ersparnisse. Vermögen, das bereits vor der Eheschließung bestand, bleibt von dem Zugewinnprinzip unangetastet und demnach nach einer Scheidung dem entsprechenden Partner vollständig erhalten. Anders verhält es sich mit Gewinnen, die aus einem eingebrachten Vermögen während einer Ehe erzielt wurden. Diese werden gleichmäßig auf beide Partner verteilt. Nicht geteilt werden hingegen individuelle Erbschaften, die ein Partner während einer Ehe erhält. Ausnahmeregelungen von dem grundsätzlichen Prinzip der Zugewinngemeinschaft können aber mittels eines Ehevertrags vor der Eheschließung festgelegt werden. Für die vorliegende Studie ist aber das faktische Eigentum am zum Untersuchungszeitpunkt gemessenen Vermögensbestand die maßgebliche Größe. Einschränkend muss darauf hingewiesen werden, dass es aus steuerlicher Sicht oder aus Gründen des Insolvenzschutzes vorteilhaft sein kann, akkumuliertes Vermögen dem Eigentum nur eines Ehepartners zuzuweisen.[34]

34 Beispielhaft sei hier auf Ehen von Selbstständigen mit Betriebsvermögen verwiesen, bei denen eventuell vorhandenes Immobilienvermögen trotz der gemeinsamen Nutzung komplett im Eigentum des Ehepartners liegt.

Einen weiteren Einblick in potenzielle Ursachen für die in Deutschland zu beobachtende geschlechtsspezifische Vermögensdifferenz liefert Tabelle 3-15. Hier werden sozio-demographische Charakteristika aller erwachsenen Personen getrennt nach Familienstand und Geschlecht ausgewiesen. Es zeigt sich, dass Frauen insgesamt im Durchschnitt um zwei Jahre älter sind, mit Ausnahme der Frauen in Ehe- oder Lebensgemeinschaften. Dieser Befund erklärt sich vor allem durch die Dominanz von Frauen unter den Verwitweten. Bei Personen in Partnerschaften zeigt sich hingegen die weiterhin hohe Bedeutung traditioneller Heiratsmuster: Männer sind im Durchschnitt rund drei Jahre älter als ihre Partnerinnen. Zudem weisen verheiratete Männer ein im Durchschnitt höheres Bildungsniveau auf; innerhalb von verheirateten Paaren ist der Bildungsunterschied im Durchschnitt aller Paare recht stark ausgeprägt. Im Zusammenhang mit den Bildungsdifferenzen fällt das individuelle Erwerbseinkommen der Männer in allen Gruppen erwartungsgemäß höher aus. Dies trifft insbesondere auf geschiedene oder getrennt lebende Männer zu. Bezogen auf die Arbeitsmarktbeteiligung zeigt sich das zu erwartende Bild, dass Männer wesentlich häufiger vollzeiterwerbstätig oder selbstständig sind. Dabei weisen verheiratete Frauen eine schlechtere Arbeitsmarktintegration auf als unverheiratete Frauen in Partnerschaften. Alle diese Ergebnisse deuten auf das in Deutschland weiterhin dominierende „Male-breadwinner"-Modell innerhalb von Partnerschaften hin, nach denen Männer eher jüngere, etwas schlechter ausgebildete Frauen mit geringer(er) Arbeitsmarktbeteiligung geheiratet haben. Vor dem Hintergrund des deutschen Scheidungs- und Erbschaftsrecht können diese Frauen aber langfristig von den im Haushalt erzielten ökonomischen Ressourcen profitieren, wie anhand der vergleichsweise guten Vermögensausstattung von verwitweten Frauen erkennbar ist.

Eine wichtige Quelle für Vermögen stellen schließlich Erbschaften und Schenkungen dar. Hier ist erkennbar, dass Männer und Frauen in etwa gleichem Maße über diesen Zugang Vermögen akkumuliert haben (rund 4%), jedoch fällt die Höhe der Erbschaft oder Schenkung zugunsten der Männer leicht höher aus. Im Hinblick auf eine noch zu erwartende Erbschaft sind aber wiederum keine Unterschiede zwischen den Geschlechtern zu beobachten.

3.6.3 Dekompositionsanalyse zur Erklärung geschlechtsspezifischer Vermögensunterschiede

Um die geschlechtsspezifischen Vermögensdifferenzen eingehender zu untersuchen, bietet es sich an, auf Erfahrungen aus der Arbeitsmarktforschung zurückzugreifen. Hier gibt es eine lange Tradition, die unterschiedliche Entlohnung von Frauen und Männern mit Hilfe von Dekompositionsanalysen auf eventuelle Diskriminierung am Arbeitsplatz zu untersuchen (vgl. z.B. Blau/Kahn 1996). Hierbei wird getrennt für Männer und Frauen eine Regressionsschätzung zur Erklärung der Höhe der individuellen Arbeitseinkommen (im Folgenden: Nettovermögen) vorgenommen und die sich ergebenden Koeffizienten werden dem jeweils anderen Geschlecht zugewiesen. Daraus lässt sich ableiten, ob Frauen (Männer) mit den gleichen Charakteristika wie Männer (Frauen) ein gleich hohes Vermögen erzielen würden oder ob sie weiterhin ein signifikant geringeres Vermögen aufweisen. Der zweite Fall wird in der entsprechenden Literatur als Hinweis auf eine geschlechtsspezifische Benachteiligung gedeutet.

Im Folgenden werden drei Verfahren von Dekompositionsmethoden angewendet. Dies ist zunächst das Standardverfahren nach Blinder-Oaxaca (Blinder 1973; Oaxaca 1973) bei der Mittelwertdifferenzen des Vermögens zwischen Männern und Frauen durch Unterschiede in den sozio-demographischen Eigenschaften der Geschlechter erklärt werden. Dieses populäre Verfahren hat aber den Nachteil, dass eine Annahme über die zugrundeliegende Verteilungsfunktion gemacht werden muss. Diese Annahme führt oft zu Fehlspezifikationen und Fehlinterpretationen. Eine Weiterentwicklung des Blinder-Oaxaca-Verfahrens wurde von Juhn, Murphy und Pierce (JMP) (1991) beschrieben. Die Innovation dieser Methode besteht darin, die Untersuchung von (Vermögens-)Unterschieden auf verschiedene Abschnitte der Verteilung auszudehnen, anstatt nur Aussagen über die gesamte Verteilung, gemessen am Mittelwert, vorzunehmen. Als dritte Methode wird hier ein von DiNardo, Fortin und Lemieux (1996) entwickeltes, nicht-parametrisches Verfahren angewendet, welches die Analyse von Differenzen in den Dichtefunktionen unter Berücksichtigung von gewichteten, kontrafaktischen Modellen nutzt. Die Idee der Gewichtung besteht darin, den Erklärungsbeitrag unterschiedlicher Faktoren für Vermögensunterschiede zwischen Männern und Frauen zu prüfen. Im vorliegenden Fall werden dazu vier Faktoren analysiert: die Arbeitsmarkterfahrung (z.B. Arbeitsmarktbeteiligung, berufliche Stellung), das Ausbildungsniveau, intergenerationale Charakteristika (z.B. Bildung der Eltern, Erbschaften) und demographische Charakteristika (z.B. Alter, Zahl der Kinder, Dauer einer Partnerschaft, Gesundheitszustand).

Die Analyse der Zerlegung der geschlechtsspezifischen Vermögensdifferenzen wird hier nur für Männer und Frauen in Partnerschaften (verheiratet oder zusammenlebend) vorgenommen, wodurch insbesondere geerbte Vermögen von verwitweten Frauen ausgeschlossen werden – es sei denn, sie sind nach der Verwitwung wieder in eine Partnerschaft eingetreten. Es sei zudem angemerkt, dass hier nicht direkt der intra-partnerschaftliche Vermögensunterschied im Sinne der Differenz der Vermögen von zwei gemeinsam lebenden Personen untersucht wird, sondern die Vermögensdifferenzen zwischen allen Männern bzw. Frauen in Partnerschaften. Die abhängige Variable ist das individuelle Nettovermögen.[35]

---

35 Um den Einfluss von Ausreißern auf die Dekompositionsergebnisse zu reduzieren, erfolgt ein Bottom- bzw. Top-Coding auf das 1. bzw. 99. Perzentil.

Tab. 3-15: Sozio-demographische Charakteristika nach Geschlecht und Familienstand, Deutschland 2002

	Männer					
	Gesamt	Verheiratet	in Lebens-partner-schaft	geschieden/ getrennt	verwitwet	Single – ledig
	Demografische Angaben					
Alter (in Jahren)	47,1	53,3	39,2	50,2	70,7	30,5
% im Ausland geboren	11,8	14,3	5,1	12,0	6,5	8,6
% Nicht deutsche Staatsangehörigkeit	8,1	9,7	3,1	7,5	0,8	7,2
Haushaltsgröße	2,60	2,93	2,49	1,24	1,19	2,37
Anzahl Kinder < 17	0,47	0,64	0,39	0,07	0,04	0,25
	Einkommen					
Jährliches Nettoäquivalenzeinkommen (Mittelwert, in €)	20.788	21.877	20.375	20.531	17.613	18.712
Relative Einkommensposition	105	111	103	104	89	95
Individuelles Jahreserwerbseinkommen (Mittelwert, in €)	22.952	26.139	24.459	25.862	5.272	15.975
Relative Einkommensposition	143	163	152	161	33	99
	Bildung					
gering (isced=0.1.2)	17,6	13,1	9,4	15,3	19,1	32,1
mittel (isced=3)	47,9	47,7	53,2	49,3	59,2	44,9
(höhere) berufliche Ausbildung (isced=4.5)	13,1	13,7	17,6	11,2	10,5	10,5
höhere Bildung (isced=6)	21,4	25,5	19,8	24,2	11,2	12,4
	Arbeitsmarktstatus					
Vollzeit beschäftigt	42,6	44,9	52,7	44,5	5,9	37,4
Teilzeit beschäftigt	2,0	1,5	2,4	0,7	1,3	3,5
Selbständig	7,3	7,7	10,8	9,4	4,8	4,8
Nichterwerbstätig	25,7	33,0	10,5	22,4	83,8	6,6
Arbeitslos	6,6	5,1	9,2	13,9	1,9	7,8
Beamter	5,2	6,0	5,8	7,2	0,9	3,1
in Ausbildung	8,3	0,6	5,3	0,8	0,1	31,6
Unregelmäßige Erw.	2,4	1,3	3,4	1,1	1,3	5,2
Gesamt	*100,0*	*100,0*	*100,0*	*100,0*	*100,0*	*100,0*

Tab. 3-15: (Fortsetzung)

	Frauen						*Gesamt*
	Gesamt	Verheiratet	in Lebens-partner-schaft	geschieden/ getrennt	verwitwet	Single – ledig	
	Demografische Angaben						
Alter (in Jahren)	49,4	50,2	36,9	53,2	73,9	32,0	*48,3*
% im Ausland geboren	11,2	14,1	5,5	10,7	8,7	7,5	*11,5*
% Nicht deutsche Staatsangehörigkeit	6,7	9,0	2,8	5,7	2,6	5,2	*7,4*
Haushaltsgröße	2,47	2,93	2,48	1,77	1,25	2,35	*2,53*
Anzahl Kinder < 17	0,47	0,64	0,38	0,44	0,04	0,37	*0,47*
	Einkommen						
Jährliches Nettoäquivalenzeinkommen (Mittelwert, in €)	18.915	21.355	19.086	14.182	14.782	17.091	*19.790*
Relative Einkommensposition	96	108	96	72	75	86	*100*
Individuelles Jahreserwerbseinkommen (Mittelwert, in €)	10.019	9.827	17.092	12.714	2.249	11.711	*16.063*
Relative Einkommensposition	62	61	106	79	14	73	*100*
	Bildung						
gering (isced=0.1.2)	26,1	22,0	17,0	24,3	41,1	33,2	*22,1*
mittel (isced=3)	47,9	51,2	47,0	45,3	45,7	40,9	*47,9*
(höhere) berufliche Ausbildung (isced=4.5)	11,4	11,2	17,2	12,5	6,7	12,2	*12,2*
höhere Bildung (isced=6)	14,6	15,7	18,8	17,9	6,5	13,7	*17,8*
	Arbeitsmarktstatus						
Vollzeit beschäftigt	20,6	17,0	44,6	27,4	3,5	29,4	*30,9*
Teilzeit beschäftigt	13,5	19,3	12,7	12,4	3,6	4,6	*8,1*
Selbständig	2,7	3,1	2,5	3,7	0,8	2,6	*4,9*
Nichterwerbstätig	42,5	46,0	15,9	35,9	88,0	13,3	*34,7*
Arbeitslos	5,7	4,8	8,9	12,5	1,6	6,4	*6,1*
Beamter	2,7	3,1	3,8	2,9	0,6	2,5	*3,9*
in Ausbildung	7,5	0,7	7,9	2,0	0,3	36,5	*7,9*
Unregelmäßige Erw.	4,8	6,1	3,7	3,4	1,7	4,8	*3,7*
Gesamt	*100,0*	*100,0*	*100,0*	*100,0*	*100,0*	*100,0*	*100,0*

→

Tab. 3-15: (Fortsetzung)

	Männer					
	Gesamt	Verheiratet	in Lebens-partner-schaft	geschieden/ getrennt	verwitwet	Single – ledig
			Regionalinformation			
% in Ostdeutschland	19,0	17,9	23,2	23,5	18,7	19,0
% Stadt (>500 Tsd. Ew.)	15,1	12,6	20,2	22,6	13,6	17,6
			Erbschaften			
% Erbschaft (seit 1997)	4,1	4,0	5,2	3,3	7,1	3,9
Höhe der Erbschaft (Median, in €)	15.339	15.339	20.452	20.452	25.565	35.790
% erwartete Erbschaft	15,4	12,9	21,3	11,4	3,9	21,9
Fallzahl n (ungewichtet)	12.199	7.423	977	521	252	2.339
N in 1.000 (gewichtet)	31.391	18.353	2.701	2.005	958	7.375
Geschlechtsspezifischer Anteil an der Bevölke-rung, %	100,0	58,5	8,6	6,4	3,1	23,5
Anteil an der Ge-samtbevölkerung %	46,7	27,3	4,0	3,0	1,4	11,0

Alle drei Dekompositionsmethoden basieren auf einer Regressionsanalyse des individuellen Nettovermögens, die getrennt für Männer und Frauen durchgeführt wird (Tab. 3-16). Unter zusätzlicher Kontrolle der Ehedauer finden sich nur bei den Variablen „Arbeitsmarkterfahrung in Vollzeit", „selbstständige Tätigkeit" und beim Einkommen statistisch signifikante Unterschiede zwischen Männern und Frauen in Bezug auf die Höhe ihres Nettovermögens. Die weiteren verwendeten Kovariaten weisen die erwarteten Effekte auf, wie z.B. der positive Zusammenhang von Bildungsabschluss und Vermögen sowie das signifikant niedrigere Vermögen Ostdeutscher (–50.000 Euro). Bei Männern beobachten wir einen deutlich stärkeren Effekt des individuellen Einkommens (Summe der Erwerbseinkommen, Renten, Lohnersatzleistungen und private Transfers): Insbesondere hohe Einkommen (siehe 10. Dezil) bewirken bei Männern einen rund doppelt so hohen Vermögenseffekt wie bei Frauen. Letztlich ist anzumerken, dass der Anteil der erklärten Varianz bei dem Regressionsmodell für Männer mit 29% wesentlich höher ausfällt als für Frauen (18%), mit anderen Worten: Die geschlechtsspezifische Vermögenshöhe ist mit den hier verwendeten Variablen für Frauen schlechter erklärbar als für Männer.

Auf Basis der ersten Dekompositionsmethode nach Blinder-Oaxaca können die Vermögensdifferenzen in drei Komponenten untergliedert werden: Ge-

Tab. 3-15: (Fortsetzung)

	Frauen						*Gesamt*
	Gesamt	Verheiratet	in Lebens-partner-schaft	geschieden/ getrennt	verwitwet	Single – ledig	
	Regionalinformation						
% in Ostdeutschland	18,7	17,7	22,7	19,6	18,6	19,2	*18,8*
% Stadt (>500 Tsd. Ew.)	16,4	13,0	19,7	22,6	18,2	20,6	*15,8*
	Erbschaften						
% Erbschaft (seit 1997)	4,8	4,6	7,3	3,6	5,5	4,6	*4,5*
Höhe der Erbschaft (Median, in €)	12.782	12.782	10.226	12.782	15.339	12.782	*15.339*
% erwartete Erbschaft	11,8	12,3	18,1	10,3	2,2	15,3	*13,5*
Fallzahl n (ungewichtet)	12.756	7.461	1.048	800	1.013	1.927	*24.955*
N in 1.000 (gewichtet)	35.777	18.651	3.015	3.213	4.741	6.156	*67.168*
Geschlechtsspezifischer Anteil an der Bevölkerung, %	100,0	52,1	8,4	9,0	13,3	17,2	--
Anteil an der Gesamtbevölkerung %	53,3	27,8	4,5	4,8	7,1	9,2	*100,0*

Quelle: SOEP 2002

schlechtsspezifische Unterschiede in den beobachtbaren Charakteristika (z.B. Bildungsniveau, Zahl der Kinder, Arbeitsmarkterfahrung, Gesundheitszustand etc.), Unterschiede in der Art und Weise, wie diese Charakteristika in Vermögen umgesetzt werden (diese so genannte „Vermögensfunktion" gibt also an, wie Frauen bzw. Männer bei gegebener Ausstattung Vermögen akkumulieren) und unbeobachtete Effekte. In Tabelle 3-17 werden zwei unterschiedliche Ergebnisse dieser Zerlegung ausgewiesen. In der oberen Hälfte werden Frauen als Referenzgruppe verwendet, während in der unteren Hälfte Männer die Referenzgruppe bilden. Damit kann der Frage nachgegangen werden, welches Vermögen Frauen aufweisen würden, wenn sie die Charakteristika von Männern hätten (obere Hälfte der Tabelle) bzw. wie hoch das Vermögen von Männern ausfallen würde, wenn man die Charakteristika der Frauen unterstellte (untere Hälfte der Tabelle).

Die Vermögensdifferenzen von verheiratet oder unverheiratet zusammenlebenden Paaren belaufen sich insgesamt – wie oben bereits gezeigt – auf rund 29.000 Euro. Rund 70% des Unterschieds kann mit Unterschieden in der Ausstattung von Männern und Frauen erklärt werden. Wenn Frauen die gleichen Charakteristika wie Männer hätten, beliefe sich ihr Nettovermögen auf knapp 100.000 Euro und fiele damit um rund 20.000 Euro höher aus. Als weiteres zeigt

Tab. 3-16: Ergebnis einer OLS-Regression für das individuelle Nettovermögen von Männern und Frauen

Kovariaten	Frauen		Männer	
	Koeff.	Std. Err.	Koeff.	Std. Err.
Dauer der Ehe (in Jahren)	412.8 **	179	624.6 *	192
Migrationshintergrund	–44168.0 *	4166	–47504.9 *	5044
Partner vorhanden	–11178.2	10580	–7333.2	12846
Vor 1989 in Ostdeutschland gelebt	–55012.9 *	3915	–63215.1 *	4645
Schlechter Gesundheitszustand	–9135.0 **	3909	–11217.6 *	4813
guter Gesundheitszustand	13233.8 *	3139	7972.1 **	3838
Kinder unter 5 Jahren im Haushalt	–11235.4 **	4929	–10352.7 ***	5831
Einfache berufliche Ausbildung	24521.9 *	3635	8723.5 ***	5114
Höhere berufliche Ausbildung	35830.2 *	5179	28260.9 *	6439
(Fach-)Hochschulabschluss	53435.7 *	5605	53573.3 *	6313
Nicht erwerbstätig	1531.8 *	237	1828.0 *	426
65 Jahre und älter	684.4	546	75.3	518
Arbeitsmarkterfahrung:				
Vollzeit (in Jahren)	1465.5 *	217	2574.7 *	252
Teilzeitarbeit (in Jahren)	2356.5 *	282	698.7	860
Arbeitslosigkeit (in Jahren)	–174.5	833	–1203.5	1086
Arbeitsmarkterfahrung fehlend	10526.8	22798	–10693.5	43326
Selbstständig	76633.2 *	7373	162158.2 *	6345
Hohe Autonomie im Beruf	18208.8 *	6485	9621.6 ***	5285
Vater mit höherem Bildungsabschluss	29961.6 *	6587	9642.1	7698
Mutter mit höherem Bildungsabschluss	–7855.4	17535	–2526.3	23807
Beide Elterteile mit höherer Bildung	–13276.1	22606	19196.2	28761
Erbschaft nach 1992 erhalten	50896.2 *	4862	52923.1 *	6220
Erbschaft zwischen 1949-1992 erhalten	49943.5 *	5633	61776.3 *	5900
Einkommen 1. Dezil	16610.0 *	6347	33523.6 ***	17380
Einkommen 2. Dezil	1659.2	6163	39934.8 **	15647
Einkommen 3. Dezil	–4394.9	6416	6271.6	9867
Einkommen 4. Dezil	1214.0	6677	26264.3 *	8475
Einkommen 6. Dezil	3999.1	7229	3556.3	7116
Einkommen 7. Dezil	6943.6	7032	26619.4 *	7371
Einkommen 8. Dezil	3357.1	7528	42048.5 *	7302
Einkommen 9. Dezil	17207.0 **	8096	45209.9 *	7405
Einkommen 10. Dezil	47878.1 *	9921	88630.2 *	7779
Konstante	–19500.0 **	9099	–62938.0 *	13236
N	6624		6634	
Adj. R^2	0.1831		0.2864	

Anmerkung: * : p < 1%; ** : p < 5%; *** : p< 10%. Population: Männer und Frauen in Paarbeziehungen.

Quelle: SOEP 2002

sich, dass die Vermögensfunktion von Frauen einen dämpfenden Effekt auf die Vermögensdifferenzen in Höhe von 17.000 Euro haben. Hätten Frauen die gleiche Ausstattung und die gleiche Art, diese Ausstattung in Vermögen umzusetzen wie Männer, so beliefe sich ihr Vermögen auf rund 83.000 Euro und läge damit sogar um rund 4.000 Euro über ihrem faktischen Vermögen. Dies Ergebnis deutet daraufhin, dass Frauen in der Lage sind, mit relativ schlechteren Charakteristika ein relativ hohes Vermögen zu akkumulieren. Es verbleibt ein unerklärter Anteil der Vermögensdifferenzen von etwa 25.000 Euro.

Verwendet man Frauen als alternative Referenzgruppe (unterer Teil der Tabelle), so würde sich das Vermögen der Männer bei Zuweisung der Charakteristika und der Bewertung dieser Ausstattungsmerkmale von Frauen um mehr als 50.000 Euro auf 54.000 Euro reduzieren, wobei die weiblichen Charakteristika den dominierenden Faktor darstellen (–45.000 Euro).

Bei Verwendung der JMP-Dekompositionsmethode (Tab. 3-18) reduziert sich der unerklärte Teil der Vermögensdifferenzen auf weniger als 1%. Im Gegenzug nimmt der Teil der Vermögensdifferenz, der durch die Ausstattungsmerkmale der Frauen erklärt wird, zu. Wenn Frauen die gleichen Ausstattungsmerkmale hätten wie Männer, würde deren Vermögen nach der JMP-Methode auf knapp 125.000 Euro steigen. Der dämpfende Effekt der Vermögensfunktion bleibt auch bei dieser Methode unverändert hoch (knapp 17.000 Euro). Der untere Teil der Tabelle bekräftigt die gefundenen Ergebnisse, nach denen die Ausstattungsmerkmale der Frauen sich signifikant negativ auf die Vermögenshöhe auswirken.

Neben der Zerlegung der Vermögensdifferenzen auf Basis des Mittelwertes kann man mittels der JMP-Methode auch die Vermögensdifferenzen an verschiedenen Punkten der Vermögensverteilung untersuchen (Tab. 3-19). Auf Basis des Median machen die Vermögensdifferenzen etwa 19.000 Euro aus. Diese steigt aber für das oberste Dezil auf das Dreifache (etwa 67.000 Euro). Über die gesamte Verteilung hinweg wird der größte Teil der Vermögensdifferenzen durch die „schlechteren" Charakteristika von Frauen erklärt. Es bestätigt sich auch hier, dass die Bewertung der Ausstattungsmerkmale von Frauen eine reduzierende Wirkung auf die Vermögensdifferenzen hat. Der mit den hier verwendeten Einflussfaktoren nicht erklärte Teil der Vermögensdifferenzen wirkt in der unteren Hälfte der Verteilung eher dämpfend.

Im oberen Teil der Vermögensverteilung (approximiert mit Hilfe des 90:50 Dezilsverhältnisses im unteren Teil von Tab. 3-19) werden etwa zwei Drittel der Vermögensdifferenzen durch Unterschiede in den Ausstattungsmerkmalen erklärt, während sich diese für den unteren Bereich der Vermögensverteilung (50: 10 Dezilsverhältnis) reduzierend auswirken. Allerdings bleibt immerhin etwa die Hälfte der Vermögensdifferenzen weiterhin unerklärt. Insgesamt kann aus die-

Tab. 3-17: Zerlegung der Vermögensdifferenzen auf Basis der Blinder-Oaxaca-Methode

	Vermögens-differenz	Durchschnitts-vermögen von Frauen	Unterschied aufgrund von Charakteristika	Vermögen von Frauen bei männlichen Charakteristika	Unterschied aufgrund der Vermögens-funktion	Vermögen von Frauen bei männlichen Charakteristika und Vermögensfunktion	Interaktion	Durchschnitts-vermögen von Männern
		79562		99576		82843		108211
	28648		20014*		–16733*		25367*	
s.e.	2472		2663		6732		5716	
Anmerkung: Männer als Referenzgruppe								
	Vermögens-differenz	Durchschnitts-vermögen von Männern	Unterschied aufgrund von Charakteristika	Vermögen von Männern bei weiblichen Charakteristika	Unterschied aufgrund der Vermögens-funktion	Vermögen von Männern bei weiblichen Charakteristika und Vermögensfunktion	Interaktion	Durchschnitts-vermögen von Frauen
		108211		62829		54195		79562
	–28648		–45381*		–8635*		25367*	
s.e.	2472		6511		3287		6855	
Anmerkung: Frauen als Referenzgruppe								

Anmerkung: * : p < 1%; Population: Männer und Frauen in Paarbeziehungen.

Quelle: SOEP 2002

Tab. 3-18: Zerlegung der Vermögensdifferenzen auf Basis der Juhn-Murphy-Pierce-Methode

	Vermögens-differenz	Durchschnitts-vermögen von Frauen	Unterschied aufgrund von Charakteristika	Vermögen von Frauen bei männlichen Charakteristika	Unterschied aufgrund der Vermögens-funktion	Vermögen von Frauen bei männlichen Charakteristika und Vermögensfunktion	Unerklärter Rest	Durchschnitts-vermögen von Männern
		79562		124765		108032		108211
JMP	28648		45203*		−16733*		178	
Anmerkung: Männliche Charakteristika als Referenzgruppe								
	Vermögens-differenz	Durchschnitts-vermögen von Frauen	Unterschied aufgrund von Charakteristika	Vermögen von Männern bei weiblichen Charakteristika	Unterschied aufgrund der Vermögens-funktion	Vermögen von Männern bei weiblichen Charakteristika und Vermögensfunktion	Unerklärter Rest	Durchschnitts-vermögen von Männern
		79562		99744		108379		108211
JMP	28648		20182*		8635*		−168	
Anmerkung: Weibliche Charakteristika als Referenzgruppe								

Anmerkung: * : $p < 1\%$; Population: Männer und Frauen in Paarbeziehungen.

Quelle: SOEP 2002

Tab. 3-19: Zerlegung der Vermögensdifferenzen über die Vermögensverteilung hinweg auf Basis der Juhn-Murphy-Pierce-Methode

Perzentile	Vermögens-differenz	Differenz aufgrund von Unterschieden in der Ausstattung	Differenz aufgrund von Unterschieden in der Bewertung der Ausstattung	Unerklärter Teil
10th	0	48595	–29579	–19015
25th	3819	30593	–19519	–7255
	(100)	(801)	(–511)	(–190)
50th	18573	37163	–11936	–6654
	(100)	(200)	(–64)	(–36)
75th	33278	43269	–14889	4898
	(100)	(130)	(–45)	(15)
90th	67050	61226	–12564	18389
	(100)	(91)	(–19)	(27)
	Perzentilsverhältnisse			
P90–P10	67050	12631	17016	37404
	(100)	(19)	(25)	(56)
P90–P50	48477	24063	–628	25043
	(100)	(64)	(–1)	(52)
P50–P10	18573	–11432	17644	12361
	(100)	(–62)	(95)	(67)
P75–P25	29459	12677	4630	12153
	(100)	(43)	(16)	(41)

Anmerkung: Männer bilden die Referenzgruppe; Werte in Klammern geben den Anteil der Vermögensdifferenzen an, der durch den jeweiligen Faktor erklärt wird.

Quelle: SOEP 2002

sen Ergebnissen geschlossen werden, dass am oberen Rand der Vermögensverteilung Unterschiede in den Ausstattungsmerkmalen zwischen Männern und Frauen und im unteren Teil der Verteilung eher die Auswirkungen der Ausstattungsmerkmale relevant sind, also die Art, wie Frauen auf Basis ihrer Ausstattungsmerkmale Vermögen akkumulieren.

Die Ergebnisse der Zerlegungsmethode nach DiNardo-Fortin-Lemieux werden für die vier genannten Faktoren „Arbeitsmarkterfahrung", „Ausbildungsniveau", „intergenerationale Charakteristika" und „demographische Charakteristika" sowie einen unerklärten Rest dargestellt. Diese Faktoren korrespondieren mit potenziellen Quellen für Vermögen von Männern und Frauen.

In Anlehnung an die Arbeiten von Cobb-Clark/Hildebrand (2006) und Gibson et al. (2007), beruhen die vorliegenden Ergebnisse auf den gemittelten Werten der Berechnung aller relevanten kontrafaktischen Modelle. Die Ergebnisse der Dekomposition der Vermögensdifferenzen insgesamt korrespondieren mit jenen der JMP-Zerlegung, jedoch finden sich Abweichungen für die vier genannten Faktoren (Tab. 3-20). Die Vermögensdifferenzen erklären sich demnach überwiegend durch Unterschiede im Einkommen und der Arbeitsmarkterfahrung zwischen Männern und Frauen. Dieser Befund ist insbesondere für den oberen Teil der Vermögensverteilung relevant. In der Mitte der Verteilung – gemessen am 75:25 Quartilsverhältnis – nimmt das Bildungsniveau eine zusätzliche Bedeutung als Erklärung der Vermögensdifferenzen ein. Weder intergenerationale Faktoren (z.B. Bildung der Eltern, Erbschaften) noch rein demographische Fak-

Tab. 3-20: Zerlegung der Vermögensdifferenzen über die Vermögensverteilung hinweg auf Basis der DiNardo-Fortin-Lemieux-Methode

Perzentile	Vermögens-differenz	Einkommen und Arbeitsmarkt-erfahrung	Ausbildungs-niveau	Intergene-rationale Faktoren	Demogra-phische Faktoren	Unerklärter Teil
10th	0	0	0	0	0	0
s.e.	*0*	*69199*	*15597*	*1360*	*5429*	*78063*
25th	3819	–78488	–27897	53	32	110119
s.e.	*1112*	*78944*	*12156*	*150*	*1000*	*82501*
	(100)	(–2055)	(–730)	(1)	(1)	(2883)
50th	18573	–120897	3679	305	291	135194
s.e.	*3873*	*62844*	*584*	*335*	*407*	*61366*
	(100)	(–651)	(20)	(2)	(2)	(728)
75th	33278	–31381	6336	841	633	56850
s.e.	*3189*	*36902*	*14823*	*1712*	*2366*	*53549*
	(100)	(–94)	(19)	(3)	(2)	(171)
90th	67050	93316	9420	2418	384	–38488
s.e.	*10484*	*25138*	*1607*	*1195*	*988*	*27495*
	(100)	(139)	(14)	(4)	(1)	(–57)
			Perzentilsverhältnisse			
P50–P10	18573	–120897	3679	305	291	135194
s.e.	*3873*	*73046*	*15737*	*1480*	*5359*	*78130*
	(100)	(–651)	(20)	(2)	(2)	(728)
P75–P25	29459	47107	34233	788	600	–53270
s.e.	*2695*	*62629*	*17364*	*1695*	*2597*	*66147*
	(100)	(160)	(116)	(3)	(2)	(–181)
P90–P50	48477	214212	5741	2113	94	–173682
s.e.	*10349*	*39115*	*1669*	*942*	*600*	*35697*
	(100)	(442)	(12)	(4)	(0)	(–358)

Werte in Klammern geben den Anteil der Vermögensdifferenzen an, der durch den jeweiligen Faktor erklärt wird. – s.e.: Standardfehler

Quelle: SOEP 2002

toren (z.B. Alter, Familienstand) liefern einen wesentlichen Anteil zur Erklärung der Vermögensdifferenzen. Weiterhin wird gemäß des DFL-Verfahrens ein bedeutender Anteil der Vermögensdifferenzen nicht erklärt, jedoch ist anzumerken, dass die Vergleichbarkeit der Methoden untereinander dadurch erschwert wird, dass in dem hier unerklärten Rest der Variation auch die Auswirkungen der Ausstattungsmerkmale von Frauen und Männern enthalten ist. Dieser Effekt ist besonders ausgeprägt im unteren Bereich der Vermögensverteilung. Am oberen Bereich der Vermögensverteilung sind aber Unterschiede in den beobachtbaren Faktoren wie dem Einkommen und der Arbeitsmarkterfahrung relevant.

Ein Vergleich der verschiedenen Zerlegungsmethoden verdeutlicht, dass die durchschnittlichen Vermögensdifferenzen weit überwiegend durch Charakteristika zwischen Männern und Frauen und eher nicht durch Geschlechtsdiskriminierung erklärt werden kann. Die Vermögensdifferenzen wären sogar noch größer, würden die Auswirkungen der Ausstattungsmerkmale bei Frauen (die Vermögensfunktion) keinen dämpfenden Effekt zeigen. Dieser letztgenannte Befund bestätigt sich auch bei einer Untersuchung über die gesamte Vermögensverteilung hinweg. Die absolute Höhe des unerklärten Teils der Vermögensdifferenzen gewinnt mit höherem Vermögen ebenso an Bedeutung. Dieser Befund kann dahingehend interpretiert werden, dass die Vermögensfunktion den haushaltsinternen Umverteilungsprozess von vermögensstarken Eigentümern zugunsten von Vermögenslosen oder Personen mit unterdurchschnittlichen Vermögen beschreibt. Diese können z.B. über die Nutzungsfunktion am Vermögen anderer Haushaltsmitglieder partizipieren.

Mittels der DiNardo-Fortin-Lemieux-Methode können die Vermögensdifferenzen zusätzlich durch inhaltlich relevante Faktoren erklärt werden. Hier zeigt sich wiederum, dass die beobachtbaren Unterschiede in den Ausstattungsmerkmalen zwischen Männern und Frauen eine dominierende Rolle spielen. Dabei kommt am oberen Rand der Vermögensverteilung insbesondere dem Einkommen und der Arbeitsmarkterfahrung große Bedeutung bei der Erklärung der geringeren Vermögen von Frauen zu. Für den Rest der Vermögensverteilung, also insbesondere bei niedrigeren Vermögen, scheint eher die Vermögensfunktion die Vermögensdifferenzen zu erklären.

3.7 Die Verteilung der individuellen Nettovermögen nach dem Bildungsstand

Der berufliche Bildungsabschluss beeinflusst maßgeblich die Erwerbs- und Karrierechancen einer Person und deren Einkommenserzielungsmöglichkeiten am Arbeitsmarkt. Es ist also davon auszugehen, dass für Personen mit höherem beruflichem Bildungsabschluss unter Kontrolle aller anderen Einflussfaktoren auch eine bessere Vermögenssituation beobachtet werden kann, da deren Sparpotenzial überdurchschnittlich ausfällt. Zudem hängt in Deutschland der Bildungserfolg maßgeblich von der sozialen Herkunft ab.[36] Entsprechend bedeutet dies, dass Personen aus einer bildungsfernen und eher vermögensschwachen Schicht auch selbst eine unterdurchschnittliche Vermögensposition aufweisen dürften.

Den erwartet deutlich positiven Zusammenhang zwischen beruflichem Bildungsniveau und Vermögensposition belegt Tabelle 3-21. Während Personen ohne beruflichen Abschluss 2002 im Durchschnitt über ein Vermögen in Höhe

Tab. 3-21: Individuelles Nettovermögen nach Bildungsniveau in Deutschland 2002 und 2007

Basis: Personen in Privathaushalten im Alter ab 17 Jahren

	Insgesamt	In Ausbildung	Ohne berufl. Abschluss	Lehre	Lehre & Abitur	Fachschule/ Meister	FH/Uni	keine Angabe
				2002				
Mittelwert	*80.055*	10.126	56.329	72.513	68.179	108.131	148.537	58.292
Median	*15.000*	0	5.000	14.940	10.444	45.557	51.183	1.672
P90/P50-Verhältnis	*14,0*	–	32,6	12,7	19,3	5,5	6,1	96,1
Gini	*0,777*	0,992	0,814	0,767	0,785	0,709	0,740	0,969
Anteil negatives oder kein Vermögen (in %)	*28,4*	70,9	39,3	26,0	25,9	16,4	15,1	45,4
Bevölkerungsanteil (in %)	*100,0*	3,4	18,3	44,3	6,0	6,5	15,1	6,4
				2007				
Mittelwert	*88.034*	8.974	51.417	75.392	77.560	117.476	173.576	45.279
Median	*15.288*	0	3.599	13.331	14.859	39.565	59.600	1.000
P90/P50-Verhältnis	*14,5*	–	44,7	14,8	13,3	6,3	6,2	119,8
Gini	*0,799*	0,946	0,827	0,798	0,836	0,742	0,738	0,848
Anteil negatives oder kein Vermögen (in %)	*27,2*	58,4	39,7	26,8	23,6	18,0	12,0	44,8
Bevölkerungsanteil (in %)	*100,0*	4,1	15,2	47,7	5,7	6,7	15,6	5,0

Quelle: SOEP 2002, 2007

36 Vgl. zum Zusammenhang von Bildungserfolg und sozialer Herkunft die Ausführungen im dritten Armuts- und Reichtumsbericht der Bundesregierung (BMAS 2008a) bzw. Müller 2008.

von rund 56.000 Euro verfügen, steigt dieses mit zunehmenden Bildungsniveau an und fällt bei Personen mit Fachhochschul- oder Universitätsabschluss mit etwa 149.000 Euro am höchsten und damit knapp dreimal so hoch aus wie bei Personen ohne Abschluss. Die Spreizung der individuellen Vermögen nimmt aber mit steigendem Bildungsniveau ab. Dies wird am Beispiel des P90/P50-Perzentilsverhältnis deutlich. Während dieser Indikator bei der Gruppe ohne berufliche Bildung einen Wert von 33 annimmt, sinkt dieser für Personen mit (Fach-)Hochschulabschluss auf nur 6, d.h. der Abstand zwischen der Person am unteren Ende des 90. Perzentils zu einer mittleren vermögenden Person beläuft sich auf das sechsfache Vermögen.[37]

Vergleicht man die Entwicklung der individuellen Vermögen über die Zeit, so wird das Bild einer sich weiter öffnenden Schere der Vermögensverteilung deutlich. Während Personen ohne beruflichen Abschluss zwischen 2002 und 2007 knapp 5.000 Euro Vermögen verloren (-9%), steigt dieses für diejenigen mit einer abgeschlossenen Lehre um etwas weniger als 3.000 Euro (+4%) und weist bei Personen mit (Fach-)Hochschulabschluss den größten Zuwachs mit 25.000 Euro (+17%) auf.[38] Hier wirken sich neben arbeitslosigkeitsbedingten Einkommensausfällen in den unteren Bildungsniveaus auch die besseren Akkumulationsmöglichkeiten aufgrund höherer individueller Einkommen bei den höheren Bildungsniveaus aus.[39]

3.8 Die Verteilung der individuellen Nettovermögen nach beruflicher Stellung

Der oben dargestellte Zusammenhang zwischen beruflichem Bildungsniveau und aktueller Vermögenssituation wird im Folgenden um den Aspekt der aktuellen beruflichen Stellung erweitert. Neben Erbschaften und Schenkungen stellt die

---

37 Offensichtlich sind derartige Relationen stark von einem statistischen Basiseffekt geprägt, da das Medianvermögen bei Personen ohne Abschluss sehr niedrig liegt.

38 Bei derartigen Vergleichen darf aber nicht unterstellt werden, dass es sich hier in beiden Jahren um die identische Population handelt. Vielmehr fallen in jeder Gruppe im fünfjährigen Untersuchungszeitraum Personen aus der jeweiligen Teilpopulation heraus bzw. kommen neu hinzu. Zwar wäre auf Basis der Längsschnittdaten des SOEP auch die Analyse eines balanciertes Panels derselben Personen durchführbar, dies würde jedoch zusätzliche Selektivität bedeuten und entspräche nicht der an dieser Stelle intendierten zeitpunktspezifischen Repräsentativität der Untersuchungspopulation.

39 Bemerkenswert ist zudem die Veränderung bei jenen Personen, die jeweils keine Angabe zu ihrem Bildungsabschluss machen. Deren Vermögensniveau ist vergleichbar mit Personen ohne beruflichen Bildungsabschluss, weist aber den stärksten Vermögensverlust von 13.000 Euro (–22%) auf. Es kann an dieser Stelle jedoch nicht geklärt werden, inwieweit sich dieser Personenkreis zwischen den beiden Zeitpunkten verändert hat.

aktuelle bzw. frühere Erwerbstätigkeit eine wichtige Quelle für den Vermögensaufbau dar. Die Sparleistung wird dabei maßgeblich von der beruflichen Stellung und dementsprechend von dem erzielten Einkommen bestimmt. Je höher die berufliche Stellung ist bzw. war, desto höher ist auch das durchschnittliche individuelle Vermögen.

Während un- oder angelernte Arbeiter und Angestellte im Jahre 2007 nur über ein Vermögen von rund 34.000 Euro verfügen, macht dieses bei qualifiziertem Fachpersonal (zum Beispiel Vorarbeiter, Meister) mehr als 80.000 Euro aus (Tab. 3-22). Angestellte mit umfassenden Führungsaufgaben erreichen ein durchschnittliches individuelles Nettovermögen in Höhe von mehr als 300.000 Euro.

Aus Analysen zum Nettovermögen auf Basis der EVS ist bekannt, dass Haushalte, deren Vorstand Beamter ist, über überdurchschnittliche Nettovermögen verfügen (vgl. für das Jahr 1998 Stein 2004: 232). Dieses Ergebnis kann auf Basis individueller Vermögensangaben aus dem SOEP bestätigt werden. Die Gruppe der Beamten wurde hier aber zusätzlich nach Dienstlaufbahn differenziert. Dabei zeigt sich, dass Beamte im einfachen oder mittleren Dienst über ein Nettovermögen von gut 63.000 Euro verfügen und damit über mehr als Facharbeiter und einfache Angestellte. Beamte des gehobenen oder höheren Dienstes hingegen erreichen im Durchschnitt ein individuelles Nettovermögen von mehr als 140.000 Euro und damit gut 60.000 Euro mehr als Angestellte mit qualifizierter Tätigkeit, Vorarbeiter oder Meister.

Erwartungsgemäß fällt das Vermögen von Selbstständigen am höchsten aus. Zum einen betreiben Selbstständige stärker private Altersvorsorge in Form von privaten Versicherungen, zum anderen ist dies dem Betriebsvermögen selbst geschuldet. Je größer ein Betrieb – hier gemessen an der Anzahl der Mitarbeiter –, desto höher ist das individuelle Vermögen von Selbstständigen. So liegt dieses bei Selbstständigen ohne Mitarbeiter im Jahr 2007 bei etwas mehr als 175.000 Euro und steigt auf mehr als 1,1 Mio. Euro für Selbstständige mit mehr als zehn Mitarbeitern.

Arbeitslose haben erwartungsgemäß ein weit unterdurchschnittliches Vermögen in Höhe von knapp 17.000 Euro. Für die Gruppe der Rentner ergibt sich lebenszyklusbedingt ein überdurchschnittliches Vermögen mit 108.000 Euro, da diese im Vergleich zu derzeit Erwerbstätigen bereits über einen langen Zeitraum Vermögen akkumulieren konnten und gegebenenfalls ihr Wohneigentum bereits vollständig entschuldet haben. Die günstigere Vermögensposition der Beamten schreibt sich auch in der Ruhephase fort. Aufgrund der durchgehenden Erwerbskarriere sowie der Befreiung von Abgaben für die Arbeitslosen- und Rentenversicherung haben Pensionäre auch im Vergleich mit abhängig Beschäftigten bessere Möglichkeiten für einen kontinuierlichen Vermögensaufbau. Das durchschnittliche Nettogesamtvermögen von Pensionären liegt entsprechend weit über dem Durchschnitt bei knapp 200.000 Euro. Die vorteilhafte Position von Beamten und Pensionären spiegelt sich auch in dem Anteil der Personen ohne Vermögen bzw. der Verschuldeten wider. Hier weisen Beamten bzw. Pensionäre nach den Angestellten mit umfassenden Führungsaufgaben die geringsten Anteile auf. Erwartungsgemäß ist unter den (Langzeit-)Arbeitslosen der Anteil der Vermögenslosen und Verschuldeten mit 63% am höchsten.

Tab. 3-22: Individuelles Nettovermögen nach beruflicher Stellung 2002 und 2007

Personen in Privathaushalten im Alter ab 17 Jahren

	2002			2007		
	Mittelwert (in €)	Anteil: negatives oder kein Vermögen (in %)	Bevölkerungsanteil (in %)	Mittelwert (in €)	Anteil: negatives oder kein Vermögen (in %)	Bevölkerungsanteil (in %)
In Ausbildung, Praktikant, Wehr-, Zivildienst	4.838	60,9	8,1	9.874	46,5	7,8
Un-, angelernte Arbeiter, Angestellte ohne Ausbildungsabschluss	35.929	39,6	10,6	34.367	39,2	9,7
Gelernte und Facharbeiter, Angestellte mit einfacher Tätigkeit	43.774	27,4	9,8	45.950	29,7	10,8
Vorarbeiter, Meister, Polier, Angestellte mit qualifizierter Tätigkeit	75.777	15,0	20,3	81.746	14,2	20,4
Angestellte mit umfassenden Führungsaufgaben	300.315	4,4	1,0	308.367	4,4	0,7
Beamte, einfacher oder mittlerer Dienst	66.225	19,9	1,3	63.364	11,6	1,3
Beamte, gehobener oder höherer Dienst	138.312	7,0	2,6	140.339	9,3	3,0
Selbständige ohne Mitarbeiter[a]	159.721	21,0	2,9	174.618	17,7	3,6
Selbständige mit 1–9 Mitarbeitern	292.644	8,4	2,1	345.571	11,0	2,0
Selbständige mit 10 oder mehr Mitarbeitern	1.088.027	8,5	0,3	1.109.367	14,3	0,5
Nicht erwerbstätig	79.845	34,6	8,0	86.536	34,7	6,2
Arbeitslos	30.247	51,1	6,1	16.702	63,2	6,6
Rentner	92.213	24,4	24,9	108.129	21,9	24,3
Pensionäre	174.247	8,1	1,4	195.857	12,3	1,6
Nachrichtlich:						
Keine Angabe	143.418	22,6	0,7	69.668	29,0	1,8
Insgesamt	*80.055*	*27,9*	*100,0*	*88.034*	*27,0*	*100,0*

a – Inklusive mithelfende Familienangehörige.

Quelle: SOEP 2002, 2007, inkl. 0,1%-Top-Coding

Die größten Zuwächse beim Nettovermögen gegenüber 2002 verzeichnet die Gruppe der Selbstständigen. Bei Kleinbetrieben mit bis zu neun Mitarbeitern liegt dieser Zuwachs bei knapp 60.000 Euro, gefolgt von der Gruppe der Pensionäre, die um knapp 22.000 Euro zulegen konnten. Für die abhängig Beschäftigten lassen sich insgesamt nur leichte Änderungen des durchschnittlichen Vermögensbestandes beobachten. Bemerkenswert ist jedoch, dass das Nettovermögen von Arbeitern und Angestellten sowie von Beamten mit geringer Qualifikation gegenüber 2002 leicht gesunken ist, während für qualifizierte Beschäftigte zumindest leichte Vermögenszuwächse vorliegen. Bei den Arbeitslosen zeigen sich nennenswerte Vermögensverluste. Deren bereits im Ausgangsjahr weit unterdurchschnittliche Vermögensposition hat sich innerhalb von nur fünf Jahren auf nur noch knapp 17.000 Euro nahezu halbiert. Aufgrund der recht großen Volatilität von Arbeitslosigkeit ist bei der Interpretation dieser Zahlen besonders darauf zu achten, dass die rein querschnittliche Betrachtung nicht bedeutet, dass es sich hier um dieselben Personen in beiden Beobachtungsjahren handelt. Es kann davon ausgegangen werden, dass der Neuzugang an Arbeitslosen eine negative Selektion im Hinblick auf das Vermögen darstellt. Andererseits ist dies auch das Ergebnis des neu eingeführten Arbeitslosengeldes II, nach dem nur Personen anspruchsberechtigt sind, die zuvor eventuell vorhandenes Vermögen aufgezehrt bzw. verwertet haben.[40]

3.9 Die Verteilung der individuellen Nettovermögen nach Migrationshintergrund

Personen mit Migrationshintergrund,[41] im Folgenden auch synonym als Migranten bezeichnet, weisen im Vergleich zur autochthonen Bevölkerung ein weit unterdurchschnittliches Vermögen auf (Tab. 3-23).[42] In beiden Untersuchungs-

---

40 Nach §12 SGB 2 muss vor Bezug von Arbeitslosengeld II Vermögen verwertet werden, wenn es ein gewisses Schonvermögen übersteigt. Dabei werden abhängig vom Alter je nach Anlageform unterschiedliche Freibeträge gewährt. Für Altersvorsorgevermögen liegen diese Freibeträge bei 250 Euro pro Lebensjahr (maximal 16.250 Euro) und für frei verfügbares Vermögen (z.B. Geldanlagen) bei 150 Euro pro Lebensjahr (maximal 9.750 Euro). Selbst genutztes Wohneigentum wird vollständig freigestellt, wenn dieses eine angemessene Größe in Abhängigkeit von der Haushaltsgröße nicht übersteigt.

41 Diese Kategorie umfasst in der hier gewählten Abgrenzung Personen, die entweder keine deutsche Staatsangehörigkeit besitzen oder im Ausland geboren wurden und nach 1949 erstmals in die Bundesrepublik Deutschland immigrierten.

42 Der in der Tabelle 3-23 zu beobachtende Trend eines leicht abnehmenden Anteils der Population von Migranten im Zeitraum 2002 bis 2007 ist unter Umständen auch surveymethodisch beeinflusst. Aufgrund des Längsschnittdesigns der SOEP-Daten können neue Migranten nur beobachtet werden, wenn diese in bereits befragte SOEP-Haushalte

zeiträumen verfügen Migranten über jeweils weniger als die Hälfte des durchschnittlichen Vermögens. Noch ausgeprägter ist der Unterschied auf Basis des Median. Dieser Wert liegt für Personen mit Migrationshintergrund im Jahre 2002 bei Null; für die autochthone Bevölkerung werden knapp 20.000 Euro gemessen. Das bedeutet, dass mehr als die Hälfte (53%) der Personen mit Migrationshintergrund über kein Vermögen verfügen oder verschuldet sind.[43] Dieser Anteil ist mehr als doppelt so hoch wie in der autochthonen Bevölkerung (25%). Folgerichtig ist auch die Vermögensungleichheit innerhalb der Gruppe der Personen mit Migrationshintergrund erheblich stärker ausgeprägt. So erreicht der Gini-Koeffizient in 2002 und 2007 aufgrund der oben dargestellten extremen Verteilung mit entsprechend vielen negativen Werten und vermögenslosen Personen außergewöhnlich hohe Werte von über 0,9.

Tab. 3-23: Individuelles Nettovermögen nach Migrationshintergrund 2002 und 2007

Basis: Personen in Privathaushalten im Alter ab 17 Jahren; Migrationsstatus: keine deutsche Staatsangehörigkeit oder nicht in Deutschland geboren

	2002			2007		
	Migrationshintergrund		Insge-	Migrationshintergrund		*Insge-*
Verteilungskennwerte	ohne	mit	samt	ohne	mit	*samt*
Mittelwert	86.434	35.452	80.055	94.047	39.578	*88.034*
Median	19.937	0	15.000	19.831	190	*15.288*
Anteil: negatives oder kein Vermögen (in %)	24,9	52,5	27,9	24,5	48,9	*27,0*
Gini	0,758	0,938	0,777	0,786	0,910	*0,799*
HSCV	4,469	9,143	4,805	6,388	7,621	*6,777*
Bevölkerungsanteil (in %)	87,4	12,6	100,0	89,0	11,0	*100,0*

Quelle: SOEP 2002, 2007, inkl. 0,1%-Top-Coding

Vergleicht man das durchschnittliche individuelle Nettovermögen zwischen 2002 und 2007, so fallen die Zuwächse bei den Personen mit Migrationshintergrund deutlich geringer aus. Während die autochthone Bevölkerung ihr Vermögen um gut 8.000 Euro aufstocken konnte, fiel diese Veränderung bei den Personen mit Migrationshintergrund mit rund 4.000 Euro nur halb so hoch aus. Entsprechend

einziehen. Haushaltsgründungen von „neuen“ Migranten können nur über weitere Substichproben des SOEP erfasst werden. Im Zeitraum 2002 bis 2007 gab es im SOEP jedoch nur eine derartige neue Substichprobe.

43 Es kann nicht ausgeschlossen werden, dass mit der SOEP-Erhebung Vermögensbestände im Ausland nur unzureichend repräsentiert werden.

verharrt die relative Vermögensposition der Personen mit Migrationshintergrund – gemessen am Mittelwert der Gesamtbevölkerung – 2007 bei 45%.

In Verbindung mit dem ungewöhnlich hohen Ausmaß an Ungleichheit der individuellen Nettovermögen bei den Personen mit Migrationshintergrund muss auch auf die geringere Diversifizierung der Vermögensanlagen hingewiesen werden, mit anderen Worten, Migranten halten im Durchschnitt weniger Vermögenskomponenten (Tab. 3-24). Dies trifft auf alle hier ausgewiesenen Vermögensarten zu, wenngleich dies beim Geldvermögen und beim Betriebsvermögen besonders ausgeprägt ist. Autochthone Personen halten beide Vermögensarten rund doppelt so häufig wie Migranten. Auch beim quantitativ bedeutsamen, selbst genutzten Immobilienbesitz sind die Eigentümerquoten unter Autochthonen mit 38% deutlich höher als bei den Personen mit Migrationshintergrund, die 2007 bei lediglich 23% lag.

Nicht nur werden die verschiedenen Anlageformen seltener von Migranten gehalten, auch der Wert der Vermögenskomponenten ist unterdurchschnittlich; eine Ausnahme bilden hier Wertsachen. Bei Eigentümern einer selbst genutzten Immobilie liegt beispielsweise der durchschnittliche Wert dieser Anlage 2007 bei den Autochthonen bei 145.000 Euro, bei Migranten nur knapp 123.000 Euro.

Obwohl Migranten etwas seltener Verbindlichkeiten aufweisen und deren Wert auch eher unterdurchschnittlich ist, ist deren relative Bedeutung am Nettogesamtvermögen jedoch nennenswert. So erreichen die Schulden der Migranten knapp ein Drittel ihres gesamten Vermögens. Dies resultiert daraus, dass Migranten zwar nur über ein halb so hohes Nettovermögen wie die Autochthonen verfügen, die ausstehenden Konsumentenkredite aber vergleichbar hoch sind.

Ein Vergleich der individuellen Nettovermögen nach Migrationsstatus und Alter bekräftigt den Vermögensnachteil von Personen mit Migrationshintergrund (Tab. 3-25). Für Autochthone wie Migranten zeigt sich zunächst das bekannte Muster mit sehr geringen Vermögen in der Gruppe junger Menschen (16 bis 25 Jahre). Hier beträgt die absolute Differenz zwischen Personen mit und ohne Migrationshintergrund im Mittelwert aber bereits etwas mehr als 6.000 Euro. Die größte Differenz ergibt sich für diejenigen im Alter von 46 bis 65 Jahren mit knapp 90.000 Euro. Im höheren Lebensalter reduziert sich aber der Abstand zu den Autochthonen. Bei den Personen im Rentenalter beträgt die absolute Differenz nur noch knapp 40.000 Euro. Erklärungen dafür könnten in einem unterschiedlichen Verhalten in Bezug auf Vorabübertragungen auf nachgelagerte Generationen liegen, in selektiven Remigrationsmustern, wonach ökonomisch besonders erfolgreiche Migranten nach Erreichen des Rentenalters eher in Deutschland verbleiben oder letztlich in unterschiedlich sozial-struktureller Mortalität. Zudem ist in der höchsten Altersklasse der Anteil der Hochaltrigen (über 80 Jahre) unter Migranten sehr gering.

Tab. 3-24: Vermögensportfolio nach Migrationshintergrund 2002

	2002 Migrationshintergrund ohne	2002 Migrationshintergrund mit	2002 Insgesamt	2007 Migrationshintergrund ohne	2007 Migrationshintergrund mit	2007 Insgesamt
	Anteil der jeweiligen Eigentümer an der Bevölkerung[a]					
Selbstgenutzter Immobilienbesitz	38,3	20,0	36,4	37,5	23,3	36,3
Sonstiger Immobilienbesitz	10,6	6,7	10,2	10,9	5,2	10,4
Geldvermögen	48,4	24,2	45,5	51,6	26,9	48,9
Private Versicherungen	49,8	29,0	47,2	54,7	38,6	52,9
darunter: Bausparverträge[b]				42,6	28,1	29,3
Betriebsvermögen	4,6	2,6	4,2	4,8	2,1	4,4
Wertsachen[c]	10,1	6,1	9,6	6,4	3,7	6,1
Schulden[d]	27,8	23,2	27,3	30,5	29,6	30,4
Nettogesamtvermögen	100,0	100,0	100,0	100,0	100,0	100,0
	Portfoliostruktur in Prozent des Nettovermögens					
Selbstgenutzter Immobilienbesitz	62,8	70,2	63,2	58,6	72,9	59,3
Sonstiger Immobilienbesitz	22,0	28,4	22,4	22,4	15,7	22,1
Geldvermögen	12,3	11,5	12,3	14,3	13,9	14,3
Private Versicherungen	11,0	12,9	11,1	13,2	17,0	13,4
darunter: Bausparverträge[b]				10,1	12,9	10,2
Betriebsvermögen	9,9	7,4	9,7	11,1	7,3	10,9
Wertsachen[c]	1,7	2,1	1,8	1,1	4,5	1,3
Schulden[d]	–19,8	–32,5	–20,5	–20,7	–31,3	–21,2
Insgesamt in Prozent	*100,0*	*100,0*	*100,0*	*100,0*	*100,0*	*100,0*
Insgesamt in Euro	*86.434*	*35.452*	*80.055*	*94.047*	*39.578*	*88.034*
	Durchschnittliche Höhe der jeweiligen Vermögensart[e] in Euro					
Selbstgenutzter Immobilienbesitz	140.504	122.233	139.220	145.358	122.827	143.754
Sonstiger Immobilienbesitz	178.271	148.541	175.798	191.671	119.970	187.786
Geldvermögen	21.883	16.852	21.546	26.002	20.497	25.654
Private Versicherungen	19.033	15.603	18.874	22.577	17.415	22.328
darunter: Bausparverträge[b]				10.279	7.451	10.048
Betriebsvermögen	185.185	99.814	184.959	214.159	131.198	218.823
Wertsachen[c]	14.798	12.394	14.612	16.274	47.363	18.356
Schulden[d]	–56.246	–47.534	–55.326	–58.296	–39.955	–56.415
Nachrichtlich: Bevölkerungsanteil	87,4	12,6	100,0	89,0	11,0	100,0

Legende zu Tabelle 3-24:

a – Personen in Privathaushalten im Alter ab 17 Jahren; *b* – nur 2007 separat erhoben; *c* – Wertsachen in Form von wertvollen Sammlungen, Gold, Schmuck oder Kunstgegenständen; *d* – Schulden aus Hypotheken und Konsumentenkrediten; *e* – nur diejenigen im Besitz der jeweiligen Vermögensart.

Quelle: SOEP 2002, inkl. 0,1%-Top-Coding

Vergleicht man die Befunde zur relativen Vermögensposition mit jenen zur relativen Einkommensposition auf Basis verfügbarer bedarfsgewichteter Vorjahreseinkommen (Tab. 3-25), so fallen die Unterschiede zwischen den beiden Bevölkerungsgruppen weitaus geringer aus. Während die Vermögen von Personen mit Migrationshintergrund weniger als halb so groß sind wie bei der Gesamtbevölkerung, liegen die verfügbaren Einkommen nur rund 20% unter dem Bevölkerungsdurchschnitt – dieser Unterschied zwischen Vermögen und Einkommen könnte unter anderem darauf zurückzuführen sein, dass viele Migranten im Gegensatz zur über Generationen ansässigen Bevölkerung erst nach der Immigration mit der Vermögensakkumulation begonnen haben und insbesondere kaum Erbschaften in Deutschland erhalten.[44]

Tab. 3-25: Vermögen nach Alter und Migrationshintergrund, Deutschland 2007

Basis: Personen in Privathaushalten im Alter ab 17 Jahren

	16-25	26-35	36-45	46-55	56-65	66-75	75+	*Total*
	Nettovermögen (Mittelwert in Euro)							
ohne Migrationshintergrund	76.35	32.627	86.780	126.712	154.003	124.629	125.390	*94.047*
mit Migrationshintergrund	13.71	14.657	39.939	36.779	65.013	84.749	87.064	*39.578*
Deutschland insgesamt	*69.41*	*29.945*	*81.699*	*115.753*	*144.225*	*121.619*	*123.088*	*88.034*
	relative Vermögensposition							
ohne Migrationshintergrund	9	37	99	144	175	142	142	*107*
mit Migrationshintergrund	2	17	45	42	74	96	99	*45*
Deutschland insgesamt	*8*	*34*	*93*	*131*	*164*	*138*	*140*	*100*
	relative Einkommensposition							
ohne Migrationshintergrund	87	95	105	117	114	93	89	*102*
mit Migrationshintergrund	63	74	74	94	86	88	69	*79*
Deutschland insgesamt	*85*	*93*	*102*	*115*	*111*	*93*	*89*	*100*

Quelle: SOEP 2007, inkl. 0,1%-Top-Coding

44 Zudem kann nicht ausgeschlossen werden, dass mit der SOEP-Erhebung Vermögensbestände im Ausland nur unzureichend erfasst werden.

3.10 *Vermögensmobilität: Auf- und Abstiege in der Vermögenshierarchie von 2002 bis 2007*

Die bisher dargestellten zeitpunktbezogenen Ergebnisse zur Vermögensverteilung 2002 und 2007 erlauben zwar Vergleiche für Gruppen im Zeitverlauf, machen aber nicht deutlich ob und wie stark die Höhe und Zusammensetzung des individuellen Vermögens variiert. Für Deutschland erlauben nur die Daten des SOEP eine derartige Längsschnittanalyse über fünf Jahre hinweg.[45] Tabelle 3-26 gibt an, wie viele Personen ihre individuelle Vermögensposition zwischen 2002 und 2007 beibehalten bzw. verändert haben. Wie auch bei Analysen zur Einkommensmobilität (vgl. Tab. 3-28; Grabka/Frick 2008) sind die Ränder der Vermögensverteilung deutlich stabiler: Mehr als 30% der Personen aus dem ersten Dezil befinden sich auch fünf Jahre später noch in diesem Vermögenssegment; in den mittleren Vermögensdezilen ist dies nur bei knapp einem Viertel der Fall. Am oberen Ende der Vermögensverteilung nimmt die Verharrungstendenz hingegen erwartungsgemäß wieder deutlich zu und erreicht im obersten Dezil mit 64% den mit Abstand höchsten Wert.

Die mittlere Veränderung des individuellen Vermögens von 2002 bis 2007 beträgt für die Gesamtbevölkerung, gemessen am Median, nur knapp 400 Euro. Gemessen am arithmetischen Mittel sind dies jedoch rund 10.000 Euro. Dieser Wert fällt aber über die Vermögensverteilung hinweg unterschiedlich aus: Während in den mittleren Vermögensgruppen das Vermögen um rund 1.000 bis 3.000 Euro steigt, sinkt es in den beiden oberen Vermögensdezilen um 8.000 bzw. rund 70.000 Euro. Zu diesem im Vergleich zu den oben dargestellten Querschnittsbefunden überraschenden Ergebnis weiter steigender Vermögen auch am oberen Rand der Verteilung tragen mehrere Effekte bei: Zum einen ist die Wahrscheinlichkeit für sehr hohe Verluste bei den Höchstvermögenden größer als bei mittleren Vermögensbesitzern, zweitens werden hier bei Fokussierung auf die Vermögensposition 2002 aufgrund von Vermögensgewinnen neu hinzugekommene „Reiche" nicht berücksichtigt und drittens wirken sich auch Vermögensumschichtungen durch Schenkungen und Vorabübertragungen, insbesondere von Immobilien, für ein gegebenes Individuum vermögenssenkend aus, wenngleich in diesem Fall das Vermögen als solches ja „in der Familie" bleibt.

Die größten Vermögenszuwächse erzielen die Personen aus dem ersten Dezil des Ausgangsjahres. Hier macht die Veränderung mehr als 4.000 Euro aus.

---

45 Derartige Mobilitätsanalysen basieren auf einem balancierten Panel, in dem nur befragte Personen mit ununterbrochener Teilnahme im Untersuchungszeitraum berücksichtigt werden. Der dabei auftretenden, häufig selektiven Panelmortalität wird durch die Verwendung von Längsschnittgewichtungsfaktoren begegnet, die im Rahmen detaillierter Ausfallanalysen generiert werden und sowohl inhaltliche wie auch surveymethodische Effekte kontrollieren.

Diese Gruppe setzt sich aus Personen zusammen, die überdurchschnittlich häufig Schulden aus Konsumentenkrediten haben, die aber im Rahmen des laufenden Entschuldungsprozesses ihre Verschuldung kontinuierlich reduzieren und dementsprechend ihr Nettovermögen erhöhen konnten.

In einer alternativen Analyse wurde die Vermögensmobilität anhand von Pro-Kopf-Vermögen ermittelt (Tab. 3-27). Danach sinkt das Beharrungsvermögen vor allem in der oberen Hälfte der Vermögensverteilung, was der impliziten haushaltsinternen Umverteilung von vermögensstarken zu vermögensschwachen Personen geschuldet ist. Entsprechend nimmt auch die Vermögensveränderung in den jeweiligen Dezilen gemessen am Median leicht ab. Eine besonders starke Zunahme der Immobilität lässt sich für das zweite Vermögensdezil beobachten. Dies sind Haushalte mit einem Vermögen von Null, bei denen in beiden Jahren keine Vermögensbestände vorliegen.

Tab. 3-26: Individuelle Vermögensmobilität[a] 2002 bis 2007

Basis: Balanciertes Panel von Personen in Privathaushalten im Alter ab 17 Jahren

		Vermögensposition in 2007											Median der Veränderung 2002/2007	Mittelwert der Veränderung 2002/2007
	Dezile	1.	2.	3.	4.	5.	6.	7.	8.	9.	10.	*Total*		
Vermögensposition in 2002	1.	32	16	16	12	9	8	4	3	1	1	*100*	4.346	19.672
	2.	15	24	23	14	10	7	3	2	1	1	*100*	0	11.859
	3.	16	19	20	19	11	7	4	2	1	1	*100*	200	10.856
	4.	13	10	11	22	20	11	8	3	2	1	*100*	1.346	12.934
	5.	8	9	8	11	26	21	10	4	2	2	*100*	1.650	15.986
	6.	5	4	4	8	12	27	22	9	5	4	*100*	3.182	25.789
	7.	3	3	2	3	6	13	31	26	9	4	*100*	2.976	20.796
	8.	2	2	2	2	3	5	17	32	27	8	*100*	3.000	15.610
	9.	1	1	1	1	2	3	7	20	43	20	*100*	–8.016	6.657
	10.	2	2	1	1	1	2	3	7	18	64	*100*	–67.617	–42.542
	Total	*10*	*10*	*10*	*11*	*9*	*10*	*10*	*10*	*10*	*10*	*100*	393	9.724

Lesehilfe: Der Wert 64 im Feld rechts unten gibt an, dass von jenen Personen, die sich 2002 im obersten Dezil befanden, 64% auch 2007 dem obersten Dezil angehören.

a – Bezogen auf das individuelle Nettogesamtvermögen.

Quelle: SOEP 2002, 2007, inkl. 0,1%-Top-Coding.

Ein Vergleich der Vermögensmobilität mit der Einkommensmobilität (Tab. 3-28) belegt, dass das Beharrungsvermögen am oberen Rand der Vermögensverteilung etwas ausgeprägter ist als bei den verfügbaren Einkommen. Bei letzterem verbleiben 58% der Personen in Haushalten des obersten Dezils auch nach fünf Jahren noch in diesem Einkommenssegment. Bei den Pro-Kopf-Nettohaushaltsvermögen waren dies immerhin 61%. Andererseits ist die Mobilität bei den Vermögen am unteren Rand etwas größer als bei den Einkommen. Während 32% der Personen in Haushalten des untersten Vermögensdezils in dieser Lage verbleiben, so trifft dies immerhin für 39% im untersten Einkommensdezil zu. D.h. die Chancen aus einer prekären Einkommenslage heraus zu kommen, sind im gleichen Beobachtungsraum etwas geringer als im Falle einer prekären Vermögenslage. Dieser Befund rührt daher, dass Personen mit einem negativen Nettovermögen vermehrt Verbindlichkeiten aus Konsumentenkrediten haben, die aber durch Tilgungsleistungen kontinuierlich ihre Vermögenslage verbessern und somit nicht dauerhaft in dieser Situation verbleiben. Währenddessen erzielen Personen, die 2002 in einer prekären Einkommenslage lebten, insbesondere im Falle von chronischer Erkrankung, bei Langzeitarbeitslosigkeit oder als Witwe oft dauerhaft niedrige Einkommen.

Tab. 3-27: Mobilität des Pro-Kopf-Haushaltsvermögens[a] 2002 bis 2007

Basis: Balanciertes Panel von Personen in Privathaushalten

		Vermögensposition in 2007											Median der Veränderung 2002/2007	Mittelwert der Veränderung 2002/2007
	Dezile	1.	2.	3.	4.	5.	6.	7.	8.	9.	10.	*Total*		
Vermögensposition in 2002	1.	32	20	19	11	8	4	2	1	1	1	*100*	3.207	14.122
	2.	13	41	22	9	7	2	3	1	1	1	*100*	0	8.448
	3.	13	15	23	20	14	5	5	2	1	1	*100*	1.435	10.119
	4.	9	11	15	27	17	12	4	3	2	2	*100*	1.458	11.949
	5.	4	7	7	15	27	18	11	4	5	2	*100*	1.621	14.752
	6.	4	5	5	7	17	25	19	11	6	3	*100*	2.120	15.424
	7.	4	3	3	4	7	18	24	24	11	3	*100*	3.177	9.504
	8.	1	1	2	3	4	8	19	30	25	6	*100*	2.351	11.382
	9.	1	1	1	3	2	5	9	19	35	24	*100*	–2.507	15.546
	10.	1	1	1	1	2	3	3	7	21	61	*100*	–46.135	–33.611
	Total	*10*	*10*	*10*	*10*	*10*	*10*	*10*	*10*	*10*	*10*	*100*	738	7.181

Lesehilfe: Der Wert 61 im Feld rechts unten gibt an, dass von jenen Personen, die sich 2002 im obersten Dezil befanden, 61% auch 2007 dem obersten Dezil angehören.

a – Bezogen auf das Pro-Kopf-Nettohaushaltsvermögen aller Haushaltsmitglieder einschließlich der Kinder.

Quelle: SOEP 2002, 2007, inkl. 0,1%-Top-Coding.

Tab. 3-28: Mobilität des verfügbaren Haushaltseinkommens[a] 2002 bis 2007

Basis: Balanciertes Panel von Personen in Privathaushalten

		Einkommensposition in 2007										
	Dezile	1.	2.	3.	4.	5.	6.	7.	8.	9.	10.	*Total*
Einkommensposition in 2002	1.	39	24	14	7	6	3	1	2	4	1	*100*
	2.	21	26	19	15	7	5	2	2	1	1	*100*
	3.	10	17	24	18	13	8	5	2	2	1	*100*
	4.	9	11	14	20	14	12	9	6	3	2	*100*
	5.	5	5	13	12	24	17	9	9	3	2	*100*
	6.	3	7	10	9	18	21	13	12	7	2	*100*
	7.	3	3	5	8	12	14	21	15	14	5	*100*
	8.	2	1	3	4	8	12	18	26	18	7	*100*
	9.	2	2	2	2	4	6	14	17	33	18	*100*
	10.	2	2	2	1	3	5	5	7	16	58	*100*
	Total	*10*	*10*	*10*	*10*	*10*	*10*	*10*	*10*	*10*	*10*	*100*

Lesehilfe: Der Wert 58 im Feld rechts unten gibt an, dass von jenen Personen, die sich 2002 im obersten Dezil befanden, 58% auch 2007 dem obersten Dezil angehören.

a – Bezogen auf das bedarfsgewichtete Haushaltsnettoeinkommen des Vorjahres (ohne den Mietwert selbstgenutzten Wohneigentums), Bedarfsgewichtung, modifizierte OECD-Skala.

Quelle: SOEP 2002, 2007

Wie bereits in der Querschnittsanalyse angedeutet ist die Betroffenheit von Arbeitslosigkeit nicht nur für die Einkommenssituation sondern auch für Vermögensniveau und -mobilität von großer Bedeutung. Die Längsschnittdaten des SOEP belegen diesen Zusammenhang eindrucksvoll für den Untersuchungszeitraum 2002 bis 2007 (Abb. 3-8). Während dauerhaft Erwerbstätige oder ökonomisch Inaktive (Rentner und insbesondere Pensionäre) ihren Nettovermögensbestand um rund 18.000 Euro auf über 123.000 Euro in 2007 steigern können, zeigen sich mit zunehmender Betroffenheit von Arbeitslosigkeit[46] nicht nur niedrigere Vermögensniveaus im Ausgangsjahr der Untersuchung sondern auch unterdurchschnittliche Zuwachsraten. Personen mit längerfristiger bzw. wiederholter Arbeitslosigkeit (über 40% ihrer potenziellen Erwerbszeit) verlieren im Durch-

46 Um die Dauer der Arbeitslosigkeit zu berücksichtigen, wird hier der Anteil der im Zeitraum 2002 bis 2007 in Arbeitslosigkeit verbrachten Monate an allen potenziellen Erwerbsmonaten berechnet. Als potenzielle Erwerbsmonate gelten Monate mit Erwerbstätigkeit (Vollzeit und Teilzeit inklusive Kurzarbeit) sowie mit Arbeitslosigkeit. Zeiten in (Aus-)Bildung, Rente, Mutterschutz, Wehr-/Zivildienst sowie Hausarbeit werden hier nicht berücksichtigt.

schnitt sogar über 4.000 Euro und somit über 10% ihrer ohnehin schon geringen Vermögen aus 2002.

Abb. 3-8: Nettovermögen und Betroffenheit von Arbeitslosigkeit[a] *2002 bis 2007*

Basis: Balanciertes Panel von Personen in Privathaushalten im Alter ab 17 Jahren

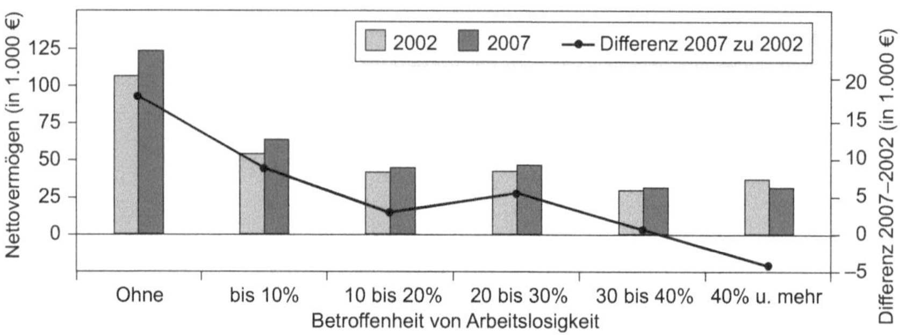

a – Monate gemeldeter Arbeitslosigkeit bezogen auf die Monate potenzieller Erwerbstätigkeit im Zeitraum 2002 bis 2007.

Quelle: SOEP 2002, 2007, inkl. einem 0,1%-Top-Coding

Dieses Ergebnis ist vor allem vor dem Hintergrund der Finanzmarktkrise seit etwa Mitte 2008 relevant, denn Personen, die durch die Wirtschaftskrise in Kurzarbeit oder sogar Arbeitslosigkeit abrutschen, müssen eventuelle Buchverluste beim Vermögen realisieren, um die Einkommensausfälle auszugleichen – damit sind natürlich auch dem weiteren Vermögensaufbau enge Grenzen gesetzt. Vermögensstarke Gruppen dürften zwar ebenfalls Buchverluste durch diese Krise erleiden, deren Möglichkeiten, die entstandenen Buchverluste aber bis zum Ende der Schwächeperiode auszusitzen, sind hingegen deutlich besser. Dies könnte darauf hinweisen, dass die längerfristigen realwirtschaftlichen Konsequenzen der Finanzkrise (insbesondere befördert über zunehmende Arbeitslosigkeit und niedrigere Lohneinkommen) für die weitere Entwicklung des privaten Vermögensaufbaus breiter Schichten in Deutschland gegebenenfalls stärker wirken als die kurzfristigen Effekte am Finanzmarkt.

4. Analysen zum Zusammenhang von Einkommen und Vermögen

Die Bestandsgröße *Vermögen* stellt neben der Stromgröße *Einkommen* eine weitere zentrale Komponente zur Messung und Analyse ökonomischer Wohlfahrt von Individuen dar.[1] In diesem Kapitel wird der Zusammenhang von Einkommen und Vermögen empirisch näher untersucht.

Die relevante Untersuchungspopulation ist – wie in Verteilungsanalysen üblich – die Bevölkerung in Privathaushalten. Es kommen verschiedene Einkommenskonzepte zum Einsatz: das aktuelle Haushaltsmonatseinkommen (auch „Income Screener") sowie Vorjahreshaushaltseinkommen vor und nach Umverteilung durch Steuern, Sozialversicherungen und staatliche Transfers (auch „Pre-Government Income" bzw. „Post-Government Income").

Zur adäquaten Berücksichtigung von Größenvorteilen des gemeinsamen Wirtschaftens von Personen in einem gemeinsamen Haushalt wird im Rahmen der hier vorgelegten Analysen eine Äquivalenzgewichtung von Einkommen gemäß der modifizierten OECD-Skala vorgenommen. Dieser international akzeptierte und auch von der Europäischen Kommission für die EU-weiten Vergleichsanalysen präferierte Standard normalisiert Haushalte verschiedener Größe und Alterskomposition im Bezug auf einen Ein-Personen-Haushalt. Dabei wird für den Haushaltsvorstand (Bezugsperson) ein Bedarfsgewicht von 1,0 unterstellt, Kinder bis zu einem Alter von 14 Jahren erhalten ein Gewicht von 0,3 und weitere Haushaltsmitglieder über 14 Jahren ein Gewicht von 0,5.

Im Gegensatz zur Einkommensverteilungsanalyse liegt zur Bedarfsgewichtung von Vermögen in der internationalen Literatur keine eindeutige Empfehlung vor. Typischerweise wird im Falle der Aggregation der Vermögen im Haushaltskontext eine Pro-Kopf-Gewichtung vorgenommen;[2] bei Betrachtung der Vermögen auf der Individualebene ist definitionsgemäß keine Gewichtung notwendig. Im Folgenden werden beide Konzepte verwendet: Im Rahmen der deskriptiven Analysen zum Zusammenhang von Einkommen und Vermögen (Kapitel 4.1 bis 4.3) wird für beide ökonomischen Größen eine Aggregation der Ressourcen aller Haushaltsmitglieder vorgenommen, was für das Einkommen eine Äquiva-

---

1 Siehe dazu z.B. die international vergleichende Analyse für die USA (PSID) und West-Deutschland (Datenbasis SOEP 1988) in Burkhauser et al. 1997 mit äquivalenzgewichteten Jahreseinkommen, permanenten Einkommen sowie Pro-Kopf-Haushaltsvermögen als alternativen Konzepten zur Wohlfahrtsmessung. Des Weiteren vgl. für Deutschland die Studien von Stein 2004: 281ff. oder Grabka et al. 2007.

2 Insofern wird also von einer haushaltsinternen Gleichverteilung ausgegangen, wie auch z.B. in Hauser/Stein 2001 sowie in Burkhauser et al. 1997.

lenzgewichtung mit der modifizierten OECD-Skala und für die Vermögen eine Pro-Kopf-Betrachtung bedeutet. Dadurch können in konsistenter Abgrenzung der Untersuchungspopulation auch Kinder (bis 16 Jahren) ohne eigene Ressourcen berücksichtigt werden, da diese auch am Einkommen bzw. Vermögen der erwachsenen Haushaltsmitglieder partizipieren. In den Längsschnittanalysen in Kapitel 4.4 wird hingegen der Zusammenhang von *individuellem* Einkommen und Vermögen analysiert, mithin erfolgt dort keine Umrechnung in (äquivalenzgewichtete) Pro-Kopf-Größen.

4.1 Der Zusammenhang zwischen verfügbaren Einkommen und Nettovermögen

Obgleich das verfügbare Einkommen deutlich weniger konzentriert ist als das Vermögen (vgl. hierzu Frick/Grabka 2008), besteht doch zwischen den Verteilungen dieser beiden ökonomischen Größen ein enger Zusammenhang. In Abbildung 4-1 sind jeweils für 2002 und 2007 das arithmetische Mittel und der Median des individuellen Nettogesamtvermögens nach Dezilen der bedarfsgewichteten verfügbaren Haushaltseinkommen dargestellt. In beiden Jahren zeigt sich deutlich der erwartet positive und statistisch signifikante Zusammenhang: Den einkommensstärksten 10% der Bevölkerung stehen im Jahr 2007 durchschnittlich knapp 320.000 Euro an individuellem Vermögen zur Verfügung, während der entsprechende Wert für die 10% Einkommensschwächsten nur etwas mehr als 30.000 Euro beträgt.

Während das durchschnittliche Vermögen der untersten 30% der Einkommensbezieher gegenüber 2002 sogar nominal leicht rückläufig ist, zeigen sich eher nur geringe Veränderungen im mittleren Einkommenssegment. Ab dem achten Einkommensdezil liegen deutliche Zuwächse beim Vermögen vor, die im obersten Zehntel der Einkommensschichtung auf rund 60.000 Euro gegenüber 2002 ansteigen. Dieser Befund bestätigt nochmals das Ergebnis einer von 2002 bis 2007 gestiegenen Vermögensungleichheit in Deutschland.

In einer alternativen Darstellung (Tab. 4-1) werden jeweils Dezile der bedarfsgewichteten Haushaltsnettoeinkommen und des Pro-Kopf-Nettohaushaltsvermögens in Beziehung gesetzt. Dieses Vorgehen erlaubt eine stärkere Differenzierung als in Abbildung 4-1, da hiermit auch die Verteilung der Vermögen innerhalb eines jeden Einkommensdezils ausgewiesen werden kann. So bestätigt sich zunächst, dass geringe verfügbare Einkommen für gewöhnlich auch mit einem weit unterdurchschnittlichen Nettovermögen einhergehen. Bezogen auf die Gesamtbevölkerung weisen nur 1,4% der Personen aus dem untersten Einkommensdezil eine über dem Median liegende Vermögensposition auf. Unter diesen finden sich aber immerhin 0,2%, die dem obersten Vermögensdezil zuzuordnen sind.

Abb. 4-1: Höhe des individuellen Vermögens nach Dezilen des verfügbaren Haushaltseinkommens[a]

Basis: Personen in Privathaushalten im Alter ab 17 Jahren

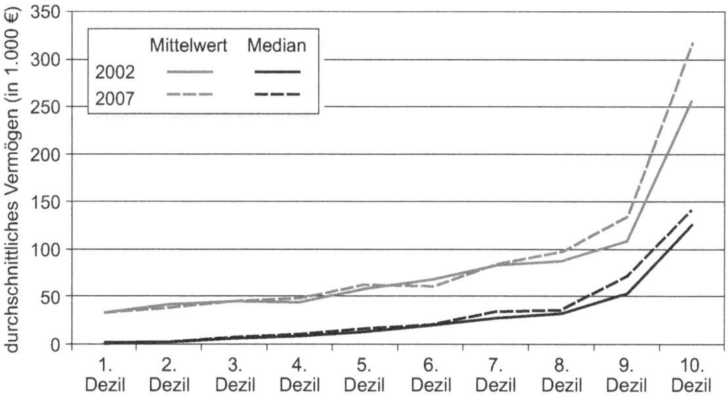

a – äquivalenzgewichtete Haushaltsnettoeinkommen des Vorjahres unter Verwendung der modifizierten OECD-Äquivalenzskala (exkl. Imputed Rent).

Quelle: SOEP 2002, 2007, inkl. 0,1%-Top-Coding

Tab. 4-1: Dezile des Pro-Kopf-Nettohaushaltsvermögens und des verfügbaren Haushaltseinkommens[a]

		Vermögensposition in 2007										
	Dezile	1.	2.	3.	4.	5.	6.	7.	8.	9.	10.	*Total*
Einkommensposition 2007	1.	1,4	4,0	1,8	0,8	0,6	0,4	0,2	0,2	0,3	0,2	*10,0*
	2.	1,7	2,0	1,7	1,3	0,7	0,7	0,5	0,5	0,5	0,4	*10,0*
	3.	1,5	1,4	2,0	1,3	1,0	0,8	0,6	0,6	0,5	0,3	*10,0*
	4.	1,3	0,9	1,4	1,2	1,1	1,2	1,0	0,7	0,8	0,3	*10,0*
	5.	1,3	0,7	0,9	1,2	1,2	1,2	1,3	1,0	0,8	0,4	*10,0*
	6.	0,8	0,4	0,7	1,4	1,5	1,4	1,2	1,1	1,0	0,6	*10,0*
	7.	0,6	0,3	0,7	1,0	1,2	1,4	1,5	1,5	1,1	0,8	*10,0*
	8.	0,7	0,2	0,5	1,1	1,3	1,2	1,3	1,3	1,5	0,9	*10,0*
	9.	0,4	0,1	0,4	0,5	0,8	1,0	1,4	1,4	1,9	2,1	*10,0*
	10.	0,3	0,0	0,0	0,2	0,6	0,8	0,8	1,6	1,6	3,9	*10,0*
	Total	*10,0*	*10,0*	*10,0*	*10,0*	*10,0*	*10,0*	*10,0*	*10,0*	*10,0*	*10,0*	*100,0*

a – äquivalenzgewichtete Haushaltsnettoeinkommen des Vorjahres unter Verwendung der modifizierten OECD-Äquivalenzskala (exkl. Imputed Rent).

Quelle: SOEP 2007, inkl. 0,1%-Top-Coding

Am oberen Ende der Einkommenshierarchie ist der Zusammenhang zwischen einer hohen Einkommens- und Vermögensposition am stärksten ausgeprägt. Personen des obersten Einkommensdezils gehören zu knapp 3,9% auch dem obersten Vermögensdezil an. Hier beeinflussen sich beide ökonomischen Größen positiv, da sowohl ein hohes Vermögen mittels Zinsen und Dividenden eine Quelle des Einkommens sein kann, als auch ein hohes Einkommen mittels Ersparnisbildung besonders gut geeignet ist, weiteres Vermögen zu bilden.

Insgesamt lässt diese Analyse erkennen, dass es zwar einen signifikant positiven Zusammenhang zwischen einer hohen Einkommens- und einer hohen Vermögensposition gibt, gleichwohl liegt aber auch eine hohe Variation vor, wonach auch Personen der oberen (unteren) Einkommensdezile über sehr geringe (hohe) Vermögen verfügen.

4.2 Zum Zusammenhang von Einkommens- und Vermögensarmut

Eine der zentralen Funktionen von Vermögen ist die Stabilisierung des Konsums bei Einkommensausfällen, dies gilt insbesondere beim Übergang vom Erwerbsleben in das Rentenalter. Daher ist aus sozialpolitischer Sicht der Zusammenhang von Einkommensarmut[3] und Vermögen von besonderer Relevanz, da bei eventueller Altersarmut diese Personen auf andere ökonomische Ressourcen wie das Vermögen zurückgreifen können. Hierbei muss jedoch berücksichtigt werden, dass verschiedene Anlageformen eine unterschiedliche Liquidität aufweisen, so dass bei einem Einkommensausfall nicht in jedem Fall Vermögen unmittelbar liquidisierbar ist.

Entgegen dem insbesondere auf europäischer Ebene entwickelten Standard zur Beschreibung von relativer Einkommensarmut,[4] liegt keine allgemein anerkannte Definition von Vermögensarmut vor. In Analogie zur Bestimmung von Einkommensarmut wird im Folgenden eine Person als *relativ* vermögensarm definiert, deren pro Kopf gewichtetes Nettohaushaltsvermögen weniger als 60% des Median der Gesamtbevölkerung beträgt.[5] Der Anteil der von relativer Ein-

3 Als relativ einkommensarm werden Personen definiert, deren bedarfsgewichtete Haushaltsnettoeinkommen niedriger als 60% des Median der Gesamtbevölkerung sind.

4 Vgl. Atkinson et al. 2002. Bei der Bestimmung der relativen Einkommensarmut wurde der Mietwert selbstgenutzten Eigentums nicht im zugrundeliegenden Einkommen berücksichtigt, um Doppelzählungen dieser Komponente als fiktives Einkommen und als Vermögen zu vermeiden.

5 Die relative Vermögensarmutsschwelle liegt 2007 bei rund 13.300 Euro pro Kopf und damit deutlich höher als bei Verwendung individueller Vermögensangaben (rund 9.170 Euro). In diesem Unterschied spiegelt sich der haushaltsinterne „Umverteilungsprozess" wider, wonach auch Individuen ohne eigenes Vermögen vom Vermögen anderer Haushaltsmitglieder profitieren.

kommensarmut betroffenen Erwachsenen liegt 2007 bei 15,4% (Abb. 4-2). Da Vermögen wesentlich ungleicher verteilt sind als Einkommen, fällt die Quote der von relativer Vermögensarmut Betroffenen mit 43% deutlich höher aus. Insgesamt 12% sind sowohl von relativer Einkommens- als auch von Vermögensarmut betroffen, während nur 3% der Gesamtbevölkerung zwar als einkommensarm gelten, aber gleichzeitig auf ein nennenswertes eigenes Vermögen oder auf Vermögen anderer Haushaltsmitglieder zurückgreifen können.

Abb. 4-2: Relative Einkommensarmut[a] und relative Vermögensarmut[b], Deutschland insgesamt 2007

Basis: Personen in Privathaushalten

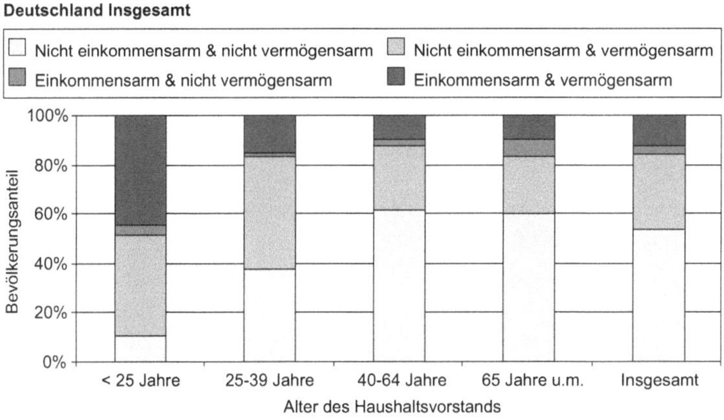

a – Armutsschwelle bei 60% des Median der bedarfsgewichteten Haushaltsnettoeinkommen der Gesamtbevölkerung, unter Verwendung der modifizierten OECD-Äquivalenzskala (exkl. Imputed Rent); *b* – Relative Vermögensarmut auf Basis von weniger als 60% des Median der pro Kopf gewichteten Nettohaushaltsvermögen der Gesamtbevölkerung.

Quelle: SOEP 2007

Mit zunehmendem Alter sinkt der Anteil derer, die sowohl einkommensarm als auch vermögensarm sind. Während in Haushalten mit einem jungen Vorstand (bis unter 25 Jahre) knapp 45% der Personen einkommens- und vermögensarm sind, sinkt dieser Anteil bei Personen mit Haushaltsvorständen im Alter von 65 und mehr Jahren auf nur noch 10%. Mit dem Alter steigt auch der Anteil derjenigen, die zwar einkommensarm sind, aber nicht unter Vermögensarmut leiden. Das heißt, von den Personen in Haushalten mit über 65-jährigem Vorstand kann knapp die Hälfte (42%) im Falle von Einkommensarmut (die insgesamt 17% der entsprechenden Altersgruppe betrifft) auf Vermögen innerhalb des Haushalts zurückgreifen und damit eventuelle Lücken bei der Alterssicherung verkleinern. Dabei muss aber davon ausgegangen werden, dass diese Sicherungsfunktion nur einmalig genutzt werden kann, da im höheren Alter eine neuerliche Vermögensakkumulation nur sehr selten stattfindet.

Vergleicht man den Anteil der Einkommens- und Vermögensarmen zwischen Ost- und Westdeutschland so zeigt sich zunächst das bekannte Bild, wonach der Anteil der Einkommensarmen in Ostdeutschland weitaus höher ist als in Westdeutschland (21,1% gegenüber 14,1%; vgl. Abb. 4-3 und 4-4). Aber auch der Anteil der Vermögensarmen ist in Ostdeutschland mit 54% deutlich höher als in Westdeutschland mit 41%. Differenziert nach dem Alter des Haushaltsvorstandes zeigt sich ein ähnliches Muster, wenngleich bei den Haushaltsvorständen im Rentenalter der Anteil derjenigen, die zwar einkommensarm aber nicht vermögensarm sind, in Ostdeutschland wesentlich geringer ausfällt. Von allen Einkommensarmen dieser Altersgruppe (16,5%) verfügt lediglich ein Viertel (also 4,3% der gesamten Altersgruppe) über nennenswerte Vermögen zur Schließung von Einkommenslücken; in Westdeutschland ist dies hingegen für annähernd doppelt so viele der Einkommensarmen innerhalb dieser Altersgruppe (7,8% der gesamten Altersgruppe) der Fall.

Abb. 4-3: Relative Einkommensarmut[a] und relative Vermögensarmut[b], Westdeutschland 2007

Basis: Personen in Privathaushalten

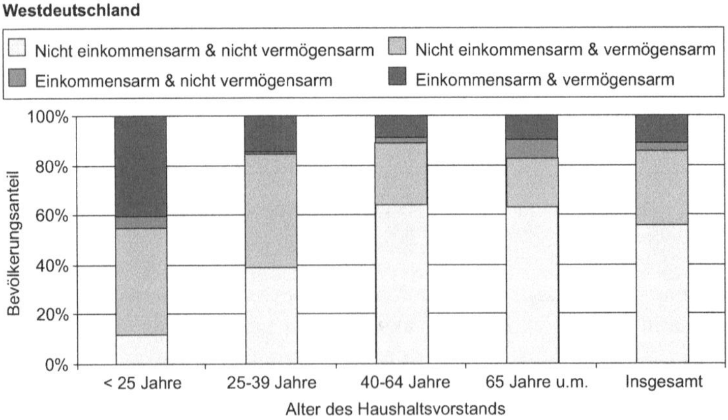

a – Armutsschwelle bei 60% des Median der bedarfsgewichteten Haushaltsnettoeinkommen der Gesamtbevölkerung, unter Verwendung der modifizierten OECD-Äquivalenzskala (exkl. Imputed Rent); *b* – Relative Vermögensarmut auf Basis von weniger als 60% des Median der pro Kopf gewichteten Nettohaushaltsvermögen der Gesamtbevölkerung.

Quelle: SOEP 2007

Abb. 4-4: Relative Einkommensarmut[a] und relative Vermögensarmut[b], Ostdeutschland 2007

Basis: Personen in Privathaushalten

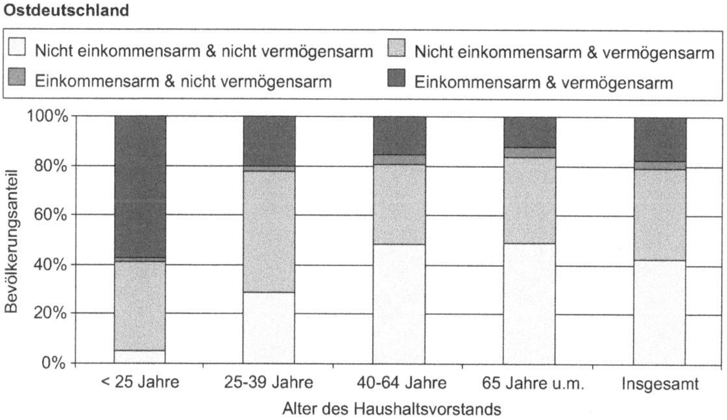

a – Armutsschwelle bei 60% des Median der bedarfsgewichteten Haushaltsnettoeinkommen der Gesamtbevölkerung, unter Verwendung der modifizierten OECD-Äquivalenzskala (exkl. Imputed Rent); *b* – Relative Vermögensarmut auf Basis von weniger als 60% des Median der pro Kopf gewichteten Nettohaushaltsvermögen der Gesamtbevölkerung

Quelle: SOEP 2007

Ein wesentlicher Kritikpunkt an der hier vorgenommen Darstellung des Zusammenhangs von Einkommens- und Vermögensarmut dürfte darin bestehen, dass nicht das gesamte hier gemessene Nettovermögen ohne weiteres liquidisierbar ist. Insbesondere Immobilienbesitz oder Betriebsvermögen dürfte im Falle eines unvorhergesehenen Einkommensausfalls nicht unmittelbar in Geld umgewandelt werden können, um Einkommensausfälle zu kompensieren.[6] Daher wird in einer alternativen Darstellung die Vermögensarmut nur auf die liquiden Vermögensbestände bezogen, dies sind das Geldvermögen, der Wert der privaten Versicherungen sowie Wertsachen aber abzüglich von Konsumentenkrediten.

Der Anteil der Einkommensarmen bleibt von dieser Annahme unbetroffen, dagegen sinkt der Anteil der Vermögensarmen nur marginal (Abb. 4-5). Obwohl die Armutsschwelle beim liquiden Pro-Kopf-Vermögen im Jahre 2007 nun bei

---

6 Die Möglichkeit der Kreditaufnahme im Rahmen der Beleihung der genannten Vermögenskomponenten wird hier nicht weiter betrachtet. Insbesondere ist die Sicherung von Konsumentenkrediten auf der Basis von Wohneigentum in Deutschland – im Gegensatz zu anderen Ländern wie in den Niederlanden – wenig verbreitet.

3.800 Euro liegt und damit nur noch ein Drittel der entsprechenden Grenze bei Verwendung des gesamten Nettovermögens erreicht, verändert sich der Anteil der Vermögensarmen nur um einen Prozentpunkt auf 42,3%. Dennoch zeigen sich strukturelle Veränderungen nach dem Alter des Haushaltsvorstandes. Insbesondere bei Haushalten mit einem Vorstand im Alter bis zu 25 Jahren nimmt der Anteil der Vermögensarmen deutlich ab. Dieser Personenkreis verfügt ohnehin nur über wenig, aber in der Regel eben über liquides Vermögen und erreicht nun eher die niedrigere Vermögensschwelle.

Sozialpolitisch relevant ist der Befund, dass die Gruppe der Einkommensarmen, die als nicht vermögensarm gelten und somit im Prinzip in der Lage wären, durch Vermögensauflösung selbst die prekäre Einkommenslage zu mildern, bei Verwendung des liquiden versus des gesamten Nettovermögens noch kleiner ausfällt. Insbesondere bei den älteren Einkommensarmen weist dies darauf hin, dass das „Vermögenspolster" überwiegend aus selbst genutztem Wohneigentum besteht und damit in geradezu klassischer Manier der Altersvorsorge dient. Insgesamt deutet dies darauf hin, dass in den meisten Fällen von Einkommensarmutsrisiko ausreichende Vermögen zur „Selbsthilfe" fehlen.

Abb. 4-5: Relative Einkommensarmut[a] *und relative Vermögensarmut*[b] *bei liquidem Vermögen in West-, Ost- und Deutschland insgesamt 2007*

Basis: Personen in Privathaushalten

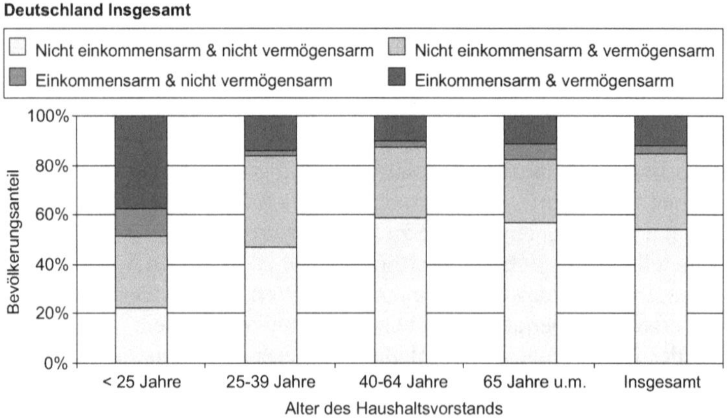

→

Abb. 4-5: (Fortsetzung)

Westdeutschland

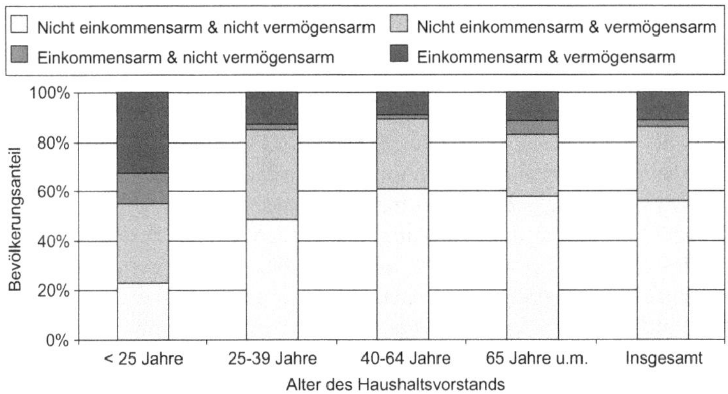

Ostdeutschland

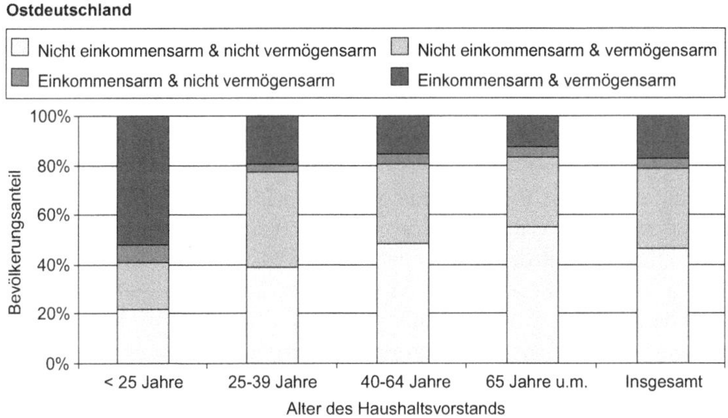

a – Armutsschwelle bei 60% des Median der bedarfsgewichteten Haushaltsnettoeinkommen der Gesamtbevölkerung, unter Verwendung der modifizierten OECD-Äquivalenzskala (exkl. Imputed Rent); *b* – Relative Vermögensarmut auf Basis von weniger als 60% des Median der pro Kopf gewichteten liquiden Vermögen (Geldvermögen, der Wert der privaten Versicherungen, Wertsachen aber abzüglich von Konsumentenkrediten) der Gesamtbevölkerung.

Quelle: SOEP 2007

4.3 Längsschnittperspektive: Vermögen und „permanentes“ Einkommen

In Ergänzung zur oben dargestellten, zeitpunktbezogenen Betrachtungsweise wird auf Basis der Längsschnittdaten des SOEP ein „permanentes Einkommen“ (als Mittelwert der Einkommen über einen längeren Zeitraum) approximiert und dessen Beitrag zum Vermögensaufbau untersucht. Grundlage ist auch hier das oben beschriebene generierte, äquivalenzgewichtete (Vor-)Jahreseinkommen, das von einer gegebenen Person im Zeitraum 1992 bis 2002 bezogen wurde. Um den Effekt unterschiedlich langer Aufbau- bzw. Ansparphasen beurteilen zu können, werden dazu Ergebnisse auf Basis unterschiedlich langer Perioden eines permanenten Einkommens herangezogen und dem des Vorjahreseinkommens aus dem Jahre 2002 gegenübergestellt. Zusätzlich wird hier zwischen bedarfsgewichteten Haushaltsnettoeinkommen („Post-Govt-Einkommen“) und Markteinkommen („Pre-Govt-Einkommen“) unterschieden, um Ansparmöglichkeiten aus eigenen, am Markt erzielten Einkommen aufzuzeigen.

Die relevante Untersuchungspopulation wird unabhängig von der Periodizität des Einkommensbegriffs konstant als „balanciertes Panel“ definiert, das heißt, es wird lediglich die Bevölkerung untersucht, die im SOEP über den kompletten Zeitraum 1992 bis 2002 kontinuierlich befragt werden konnte.

In Abbildung 4-6 wird der Zusammenhang zwischen dem Nettovermögen des Jahres 2002 und (permanenten) Einkommen in Form von Korrelationen dargestellt. Bei Verwendung des Querschnittseinkommens 2002 erreicht dieser Wert 0,42. Erwartungsgemäß nimmt dieser Zusammenhang aber für permanente Einkommen weiter zu, wobei gilt, dass mit jedem weiteren Einkommensjahr auch die Korrelation zwischen den permanenten Einkommen und dem Vermögen zunimmt. Die höchste Korrelation liegt damit für ein permanentes Einkommen der Jahre 1992 bis 2002 in Höhe von mehr als 0,51 vor. Dies kann dahingehend interpretiert werden, dass die verfügbaren Einkommen eine wesentliche Vorraussetzung für den Vermögensaufbau darstellen und dessen Höhe maßgeblich beeinflussen. Die entsprechenden Korrelationen für den Zusammenhang von Vermögen und Markteinkommen folgen zwar einem sehr ähnlichen Muster, fallen aber durchweg geringer aus. Dies liegt insbesondere daran, dass hier Ältere mit geringen Markteinkommen jedoch teils recht hohen Vermögen (z.B. bei entschuldetem Wohneigentum) den ansonsten stark positiven Zusammenhang abschwächen.

4.4 Multivariate Analysen zum Zusammenhang von Einkommen und Vermögen

Die bisher beschriebenen sozialstrukturellen Zusammenhänge zwischen Vermögen und Alter, Migrationshintergrund, Arbeitslosigkeit etc. legen eine multiva-

Abb. 4-6: Korrelation von „permanenten Einkommen“ und Vermögen, 1992 bis 2002

Basis: aufsteigende balancierte Längsschnitte der Jahre 1992–2002

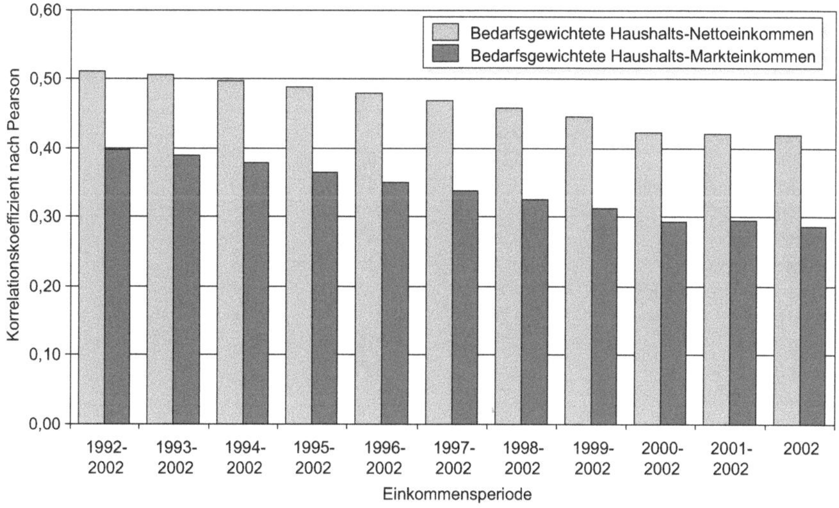

Quelle: SOEP 1992–2002

riate Analyse der Determinanten der Höhe und der Veränderung des individuellen Vermögens nahe. Hierbei wird auf die Einkommensposition der Personen bzw. Haushalte besonderes Augenmerk gelegt, da das laufende Einkommen eine der wichtigsten Quellen für den Vermögensaufbau darstellt. In einem ersten Schritt werden daher getrennte OLS-Schätzungen für die Jahre 2002 und 2007 durchgeführt, um auf Basis der zeitpunktbezogenen Querschnittsinformationen individuelle Charakteristika zu identifizieren, die mit dem individuellen Vermögen korrelieren (Tab. 4-2).[7]

7 Hierzu ist es notwendig, die abhängige Variable zu transformieren, um Ausreißer an den Enden der Vermögensverteilung in ihrer Bedeutung bei der Regressionsanalyse zu reduzieren. Darüber hinaus ist aufgrund negativer Werte des Nettovermögens im Falle der Überschuldung eine einfache Logarithmierung nicht anwendbar, da der natürliche Logarithmus für negative Werte und Null nicht definiert ist. Es wird daher eine aus der Finanzwissenschaft gebräuchliche Transformation, die hyperbolische Sinus-Transformation angewendet (Pence 2006).

Tab. 4-2: Korrelate des individuellen Nettovermögens

	2002	2007
Geschlecht (=Mann)	–0,4670**	–0,6484**
Ostdeutschland (1989)	–0,8805**	–0,9836**
Migrationshintergrund (=ja)	–2,6077**	–2,1679**
Kinder <4 Jahre im Haushalt	–0,3553**	–0,5639**
Ledig (RF)		
Geschieden	–1,5930**	–1,6782**
Verwitwet	0,6287**	0,0109
Verheiratet	1,5306**	1,0476**
Unverheiratet zusammenlebend	–0,1001	–0,6606**
Gesundheit: mittel (RF)		
Gesundheit: gut	0,3557**	0,7739**
Gesundheit: schlecht	–0,6372**	–0,5389**
Bildung: kein Abschluss (RF)		
Bildung (niedrig)	1,2496**	1,0211**
Bildung (mittel)	1,7769**	1,4532**
Bildung (hoch)	2,3749**	2,0839**
Altersjahre über 65	–0,0325**	–0,0178
Jahre in Erwerbstätigkeit	0,1023**	0,0935**
Jahre in Arbeitslosigkeit	–0,2248**	–0,2325**
Jahre ohne Erwerbstätigkeit	0,0914**	0,0810**
Nicht erwerbstätig (RF)		
Beamte	0,6076**	–0,1378
Arbeiter	–0,2675*	–1,0015**
Angestellte	0,4278**	–0,1511
Selbständige	1,1676**	0,4518*
Hohe Autonomie im Beruf	0,6079**	0,4219**
Vater: Hohe Bildung	0,2256	0,4954**
Mutter: Hohe Bildung	0,0767	0,1829
Erbschaften vor 1997	1,9084**	1,4598**
Erbschaften seit 1997	1,8131**	1,7323**
Indiv. Einkommen (1. Quintil RF)		
Indiv. Einkommen (2. Quintil)	–0,2023⁺	0,4706**
Indiv. Einkommen (3. Quintil)	0,3147*	1,0895**
Indiv. Einkommen (4. Quintil)	0,5978**	1,6067**
Indiv. Einkommen (5. Quintil)	1,5925**	2,5644**
Vermögensimputation (=Ja)	1,2250**	1,5832**
Konstante	1,6094**	1,9406**
Zahl der Beobachtungen	23.761	21.101
R^2	0,29	0,28

Ergebnisse von jahresspezifischen OLS-Regressionen; abhängige Variable: inverse hyperbolische Sinus-Transformation des individuellen Nettovermögens. RF = Referenzgruppe.

⁺ : p = 0,10; * :p = 0,05; **: p= 0,01

Quelle: SOEP 2002, 2007

Zunächst zeigt sich der eher überraschende Befund, dass – unter Kontrolle einer Vielzahl von weiteren Kovariaten – Männer ein signifikant niedrigeres Vermögen aufweisen als Frauen. Wie aber die Analysen zu den geschlechtsspezifischen Vermögensdifferenzen zeigten, ist zwar das durchschnittliche Vermögen von Männern deutlich größer, dies ist aber nur den spezifischen Charakteristika von Männern geschuldet, wie z.B. dem weitaus häufiger vorkommenden beruflichen Status als Selbstständige. Bei gleichen Charakteristika fällt das Vermögen von Frauen entsprechend signifikant höher aus.

Erwartungsgemäß verfügen Personen, die vor dem Mauerfall 1989 in Ostdeutschland lebten, sowohl 2002 als auch 2007 über signifikant niedrigere individuelle Vermögen als Westdeutsche. Dies liegt u.a. an der deutlich unterdurchschnittlichen Wohneigentümerquote in der DDR, die sich hier auch zwölf bzw. 17 Jahre nach der Wiedervereinigung weiterhin auswirkt. Auch für Personen mit Migrationshintergrund liegt ein signifikant negativer Koeffizient vor. Dieser Befund erklärt sich u.a. mit dem weit überdurchschnittlichen Armutsrisiko dieser Teilpopulation (BMAS 2008a; Frick et al. 2009), die aber auch mit einer relativ höheren Verschuldung von Migranten einhergeht.

Das Vorhandensein von kleinen Kindern unter vier Jahren korreliert negativ mit der individuellen Vermögenshöhe und entsprechend auch mit dem Sparverhalten. Eltern mit einem Kind hatten im Jahre 2003 im Durchschnitt kindbezogene Ausgaben von knapp 550 Euro im Monat (Statistisches Bundesamt 2006). Entsprechend gelingt es insbesondere Paaren ohne Kinder *ceteris paribus* eher und schneller Vermögen aufzubauen – insbesondere wenn beide Partner Erwerbseinkommen erzielen. Erwartbar gegenläufige Ergebnisse finden sich je nach Familienstand. Durch das gemeinsame Wirtschaften können zusammenlebende Ehepaare Skalenerträge bzw. Einkommensvorteile erzielen, die zum Vermögensaufbau genutzt werden können. Eine Scheidung ist dagegen mit erheblichen Kosten verbunden, die sich negativ auf die Einkommenssituation und entsprechend auf das Vermögen auswirken können (Andreß et al. 2003). Verstärkt wird dieses Risiko eines Vermögensverlustes bei Scheidung im Fall des Notverkaufs von zuvor gemeinsam erworbenen Immobilien.

Neben dem regelmäßigen Einkommen sind Erbschaften und Schenkungen eine wichtige Quelle für das eigene Vermögen. Es zeigt sich ein starker positiver Effekt sowohl für länger zurückliegende als auch für aktuelle Erbschaften. Darüber hinaus leistet bei simultaner Kontrolle von Erbschaften das Bildungsniveau der Eltern zumindest in 2002 keinen weiteren eigenständigen Erklärungsbeitrag – im Jahre 2007 ist hingegen ein positiver signifikanter Effekt eines hohen väterlichen Bildungsniveaus bei gleichzeitiger Reduktion des Erbschaftseffekts zu beobachten. Insgesamt sind diese Koeffizienten aber als deutlicher Hinweis auf die Bedeutung intergenerationaler Transmission ökonomischer Ressourcen zu werten.

Eine Voraussetzung für den Erfolg am Arbeitsmarkt ist das berufliche Bildungsniveau. Hier zeigt sich das zu erwartende Bild, wonach mit steigender Qualifikation auch ein positiver und zunehmend stärkerer Zusammenhang mit dem Vermögen besteht. Direkt mit dem Bildungsniveau und der beruflichen Position ist die Höhe des individuellen Einkommens verbunden, wobei die Höhe des Einkommens ein zentraler Indikator für die Möglichkeit des Sparens und eine entsprechend wichtige Quelle für den Vermögensaufbau darstellt. Hier gilt, dass je höher das individuelle Einkommen in dem jeweiligen Beobachtungsjahr ausfiel, desto höher war auch die individuelle Vermögensposition. Trotz der offensichtlich vorhandenen Korrelation zwischen Bildungsniveau, Job-Charakteristika und individuellem Erwerbseinkommen weisen alle genannten Komponenten eigenständige signifikante Effekte auf. Zudem hat sich der Einfluss des Einkommens im Vergleich von 2002 zu 2007 sogar weiter verstärkt.

Insgesamt haben die Arbeitsmarktintegration und der Erfolg am Arbeitsmarkt einen maßgeblichen Einfluss auf die individuelle Vermögenshöhe. Insofern ist auch ein enger Zusammenhang mit dem Gesundheitszustand zu erwarten. Bei einer dauerhaften und schweren Erkrankung ist die Möglichkeit zur Teilhabe am Erwerbsleben nachdrücklich erschwert und eine höhere Wahrscheinlichkeit für eine Transferabhängigkeit mit entsprechendem Vermögensabbau – sofern zum Ausgangszeitpunkt überhaupt vorhanden – gegeben. Andererseits gilt, je länger eine Person erwerbstätig war, desto vermögender ist sie. Liegen längere Phasen von Arbeitslosigkeit vor, so fällt das Vermögen auch bei simultaner Kontrolle der anderen Variablen signifikant geringer aus. Neben der quantitativen Bedeutung der Arbeitsmarkterfahrung (im Sinne einer längeren Ansparphase) ist auch die berufliche Position – hier operationalisiert über ein hohes Maß an Jobautonomie – ein signifikantes Korrelat höherer Vermögen. Ähnliches zeigt sich auch bei der beruflichen Stellung. Arbeiter verfügen über ein signifikant niedrigeres Vermögen als Angestellte, Beamte oder Selbstständige. Bei Letzteren wirkt sich aber zum einen das Betriebsvermögen positiv auf die Vermögensposition aus, traditionell investieren zudem Selbstständige verstärkt in private Versicherungen und Geldvermögen für ihre private Altersvorsorge, was deren Sonderstellung in Bezug auf die Vermögenshöhe betont.

Als weiteres ist von Interesse, ob die Korrelate des Vermögens über die Zeit konstant bleiben oder ob sich bestimmte Effekte aufgrund der im Untersuchungszeitraum positiven Entwicklung am Finanzmarkt unterscheiden. Hier zeigt sich, dass vor allem die Höhe des individuellen Einkommens im Jahre 2007 eine stärkere Rolle spielt, während die berufliche Stellung an relativer Bedeutung zur Erklärung der Vermögenshöhe verliert. Weiterhin gewinnt die soziale Herkunft an Gewicht, wonach 2007 die intergenerationale Abhängigkeit, operationalisiert über die Bildung der Eltern, signifikanten Einfluss auf die Vermögenshöhe hat.

Die rein querschnittsbezogenen Analysen zur Vermögenshöhe geben aber nur einen eingeschränkten Einblick in die Ursachen von Vermögens*veränderungen* – insbesondere des Vermögensaufbaus. Mit Hilfe der Panelstruktur der SOEP-Daten lässt sich untersuchen, inwieweit neben den oben beschriebenen Niveau-Effekten insbesondere auch Veränderungen, z.B. des individuellen Einkommens, auf das individuelle Nettovermögen einwirken und somit als Quelle für die Vermögensakkumulation fungieren (Tab. 4-3).

Personen, die vor 1989 in Ostdeutschland gelebt haben, fallen in ihrer Vermögensposition zwischen 2002 und 2007 weiter zurück. Dies ist in Einklang mit den rein deskriptiven Befunden, nach denen sich der bestehende Vermögensabstand zwischen Ost- und Westdeutschen weiter vergrößert. Als eine der Ursachen kann der sinkende Marktwert von Immobilien in Ostdeutschland genannt werden (vgl. Frick/Grabka 2009). In verschiedenen Regionen Ostdeutschlands sind diese Werte im Beobachtungszeitraum um mehr als 15% gesunken.

Veränderungen des Gesundheitszustandes wirken sich insbesondere im Falle der Verschlechterung signifikant auf die Vermögensposition aus. Personen, deren Gesundheitszustand sich nach eigenen Angaben zwischen 2002 und 2007 verschlechterte, bauen tendenziell Vermögen ab. Hier mag das Lebenszyklusmodell einen Erklärungsbeitrag leisten, da ältere und häufig gesundheitlich geschwächte Personen Vermögen zur Deckung des Lebensunterhalts – da das Krankengeld niedriger als der Nettolohn ist – heranziehen (müssen).

Sehr starke negative Effekte für das Vermögen liegen bei Eintritt von Arbeitslosigkeit mindestens einer Person im Haushalt in den Jahren 2002 bis 2007 vor. Je länger die Periode von Arbeitslosigkeit oder Nichterwerbstätigkeit dauert, desto stärker wird Vermögen abgeschmolzen. Hier zeigt sich deutlich die Sicherungsfunktion von Vermögen im Falle von Einkommensausfällen. Obwohl Migranten ein höheres Arbeitslosigkeitsrisiko aufweisen, das in diesem Modell bereits kontrolliert wurde, findet sich für diese Gruppe ein weiterer eigenständiger negativer Effekt. Eine mögliche Ursache für diesen Befund könnten Transfers in das Herkunftsland zur Unterstützung von Verwandten (vgl. Holst et al. 2008) oder als Vorbereitung einer Rückkehr in das Heimatland sein – letzteres wäre z.B. die Investition in eine später selbst zu nutzende Immobilie.

Obwohl das Bildungsniveau einen deutlichen Einfluss auf die Vermögenshöhe hat, wirkt sich ein zwischen 2002 und 2007 erzielter höherer Bildungsabschluss nicht signifikant auf das Vermögen aus. Es kann davon ausgegangen werden, dass ein höheres Bildungsniveau zwar eine notwendige Bedingung für weitere Erfolge am Arbeitsmarkt darstellt, ein positiver Effekt aber meist erst mittelfristig zum Tragen kommt, da z.B. erst ein Wechsel der beruflichen Position mit entsprechend höherer Bezahlung erfolgen muss, die ihrerseits die Möglichkeit des Vermögensaufbaus verstärkt.

Tab. 4-3: Determinanten der Veränderung des individuellen Nettovermögens 2002–2007

Kovariaten[a]	Vermögensveränderung 2002–2007
Geschlecht (= Mann)	–0.314⁺
Ostdeutschland (1989)	–1.671**
Migrationshintergrund	–0.734**
Pflegefall im Haushalt	–0.228
Mittlerer Gesundheitszustand 2002 (RF)	
schlechter Gesundheitszustand 2002	–0.225
guter Gesundheitszustand 2002	0.474*
Gesundheit ohne Veränderung (2002-2007, RF)	
Gesundheit verschlechtert (2002-2007)	–0.462*
Gesundheit verbessert (2002-2007)	0.424⁺
Ohne berufl. Bildungsabschluss (RF)	
einfacher Bildungsabschluss 2002	0.495*
mittlerer Bildungsabschluss 2002	0.790**
Hochschulabschluss 2002	1.488**
Bildungsniveau ohne Veränderung (2002-2007, RF)	
Bildungsniveau verbessert (2002-2007)	0.361
Altersjahre über 65	0.073*
Jahre in Erwerbstätigkeit	–0.025*
Jahre in Arbeitslosigkeit	–0.065
Jahre ohne Erwerbstätigkeit	–0.017
Selten Arbeitslosigkeit im Haushalt (2002-2007)	–0.785**
Wiederholt Arbeitslosigkeit im Haushalt (2002-2007)	–1.841**
Häufig Arbeitslosigkeit im Haushalt (2002-2007)	–1.564**
keine Erwerbstätigkeit im Haushalt (2002-2007)	–1.062**
Selbstständiger	0.374
Beamter	0.215
Hohe Autonomie im Beruf	0.953**
Verbindlichkeiten (Hypotheken/Kredite) (2002-2007)	–2.825**
Regelmäßiges Sparen (2002-2007)	2.029**
Verbindlichkeiten*Sparen (2002-2007)	0.343
Erbschaft vor 2002	0.791**
Erbschaft, Schenkung, Gewinn (2002-2007)	0.253**
Hohe Bildung der Mutter	–0.062
Hohe Bildung des Vaters	–0.336
Individuelles Jahreseinkommen (in 1.000 €) 2002	0.445**
Einkommenszuwachs (in 1.000 €) (2002-2007)	0.164*
Einkommensverlust (in 1.000 €) (2002-2007)	–0.603**
Vermögensimputation (=Ja)	1.406**
Konstante	2.699**
Zahl der Beobachtungen	15.396
R^2	0.14

Legende zu Tabelle 4-3:

Ergebnisse einer OLS-Regression; abhängige Variable: Veränderung des inversen hyperbolischen sinus-transformierten individuellen Nettovermögens der Jahre 2002 und 2007.

RF = Referenzgruppe.

a – Nicht ausgewiesene Kontrollvariablen: Vermögensposition in 2002, Familienstand in 2002.

$^{+}$: p = 0,10; * :p = 0,05; **: p= 0,01

Quelle: SOEP 2002, 2007

Wie in der Querschnittsanalyse belegt, trägt die *Höhe* des individuellen Einkommens maßgeblich zur Erklärung der Vermögens*höhe* bei. Entsprechend wirken sich auch *Änderungen* des Einkommens auf Vermögens*änderungen* aus. Im Falle eines signifikanten Einkommenszuwachses bzw. -verlustes zwischen 2002 und 2007 wird entsprechend weiteres Vermögen auf- bzw. abgebaut. Ein Einkommensverlust weist dabei einen stärkeren Effekt auf, als dies bei einer positiven Veränderung des Einkommens der Fall ist. Hier kann vermutet werden, dass zusätzliches Einkommen nicht nur zum Sparen verwendet, sondern auch für höherwertige Güter und Dienstleistungen konsumiert wird, während bei Einkommensverlusten eher die Notwendigkeit besteht, Vermögen direkt zur Deckung der entstandenen Lücke heranzuziehen. Darüber hinaus wurde zusätzlich kontrolliert, inwieweit Personen durch aktives Sparen bzw. durch Konsumentenkreditverpflichtungen in der Fünf-Jahresperiode ihr Vermögen verändern. Hier zeigt sich zum einen, auch bei simultaner Kontrolle von Einkommen der erwartet starke positive Effekt der regelmäßigen Spartätigkeit, während andererseits Kreditverpflichtungen zu einem Vermögensverlust führen.

Letztlich findet sich auch der erwartet positive und signifikante Effekt von nach dem Jahr 2002 empfangenen Erbschaften und Schenkungen auf einen Vermögenszuwachs, was die Bedeutung intergenerationaler Transfers für den Vermögensaufbau nochmals betont (vgl. Kohli et al. 2005; Kohli/Künemund 2009).

5. Eine um Anwartschaften an Alterssicherungs-systeme erweiterte Verteilungsrechnung

Die Zielsetzung des folgenden Kapitels ist die Darstellung einer umfassenderen Vermögensanalyse für Deutschland. Vermögensanalysen basieren für gewöhnlich auf dem Geld- und Sachvermögen der privaten Haushalte. Anwartschaften aus Alterssicherungssystemen wie der Gesetzlichen Rentenversicherung oder Beamtenpensionen bleiben bei dieser Betrachtungsweise in der Regel außen vor, da mit einer Berücksichtigung dieser Vermögenskomponenten systematische Probleme verbunden sind.[1]

Nichtsdestotrotz ist eine herkömmliche Vermögensanalyse mit dem Problem konfrontiert, dass es je nach Berufsgruppe zum Teil grundlegende Unterschiede in der Ausgestaltung der Alterssicherungssysteme bzw. des Vorsorgeverhaltens gibt, die sich in unterschiedlicher Art und Weise in der Höhe und Struktur des Vermögens niederschlagen, was bei entsprechenden Analysen zu verzerrten Ergebnissen bezüglich des tatsächlichen Gesamtvermögens führt. So wird insbesondere bei Selbstständigen das Alterssicherungsvermögen in Form von privaten Versicherungen, sonstigen Immobilien oder schlicht dem Betriebsvermögen typischerweise direkt erhoben, während bei abhängig Beschäftigten das Alterssicherungsvermögen, welches in Ansprüchen an die GRV oder in Betriebsrenten gebunden ist, vernachlässigt wird.

Auch die quantitativ hohe Bedeutung und der ebenso hohe Verbreitungsgrad von Rentenanwartschaften oder Beamtenpensionsansprüchen lassen die Notwendigkeit einer separaten Erfassung und Berücksichtigung im Rahmen einer umfassenden Vermögensanalyse erkennen. Insofern ist das zentrale Anliegen der folgenden Analyse, die bis zum Jahr 2007 erworbenen individuellen Anwartschaften an diverse Alterssicherungssysteme zu approximieren, deren Nettogegenwartswert im Jahre 2007 zu berechnen und diesen in Verbindung mit dem oben beschriebenen individuellen Nettogeld- und Sachvermögen in einer erweiterten Analyse der Vermögensverteilung zu berücksichtigen.

---

1 Vgl. Kapitel 2.5. Eine erste Arbeit in diesem Bereich, wenngleich unter Vernachlässigung der Anwartschaften an Beamtenpensionen, findet sich bei Ammermüller et al. 2005. Grabka et al. (2007) nehmen für die Selbstständigen eine Schätzung für ein fiktives Alterssicherungsvermögen vor, um das frei verfügbare Vermögen unterschiedlicher Statusgruppen besser miteinander vergleichen zu können.

5.1 Überblick über Alterssicherungssysteme und den Charakter der bei ihnen akkumulierten Alterssicherungsansprüche

Das System der sozialen Absicherung im Alter ist in Deutschland traditionell nach Berufsgruppen untergliedert und unterscheidet sich auch hinsichtlich des Sicherungsniveaus.[2] Rentenversicherungspflichtig abhängig Beschäftigte erzielen aufgrund ihrer geleisteten Pflichtbeiträge in das System der Gesetzlichen Rentenversicherung (GRV) eine Anwartschaft auf Rentenzahlung bei Erreichen des Verrentungsalters. Neben Pflichtbeiträgen können aber auch freiwillige Beiträge zur GRV geleistet werden, um eventuell fehlende Mindestversicherungszeiten aufzufüllen.[3] Die Höhe der Rentenanwartschaft wird aufgrund des Äquivalenzprinzips maßgeblich von der Höhe der geleisteten Beiträge auf das sozialversicherungspflichtige Arbeitsentgelt bis zur Beitragsbemessungsgrenze[4] bestimmt, die hälftig vom Arbeitnehmer und Arbeitgeber geleistet werden. Darüber hinaus hängt die Höhe aber auch von Zeiten der Arbeitslosigkeit, der Pflege anderer Personen und insbesondere bei Frauen von der Zahl der Geburten ab. Mit den geleisteten Beiträgen werden so genannte Rentenpunkte erworben, die bei Renteneintritt mit dem aktuellen Rentenwert – der im wesentlichen von der Entwicklung der Löhne und Gehälter abhängt – bewertet werden.[5] Der Standardeckrentner mit 45 Versichertenjahren und durchgängig durchschnittlichem Erwerbseinkommen erzielt damit eine monatliche Rente von derzeit rund 1.195 Euro (Stand 2008). Der durchschnittliche monatliche Zahlbetrag[6] bei bereits verrenteten Personen liegt aber bei Männern (Frauen) in Westdeutschland bei 947 Euro (480 Euro) und in Ostdeutschland bei 995 Euro (669 Euro). Neben den Beitragseinnahmen der aktiv Versicherten wird das aktuelle Auszahlungsvolumen der GRV zu rund einem Drittel aus Steuermitteln finanziert – dem so genannten Bundeszuschuss. Dieser hat seinen Ursprung in der fehlenden Finanzierung von versicherungs-

---

2 Eine ausführliche Darstellung der verschiedenen Zweige der Alterssicherung findet sich im Alterssicherungsbericht (BMAS 2008b).

3 Dies gilt z.B. bei geringfügig Beschäftigten, die in der Regel keine eigenen Beiträge zur GRV entrichten, sondern der Arbeitgeber leistet einen pauschalen Beitrag zur GRV. Durch eine zusätzliche freiwillige Beitragszahlung des Arbeitnehmers können Rentenansprüche aufgestockt werden.

4 Im Jahre 2007 betrug diese Grenze in der GRV für das monatliche Bruttoerwerbseinkommen in Westdeutschland 5.250 Euro und in Ostdeutschland 4.550 Euro.

5 Seit dem 1. Juli 2008 beträgt der aktuelle Rentenwert in Westdeutschland monatlich 26,56 Euro und in Ostdeutschland 23,34 Euro. Einkommen in Ostdeutschland werden zum Ausgleich des allgemein niedrigeren Einkommensniveaus in den neuen Ländern mit einem Korrekturfaktor angehoben. Dieser so genannte Hochwertungsfaktor lag im Jahre 2008 bei 1,1827.

6 Nach Abzug des Beitrags zur Gesetzlichen Kranken- und Pflegeversicherung.

fremden Leistungen in der GRV wie in der Anerkennung von Kindererziehungszeiten oder Ersatzzeiten sowie Erwerbszeiten in der DDR, denen keine Beitragsleistung gegenüber stand. Zum 31. Dezember 2007 waren 52,1 Mio. Personen in der GRV aktiv oder passiv versichert (DRV-Bund 2009).

Bestimmte Berufsgruppen sind von der Pflichtversicherung in der GRV freigestellt und haben eigene Sicherungssysteme. Hierzu zählen neben der Alterssicherung der Landwirte vorrangig die berufsständischen Versorgungswerke der kammerfähigen freien Berufe wie Ärzte, Architekten oder Juristen. Im Gegensatz zur GRV, die umlagebasiert finanziert wird, werden die Anwartschaften in den berufsständischen Versorgungswerken für gewöhnlich in kapitalgedeckter Form finanziert. Die berufsständischen Versorgungswerke erhalten – anders als die GRV – keinerlei Zuschüsse von staatlicher Seite, sondern finanzieren sich alleine aus den Mitgliedsbeiträgen. Das Leistungsniveau dieser Alterssicherungssysteme fällt für gewöhnlich höher aus als in der GRV und erreicht derzeit durchschnittlich (ohne Kinderzuschuss) 1.944 Euro pro Monat. Auch in der berufsständischen Versorgung gilt das Äquivalenzprinzip, wonach die Höhe des Rentenzahlbetrags von der Dauer und Höhe der geleisteten Beiträge abhängt. Im Jahre 2006 waren rund 730.000 anwartschaftsberechtigte Mitglieder und rund 143.000 Rentenempfänger in der berufsständischen Versorgung abgesichert (ABV 2008).

Die Alters- und sonstigen Versorgungsansprüche von Beamten werden nach dem Beamtenversorgungsgesetz (BeamtVG) geregelt. Dieses gewährt Leistungen im Krankheitsfalle, im Alter und bei vorzeitiger Dienstunfähigkeit. Im Gegensatz zur GRV ist die Beamtenversorgung vollständig beitragsfrei und wird allein aus Steuermitteln finanziert. Die Höhe des Ruhegehalts hängt im Wesentlichen von zwei Faktoren ab: der Höhe der letzten ruhegehaltfähigen Bezüge und der Dauer der ruhegehaltfähigen Dienstzeit. Als ruhegehaltfähig gelten das letzte Monatseinkommen und die Dienstzeit, die nach dem vollendeten 17. Lebensjahr in einem Beamtenverhältnis verbracht worden ist. Bestimmte Zeiten wie Vordienst-, Ausbildungs- oder Zurechnungszeiten können die ruhegehaltfähige Dienstzeit erhöhen. Zur Ermittlung des Pensionsanspruchs wird jedes Jahr die Dienstzeit mit einem bestimmten Prozentsatz der Dienstbezüge multipliziert. Dieser Faktor liegt bei Versorgungsfällen nach dem 1. Januar 2002 bei 1,79375. Nach 40 anrechnungsfähigen Dienstjahren ergibt sich damit eine maximale Höchstversorgung von 71,75% der letzten ruhegehaltfähigen Bezüge. Zur Versorgung gehört bei den Pensionären auch eine jährliche Sonderzahlung, vergleichbar mit dem Weihnachtsgeld, die im Dezember mit dem Ruhegehalt ausgezahlt wird. Die Zahl der Versorgungsempfänger (65 Jahre und älter) lag im Jahre 2007 bei etwa 680.000; die Hinterbliebenenversorgung wurde an mehr als 300.000 Personen geleistet. Die Zahl der aktiven Beamten und Richter lag im Jahre 2007 bei knapp 1,8 Millionen. Die Höhe der Beamtenpensionen liegt deutlich über dem Niveau der GRV. Die durchschnittliche und voll steuerpflichtige Bruttopension betrug im Jahre 2007 bei den 65-jährigen und älteren Männern 2.490 Euro und bei den 65-jährigen und älteren Frauen 2.410 Euro (BMAS 2008b).

Die so genannte zweite Säule der Alterssicherung umfasst die betriebliche Altersversorgung (BAV). Eine betriebliche Altersversorgung liegt dann vor, wenn ein Arbeitgeber seinem Arbeitnehmer Versorgungsleistungen bei Alter, Invalidität oder Tod zusagt. Es handelt sich hierbei um eine freiwillige Zusatzleistung des Arbeitgebers, die in der Regel vor allem von größeren Betrieben angeboten wird. Es gibt verschiedene Modelle der Finanzierung der betrieblichen Altersversorgung. Je nachdem, wer die Beiträge entrichtet, wird von arbeitgeber- oder arbeitnehmerfinanzierter Versorgung gesprochen, wobei Mischformen weit verbreitet sind. Die betriebliche Altersversorgung unterscheidet grundsätzlich fünf verschiedene Formen:

- Direktzusage (der Arbeitgeber verpflichtet sich direkt, seinem Mitarbeiter später eine Rente zu zahlen),
- Unterstützungskasse,
- Pensionskasse (gewährt Rechtsanspruch),
- Pensionsfonds (gewährt Rechtsanspruch; geringere garantierte Gegenleistung möglich) und die
- Direktversicherung (Versicherungsprodukt, viele Analogien zur Pensionskasse).

Die am häufigsten anzutreffende Finanzierungsform ist die so genannte Entgeltumwandlung, bei der der Arbeitnehmer auf einen Teil seines Einkommens zugunsten einer betrieblichen Altersversorgung verzichtet. Diese Form der BAV wird steuerlich besonders gefördert. Alle Varianten der BAV können sowohl im Rahmen des Kapital- als auch im Umlageverfahren finanziert werden.

Der Verbreitungsgrad der BAV in der Privatwirtschaft lag Mitte der 1990er Jahre im Westen etwa bei einem Drittel aller Betriebe. Mit dem seit Anfang 2002 geltenden Altersvermögensgesetz (AVmG) wurden die gesetzlichen Rahmenbedingungen für die BAV neu geregelt und als zentraler Baustein ein Rechtsanspruch der Arbeitnehmer auf Entgeltumwandlung zum Zweck der BAV eingeführt. Entsprechend ist der Anteil der Unternehmen, die die Entgeltumwandlung anbieten, auf knapp 80% in 2005 angestiegen (Leiber 2005).

Für die Beschäftigten des öffentlichen Dienstes stellt die Versorgungsanstalt des Bundes und der Länder (VBL) Leistungen der Altersvorsorge zur Verfügung. Die Arbeitnehmer im öffentlichen Dienst sind in der Regel pflichtversichert in der VBL. Derzeit sind rund 1,8 Mio. pflichtversichert und etwa 2,3 Mio. beitragsfrei versicherte Arbeitnehmer/innen Mitglied in der VBL. Die VBL wird aus Beiträgen der pflichtversicherten Arbeitnehmer und des öffentlichen Arbeitgebers finanziert. Die Höhe des Beitrags liegt im Abrechungsverband West bei 7,86% des zusatzversorgungspflichtigen Entgelts. Davon trägt der Arbeitgeber 6,45% und der Beschäftigte 1,41%. Die durchschnittliche Rentenhöhe liegt in der VBL im Jahre 2006 bei rund 390 Euro für die rund 700.000 Pflichtversicherten (BMAS 2008b).

Anwartschaften aus privaten Renten werden im Folgenden nicht weiter thematisiert, da in der Befragung des SOEP der Vermögenswert, der in privaten Versicherungen gehalten wird, direkt erfragt wird.

Zur Verbreitung der verschiedenen Alterssicherungssysteme geben die Daten der Studie „Altersvorsorge in Deutschland" AVID Auskunft (Heien et al. 2007). Diese weist Ergebnisse allerdings nur für deutsche Geburtskohorten der Jahre 1942 bis 1961 aus.[7] Danach hat nahezu jede Person dieser Kohorte eine Anwartschaft bei der GRV (Tab. 5-2). Die Höhe dieser Anwartschaft kann aber insbesondere im Falle von aktuell Selbstständigen oder Beamten sehr gering sein, da diese beiden Berufsgruppen von der Versicherungspflicht in der GRV befreit sind, aber u.U. am Anfang der Erwerbskarriere Zahlungen an die GRV geleistet wurden. Zur ersten Säule der Alterssicherung gehören auch die Beamtenversorgung (in der insbesondere im Westen Männer deutlich stärker vertreten sind) und die Alterssicherung der Landwirte, die aber entsprechend des geringen Anteils an der erwerbstätigen Bevölkerung insgesamt nur wenig verbreitet ist. Anspruch auf eine betriebliche Altersversorgung haben knapp 30% der Männer, aber nur 15% aller Frauen dieser Geburtskohorte. Eine Zusatzversorgung des öffentlichen Dienstes können weitere rund 15% der Bevölkerung in Anspruch nehmen; dabei sind Frauen leicht überproportional vertreten. Nicht separat ausgewiesen werden so genannte „Riester-Verträge", die unter der Gruppe „private Renten" subsumiert sind. Diese finden sich bei mehr als der Hälfte der entsprechenden Population.

---

7 Die Berücksichtigung dieser Selektion auf Deutsche ist wichtig, da sowohl der Verbreitungsgrad als auch die Höhe von Rentenanwartschaften bei Personen mit Migrationshintergrund deutlich geringer ausfallen (Frick et al. 2009).

Tab. 5-1: Verbreitung von Anwartschaften in Alterssicherungssystemen Deutsche Geburtskohorten 1942–1961

	Alte Länder		Neue Länder		*Deutschland insgesamt*	
	Männer	Frauen	Männer	Frauen	*Männer*	*Frauen*
	Anteil in %					
Gesetzliche Rentenversicherung	95	98	100	100	*96*	*98*
Beamtenversorgung	11	4	3	3	*9*	*4*
Alterssicherung der Landwirte	2	1	0	0	*1*	*1*
Berufsständische Versorgung	2	1	1	0	*2*	*1*
Betriebliche Altersversorgung	34	16	8	9	*29*	*15*
Zusatzversorgung des öffentlichen Dienstes	14	16	11	13	*13*	*16*
Private Renten	64	51	61	64	*63*	*53*

Quelle: Heien et al. 2007

5.2 Methodische Probleme der Kapitalisierung von Rentenanwartschaften und Pensionsansprüchen

Die Abschätzung der Höhe und Verteilung von individuellen Rentenanwartschaften war bislang vor allem durch das Problem der eingeschränkten Verfügbarkeit von Mikrodaten bestimmt. Mit den vom Forschungsdatenzentrum der Deutschen Rentenversicherung Bund (FDZ-RV) zur Verfügung gestellten Mikrodatensätzen ist es erstmals möglich, eine Analyse für das individuelle Sozialvermögen – also den Wert der Anwartschaften aus Altersvorsorgesystemen –, welches von der GRV verwaltet wird, vorzunehmen. Eine integrierte Analyse des individuellen Geld- und Sachvermögens in Kombination mit dem individuellen Sozialvermögen ist aber durch fehlende Identifikatoren erschwert, zudem ist ein direktes Zusammenspielen („record linkage") von Mikrodaten der FDZ-RV und mit Angaben in Bevölkerungsumfragen wie dem SOEP datenschutzrechtlich nicht erlaubt und technisch nicht möglich. Aus diesem Grunde werden die Informationen aus den Mikrodaten des FDZ-RV mittels eines so genannten „Statistical Matching"-Verfahrens zu den SOEP-Vermögensangaben imputiert (vgl. zum methodischen Vorgehen Kapitel 7.5). Im Prinzip basiert dieses Verfahren darauf, jeder Beobachtung im SOEP die Rentenpunktangaben einer Beobachtung in den RV-Daten zuzuspielen, die der SOEP-Person bezüglich der für die Höhe der GRV-Rentenansprüche relevanten Variablen weitestgehend ähnelt. Dieses Matching wird getrennt nach Geschlecht und Migrationsstatus sowie Region (Ost, West) durchgeführt; der verwendete Variablensatz umfasst Angaben zum Umfang von Erwerbstätigkeit und Arbeitslosigkeit, zur Höhe der rentenversicherungspflichtigen Einkommen, dem Familienstand und der Kinderzahl.

Neben der reinen Datenverfügbarkeit von Informationen über Rentenanwartschaften bestehen weitere Probleme der adäquaten Berücksichtigung dieses Vermögens. Allerdings ist eine einfache Addition mit dem Geld- und Sachvermögen problematisch, denn letztere weisen spezifische Funktionen auf (siehe Kapitel 2.5), die von Rentenanwartschaften mit Ausnahme der Sicherungsfunktion nicht erfüllt werden. So können aus Rentenanwartschaften keine (weiteren) Einkommen erzielt werden, die Nutzungsfunktion entfällt, und es gibt nur eine sehr begrenzte Vererbungsmöglichkeit in Form von Hinterbliebenenrenten. Eine Macht-, Sozialisations- und Prestigefunktion ist ebenfalls wenig relevant. Eine vorzeitige Liquidation der Anwartschaften zum Beispiel zum Kauf einer Immobilie ist ebenso wie eine Beleihung ausgeschlossen. Es verbleibt also lediglich die Sicherungsfunktion. Aber auch diese Funktion ist beschränkt auf die individuelle Lebensphase nach dem Eintritt in den Ruhestand oder bei Erwerbsunfähigkeit und zur Absicherung von Hinterbliebenen.

Es sind grundsätzlich zwei Gruppen zu unterscheiden: zum einen heutige Rentner bzw. Pensionäre, die bereits Renten oder Ruhegelder empfangen und zum anderen die Gruppe der aktiven Versicherten, d.h. also diejenigen, die noch Anwartschaften aufbauen. Die Höhe der empfangenen Bruttorenten bzw. Ruhegelder ist bei der Gruppe der Verrenteten im SOEP bekannt, da diese Information für jede Rentenart separat erfragt wird. Für die aktiv Versicherten in der GRV wird diese Information über das *Statistical Matching* ermittelt, bzw. bei Beamten durch die Höhe der derzeitigen Bezüge approximiert.

Die Bewertung von bereits erworbenen Rentenanwartschaften erfolgt durch Kapitalisierung – der Berechnung des Gegenwartswertes wiederkehrender künftiger Zahlungen durch deren Diskontierung –, wobei die durchschnittliche fernere Lebenserwartung zum Zeitpunkt der Berechnung (hier 2007) und ein – entsprechend der aktuell gültigen Regelungen – je nach Alterskohorte variierendes Renteneintrittsalter zwischen 65 und 67 Jahren zugrunde gelegt werden. Durch die weitere Annahme, dass sich künftige Rentensteigerungen und die Inflation gerade ausgleichen, werden die Berechnungen dahingehend vereinfacht, dass der Realwert der Ansprüche erhalten bleibt.[8]

---

8 Aufgrund der Rentenreform 2004 und des damit eingeführten Nachhaltigkeitsfaktors werden die künftigen Rentenansprüche bei gleicher Zahl von Entgeltpunkten von Geburtskohorte zu Geburtskohorte niedriger ausfallen. Aus Gründen der Vereinfachung wird hier aber von diesem Aspekt abgesehen.

Neben der Lebenserwartung und dem Renteneintrittsalter spielen zur Bestimmung des Gegenwartswerts auch die Höhe der zu erwartenden Zahlungen und der Zinssatz zur Abdiskontierung eine wichtige Rolle. Für die Auszahlungsdauer wird die nach den Sterbetafeln 2005/2007 des Statistischen Bundesamtes (2008a) prognostizierte Lebenserwartung getrennt für Ost- und Westdeutschland sowie getrennt für Männer und Frauen verwendet.[9] Für den Zinssatz zur Abdiskontierung werden vier Varianten unterstellt (2%, 3%, 4% bzw. 5%), um die Sensitivität der Ergebnisse bzgl. dieses relevanten Faktors zu erfassen.

Des Weiteren müssen steuerlich relevante Unterschiede zwischen verschiedenen Statusgruppen berücksichtigt werden. So werden Leibrenten und andere Leistungen wie Renten der GRV, der landwirtschaftlichen Alterskassen oder berufsständischer Versorgungseinrichtungen nicht vollständig besteuert, sondern es gilt ein je nach Beginn des Bezugs einer Rente unterschiedlicher steuerpflichtiger Ertragsanteil (§ 22 EStG). Renten, die erstmals im Jahre 2007 bezogen werden, werden einheitlich mit einem Ertragsanteil von 54% belastet, der für die Neurentner dieses Jahres konstant bleibt. Mit jedem weiteren Kalenderjahr steigt der Ertragsanteil bei Neurenten bis zum Jahre 2020 auf 80% und bis 2040 auf 100% an.[10] Beamtenpensionen sind im Gegensatz dazu vollständig steuerpflichtig. Um den Nettowert des Sozialvermögens zu bestimmen, wird hier der im Jahr 2007 geltende individuelle Steuersatz angewendet und zudem nach Beamten und Beziehern sonstiger Renten unterschieden. Dabei gilt, dass bei Pensionären eine Beamtenpension zu 100% steuerpflichtig ist, bei Beziehern von Renten der GRV und sonstiger nach § 22EStG relevanten Renten wird der je nach Rentenzugang geltende Ertragsanteil angewendet. Bei aktiven Versicherten (die noch keine Altersrente beziehen) wird die jahrgangsspezifische Regelaltersgrenze unterstellt, womit entsprechend der Ertragsanteil jahrgangsweise steigt. Schließlich wird bei aktiven Versicherten vom approximierten Bruttosozialvermögen das derzeit geltende steuerfreie Existenzminimum (im Jahre 2007 lag

9 Eventuell weitere sozial-strukturelle Unterschiede in der Lebenserwartung bleiben bei dieser Analyse unberücksichtigt, wie der Zusammenhang von Alterssicherungseinkommen und Lebenserwartung insbesondere zwischen Rentnern und Pensionären (vgl. Himmelreicher et al. 2008).

10 Mit dem Gesetz zur Neuordnung der einkommensteuerrechtlichen Behandlung von Altersvorsorgeaufwendungen und Altersbezügen (Alterseinkünftegesetz) wird seit 2005 das Prinzip der nachgelagerten Besteuerung von Renten in Deutschland angewendet. Danach werden alle Altersbezüge schrittweise bis zum Jahr 2040 in eine vollständige Besteuerung überführt. Im Gegenzug können dafür die während der Erwerbsphase anfallenden Altersvorsorgeaufwendungen steuerlich in Abzug gebracht werden. In der Lebenslaufsperspektive erfolgt insofern aufgrund der reduzierten Progressionseffekte eine Verringerung der insgesamt zu zahlenden Steuerlast.

dieses bei 7.664 Euro) und ein Werbungskostenpauschbetrag in Höhe von 2.000 Euro abgezogen.[11]

Im Folgenden werden somit der Umfang und die Verteilung von Rentenanwartschaften bei aktiv und passiv Versicherten der GRV sowie der Beamtenversorgung von Beamten und Pensionären untersucht. Für die berufsständische Versorgung und die Anwartschaften aus Betriebsrenten gilt hier, dass nur für die bereits verrenteten Personen ein Gegenwartswert bestimmt werden kann, da keine Individualinformationen zu Umfang und Verbreitung dieser beiden Zweige der Alterssicherung bei aktiven Versicherten verfügbar sind. Es bedürfte einer vergleichbaren Einrichtung wie des Forschungsdatenzentrums der GRV mit ihren scientific use files um eine adäquate Berücksichtigung der Rentenanwartschaften bei aktiv Versicherten mit Ansprüchen an die berufsständischen Versorgungswerke und Betriebsrenten vornehmen zu können. Es sei zudem darauf hingewiesen, dass mit der hier vorgenommenen individualisierten Vermögensbetrachtung nur eigene Anwartschaften an die Alterssicherungssysteme berücksichtigt und die Hinterbliebenenversorgung somit vollständig außer Acht gelassen wird.[12]

5.3 Die Verteilung des individuellen Vermögens und der Rentenanwartschaften im Jahr 2007

Ein zentraler Faktor für die Bestimmung der Höhe des Gegenwartswertes einer Rentenanwartschaft ist neben der Auszahlungsdauer – hier bestimmt durch die durchschnittliche Lebenserwartung – vor allem die Diskontierungsrate. In Abbildung 5-1 wird die Verteilung des Gegenwartswerts aller Rentenanwartschaften von aktiv Versicherten und bereits verrenteten Personen bei Verwendung von sechs verschiedenen Diskontierungsraten dargestellt.

Die Verteilung des Gegenwartswerts aller Rentenanwartschaften über das Lebensalter ähnelt stark derjenigen der Geld- und Sachvermögen und somit einem typischen Lebenszyklusmuster,[13] nach dem bis zum Renteneintritt Vermögen

---

11 Durch die Anwendung des aktuellen individuellen Steuersatzes wird bei aktiven Versicherten eine relativ hohe steuerliche Belastung unterstellt. Die tatsächliche Steuerlast müsste aber zum Zeitpunkt des Renteneintritts für jede Alterskohorte separat simuliert werden. Durch die neu eingeführte nachgelagerte Besteuerung wäre eine solche Simulation aber mit erheblichen Annahmen über die künftige Einkommenssituation der entsprechenden Personen verbunden.

12 Anwartschaften aus der Landwirtschaftlichen Versorgungskasse sind fallzahlbedingt nicht separat berücksichtigt worden, dies betrifft auch die Künstlersozialversicherung. Diese werden hier aus Gründen der Vereinfachung wie Versicherte der GRV behandelt.

13 Es ist aber anzumerken, dass diese Darstellung eine Pseudoanalyse des Lebenszyklus ist, da hier nur Querschnitte miteinander verglichen werden.

Abb. 5-1: Gegenwartswert von Rentenanwartschaften für verschiedene Diskontierungsraten nach Alter (Angaben in Euro)

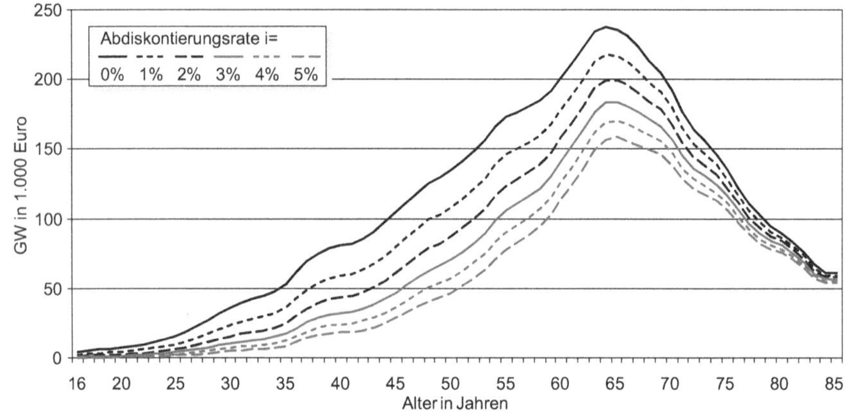

GW: Gegenwartswert

Quelle: SOEP 2007, Werte für Personen oberhalb von 85 Jahren werden fallzahlbedingt nicht ausgewiesen

akkumuliert und nach dem Renteneintritt entspart wird. Bei der Gegenwartswertberechung wird hierbei zudem unterstellt, dass das akkumulierte Vermögen aus den Rentenanwartschaften bis zum Lebensende vollständig verzehrt wird, wenngleich über die Hinterbliebenenversorgung weitere Leistungen entrichtet werden können.

Erwartungsgemäß ist demnach der höchste Gegenwartswert rund um das Verrentungsalter zu finden. Unter Verwendung einer Diskontierungsrate von 1% liegt der Gegenwartswert der Rentenanwartschaften in diesem Alter bei rund 215.000 Euro. Unterstellt man dagegen einen weit höheren Zinssatz von 5%, so nimmt der Gegenwartswert für die gleiche Altersgruppe aufgrund des Zinseszinseffektes nur noch knapp 160.000 Euro an.

Für die folgenden Berechnungen wurde eine mittlere Variante der Abdiskontierung mit 3% Verzinsung unterstellt: Für die Personen rund um das Verrentungsalter würde damit der Gegenwartswert bei rund 180.000 Euro liegen. Der durchschnittliche Gegenwartswert aller Rentenanwartschaften beliefe sich in dieser mittleren Variante auf etwa 67.000 Euro. Im Vergleich zu dem durchschnittlichen, individuellen Geld- und Sachvermögen in Höhe von rund 88.000 Euro bedeutet dies einen „Vermögenszuwachs" um 76%. Dies korrespondiert auch mit Ergebnissen früherer Studien. So zeigt Hober (1981), dass durch Einbeziehung des Versorgungsvermögens im Jahre 1973 das durchschnittliche Nettovermögen der privaten Haushalte um 68% erhöht wird.

5.4 Individuelles erweitertes Nettovermögen nach sozialstrukturellen Merkmalen

Nach dieser eher groben Darstellung des gesamten Effektes der Berücksichtigung der Ansprüche an die Alterssicherungssysteme erfolgt im Weiteren eine Analyse nach einer Reihe sozialstruktureller Charakteristika.

5.4.1 Individuelles erweitertes Nettovermögen nach Geschlecht

Wie bereits oben ausgeführt wurde, bestehen bei dem individuellen Geld- und Sachvermögen bereits signifikante geschlechtsspezifische Vermögensdifferenzen in Höhe von mehr als 35.000 Euro im Jahre 2007. Eine der Hauptursachen für die unterschiedlich hohen Vermögensbestände liegt in der geringeren Arbeitsmarktbeteiligung und dem geringeren Verdienst von Frauen im Vergleich zu Männern. Diese Vermögensdifferenzen treten bereits ab einem Alter von 30 Jahren deutlich zu Tage und setzen sich kontinuierlich bis ins hohe Alter fort (Abb. 5-2). Berücksichtigt man nun zusätzlich den Gegenwartswert aus allen Rentenanwartschaften, so nehmen die geschlechtsspezifischen Vermögensdifferenzen weiter zu. Sie erreichen ihr Maximum kurz vor der Verrentung mit etwa 65 Jahren und liegen dann bei rund 150.000 Euro. Hier verstärkt sich die geringere Arbeitsmarktbeteiligung und geringere Entlohnung von Frauen, da aufgrund des

Abb. 5-2: Individuelles Nettovermögen mit und ohne den Gegenwartswert von Rentenanwartschaften nach dem Geschlecht

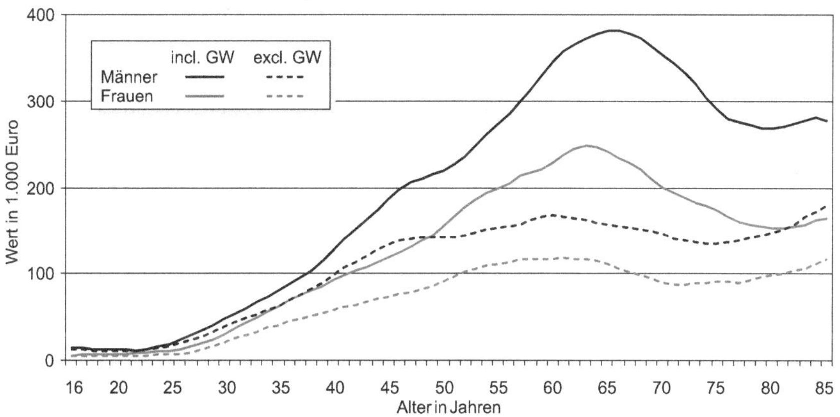

GW: Gegenwartswert, Diskontierungsrate i = 3%

Quelle: SOEP 2007, Werte für Personen oberhalb von 85 Jahren werden fallzahlbedingt nicht ausgewiesen

Äquivalenzprinzips die Höhe der geleisteten Beiträge die Höhe der erworbenen Anwartschaften entscheidend bestimmt. Für die Männer bedeutet dementsprechend die Berücksichtigung der Rentenanwartschaften eine erhebliche Verbesserung der Vermögensposition. Am Beispiel der Altersgruppe der 65-Jährigen bedeutet dies mehr als eine Verdoppelung des individuellen Nettogeld- und Sachvermögens von rund 160.000 Euro auf 390.000 Euro. Wichtig anzumerken ist dabei aber, dass aufgrund der hier vorgenommenen Fokussierung auf *eigene* Rentenanwartschaften die Hinterbliebenenversorgung nicht berücksichtigt wurde und dementsprechend die Vermögenslage insbesondere von verwitweten Frauen unterschätzt ist.

Frauen mit nur sehr geringen (oder keinen) eigenen Anwartschaften an die GRV oder an eines der anderen Altersvorsorgesysteme sind häufig verheiratet mit einem Partner, der eine vergleichsweise hohe Rente bzw. Pension bezieht. Dieser Fall entspricht dem in Deutschland insbesondere in älteren Kohorten weit verbreiteten „Male-breadwinner"-Modell. Verstirbt der Ehepartner vorzeitig, so werden die geschlechtsspezifischen Vermögensunterschiede in entsprechender Höhe durch die Hinterbliebenenversorgung reduziert.

5.4.2 Individuelles erweitertes Nettovermögen nach Bildungsniveau

In allen Altersversorgungssystemen wird das Äquivalenzprinzip angewendet, nach der die Höhe der erworbenen Anwartschaften maßgeblich von der Höhe und der Dauer der geleisteten Beiträge (bei Beamten von der Höhe der Dienstbezüge) bestimmt wird. Die Höhe dieser Beiträge hängt dabei auch von der beruflichen Stellung und damit in der Regel auch vom erworbenen Qualifikationsniveau ab, d.h. das Bildungsniveau ist ein wesentlicher Faktor für die Höhe der Rentenanwartschaften. Im Folgenden wird daher das um die Rentenanwartschaften erweiterte individuelle Nettovermögen nach dem Bildungsniveau getrennt für drei Berufsgruppen betrachtet.

Abbildung 5-3 gibt das erweiterte individuelle Nettovermögen für Beamte und Pensionäre nach dem Bildungsniveau wieder. Betrachtet man die Altersgruppe derjenigen rund um den Zeitpunkt der Pensionierung (63 bis 67 Jahre), so zeigt dies das eindeutige Muster, dass mit höherem Bildungsniveau auch die Vermögensposition zunimmt. Zwischen den niedrig und den am höchsten gebildeten Beamten beträgt der Vermögensunterschied in dieser Altersgruppe mehr als 100.000 Euro. Gleichwohl liegen die Verteilungsgraphen für alle Beamtengruppen zum Teil weit über der entsprechenden Linie der Gesamtbevölkerung (siehe „Gesamt" in Abb. 5-3).

Für jüngere Beamte sind die Unterschiede nach dem Bildungsniveau dagegen (noch) vergleichsweise gering. So haben z.B. Beamte im Alter von 35 und 45 Jahren mit niedrigem Bildungsniveau ein höheres Vermögen als Beamte mit höherer Bildung. Hier spielt sicherlich die Dauer des Dienstverhältnisses eine Rolle, da Beamte des mittleren Dienstes vermutlich frühzeitig nach der schulischen Ausbildung eine Beamtenlaufbahn einschlagen und somit bereits über eine längere Beschäftigungsdauer verfügen als höher gebildete Beamte, die – wie zum Beispiel Professoren – oftmals erst nach längerer Ausbildungszeit in die Beamtenlaufbahn wechseln.

Abb. 5-3: Individuelles Nettovermögen unter Berücksichtigung des Gegenwartswertes von Rentenanwartschaften nach Bildungsniveau für Beamte und Pensionäre

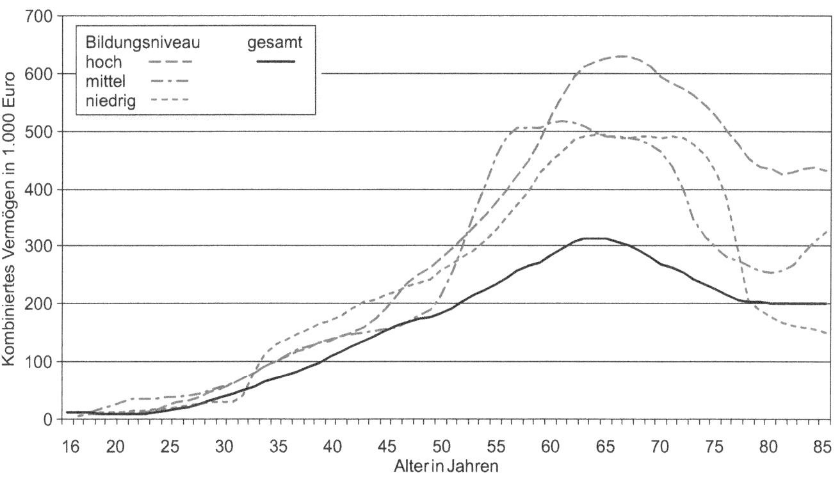

Quelle: SOEP 2007, Werte für Personen oberhalb von 85 Jahren werden fallzahlbedingt nicht ausgewiesen

Bei Selbstständigen (Abb. 5-4) zeigt sich ein ähnliches Bild. Rund um den Zeitpunkt des Rentenzugangs haben die Selbstständigen mit einem hohen Bildungsniveau klar die beste Vermögensposition inne. Deren erweitertes individuelles Vermögen liegt bei etwas über 600.000 Euro. Danach folgen die Selbstständigen mit mittlerem Bildungsniveau mit rund 310.000 Euro, gefolgt von jenen mit niedrigem Bildungsniveau und Vermögen in Höhe von 270.000 Euro. Selbstständige mit niedrigem Bildungsniveau erreichen ihr „maximales“ Vermögen nicht wie alle anderen Gruppen mit Erreichen der Regelaltersgrenze sondern bereits im Alter von etwa 55 Jahren. Dieser Befund geht möglicherweise auf Vorabübertragungen an nachfolgende Generationen zurück.

Abb. 5-4: Individuelles Nettovermögen unter Berücksichtigung des Gegenwartswertes von Rentenanwartschaften nach Bildungsniveau für Selbstständige

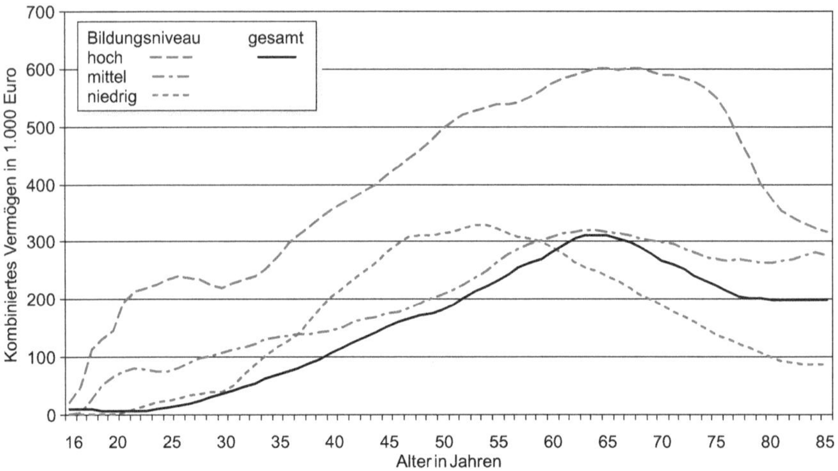

Quelle: SOEP 2007, Werte für Personen oberhalb von 85 Jahren werden fallzahlbedingt nicht ausgewiesen

Bei den abhängig Beschäftigten zeigt sich ein vergleichbares Muster wie bei den Beamten (Abb. 5-5), wenngleich auf deutlich niedrigerem Niveau. Der Unterschied in der Höhe des erweiterten Vermögen nach dem Bildungsniveau ist dabei aber bereits ab einem Alter von 25 Jahren klar erkennbar und vergrößert sich stetig bis zum Rentenzugangsalter. Hier macht der Unterschied zwischen den niedrig und den hoch Gebildeten rund 200.000 Euro aus. Auffallend ist sicherlich auch, dass das erweiterte individuelle Vermögen der hoch gebildeten abhängig Beschäftigten oberhalb von 75 Jahren wieder leicht ansteigt. Dies dürfte vermutlich auf eine positive Selektion der Überlebenswahrscheinlichkeit von hoch gebildeten Personen zurückzuführen sein – der so genannte„*Survival-of-the-fittest*“-Effekt.

Letztlich wird deutlich, dass die Mehrheit der abhängig Beschäftigten mit mittlerem und insbesondere jene mit niedrigem Bildungsniveau unter dem Bevölkerungsdurchschnitt liegende individuelle Vermögen (Nettogeld- und Sachvermögen inklusive Rentenanwartschaften) aufweisen.

Abb. 5-5: Individuelles Nettovermögen unter Berücksichtigung des Gegenwartswertes von Rentenanwartschaften nach Bildungsniveau für abhängig Beschäftigte

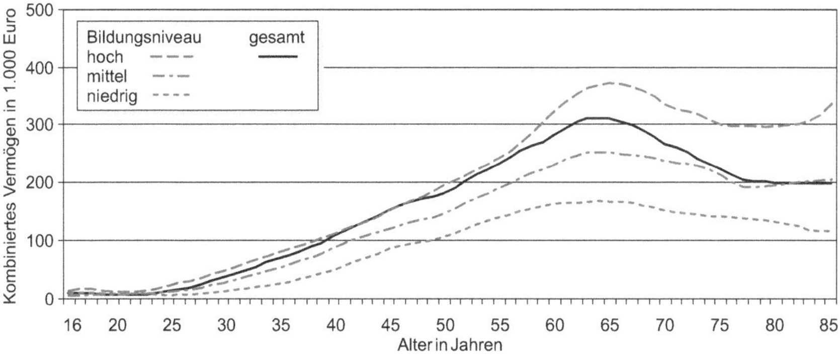

Quelle: SOEP 2007, Werte für Personen oberhalb von 85 Jahren werden fallzahlbedingt nicht ausgewiesen

5.4.3 Individuelles erweitertes Nettovermögen in Ost- und Westdeutschland

Bei einer Analyse des um die Rentenanwartschaften erweiterten Vermögens ist zu erwarten, dass sich bestehende Geld- und Sachvermögensdifferenzen zwischen Ost- und Westdeutschland aufgrund unterschiedlicher Arbeitsmarktpartizipation und Entlohnungshöhe weiter verstärken. Im Jahre 2007 liegt die durchschnittliche Differenz beim individuellen Geld- und Sachvermögen zwischen West und Ost bei rund 70.000 Euro (Abb. 5-6). Bei Personen im Rentenzugangsalter (63 bis 67 Jahre) ist dieser Unterschied weitaus größer und erreicht sogar über 110.000 Euro (160.000 Euro im Westen zu 48.000 Euro im Osten).[14]

Unter Berücksichtigung der Rentenanwartschaften steigt in dieser Altersgruppe das individuelle Vermögen im Westen um mehr als 190.000 Euro auf 350.000 Euro. Im Osten fällt der Zuwachs mit rund 140.000 Euro auf 190.000 Euro deutlich geringer aus. Dieser geringere Zuwachs durch die Berücksichtigung des Gegenwartswerts der Rentenanwartschaften, geht vor allem auf Betriebsrenten und Beamtenpensionen zurück, die in Westdeutschland stärker verbreitet sind, denn die aktuellen durchschnittlichen Rentenhöhen in der GRV sind für ostdeutsche Rentner und insbesondere für Rentnerinnen höher als in Westdeutschland. Entsprechend ist die relative Bedeutung des Gegenwartswertes aus

14 Hierbei muss aber nochmals auf den kontinuierlichen Angleichungsprozess beim durchschnittlichen Nettogeld- und Sachvermögen zwischen Ost- und Westdeutschland zwischen 1993 und 2003 hingewiesen werden (siehe auch Tabelle 2-5).

den Ansprüchen an die GRV in Ostdeutschland wesentlich größer als in Westdeutschland.

Abb. 5-6: Individuelles Nettovermögen unter Berücksichtigung des Gegenwartswertes von Rentenanwartschaften in Ost- und Westdeutschland

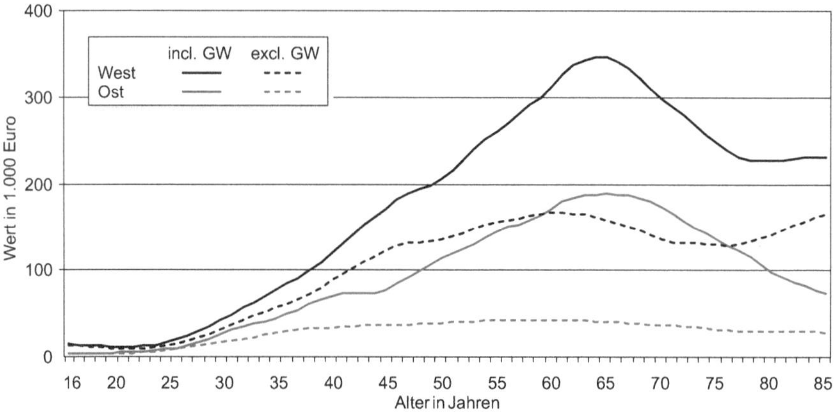

GW: Gegenwartswert, Diskontierungsrate i = 3%

Quelle: SOEP 2007, Werte für Personen oberhalb von 85 Jahren werden fallzahlbedingt nicht ausgewiesen

Auffallend ist zudem, dass sich ab der Altersgruppe der 40-Jährigen die Unterschiede beim erweiterten Vermögen deutlich auseinander entwickeln. Während Westdeutsche weiter Vermögen aufbauen, stagniert dieses für die Ostdeutschen zwischen 40 und 45 Jahren. In dieser Kohorte dürften sich bereits deutlich Zeiten mit Arbeitslosigkeit seit dem Mauerfall nachteilig auf die Rentenanwartschaften auswirken. Das insgesamt niedrige Niveau an individuellem Vermögen in Ostdeutschland deutet daraufhin, dass die Gefahr für Altersarmut steigen dürfte, da die Rentenanwartschaften insgesamt deutlich geringer ausfallen als in Westdeutschland und zudem das individuelle Nettogeld- und Sachvermögen immer noch unterdurchschnittlich ausfällt.

5.4.4 Individuelles erweitertes Nettovermögen nach Migrationshintergrund

Die für Ost- und Westdeutschland beobachteten Vermögensunterschiede dürften sich auch bei einer Analyse des um Rentenanwartschaften erweiterten Vermögens nach dem Migrationshintergrund wiederfinden, denn offensichtlich unterscheiden sich Autochthone und Migranten deutlich in den relevanten Faktoren Arbeitsmarktbeteiligung und Entlohnung.

Abb. 5-7: Individuelles Nettovermögen unter Berücksichtigung des Gegenwartswertes von Rentenanwartschaften nach Migrationsstatus

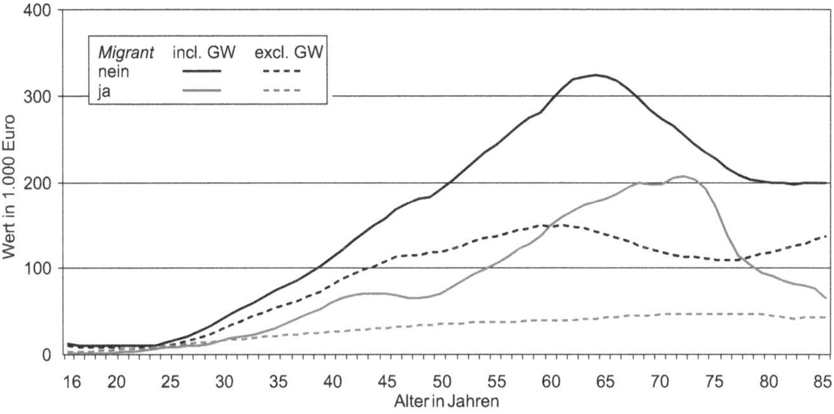

GW: Gegenwartswert, Diskontierungsrate i = 3%

Quelle: SOEP 2007, Werte für Personen oberhalb von 85 Jahren werden fallzahlbedingt nicht ausgewiesen

Die Vermögensdifferenz zwischen Autochthonen und Personen mit Migrationshintergrund, basierend auf dem individuellen Nettogeld- und Sachvermögen, beträgt im Jahr 2007 für die Gruppe um das Verrentungsalter (63 bis 67 Jahre) knapp 90.000 Euro (Abb. 5-7). Unter Berücksichtigung der Rentenanwartschaften steigt diese Vermögensdifferenz auf rund 130.000 Euro an. Auffallend ist zudem, dass bei den Autochthonen das Maximum des erweiterten Vermögens bereits rund um das Verrentungsalter erreicht wird, während dies bei den Migranten erst bei etwa 70 Jahren gilt. Dies ist vermutlich auf ein unterschiedliches Re-Migrationsverhalten zurückzuführen, d.h. wohlhabendere und vermutlich besser integrierte Migranten verbleiben eher in Deutschland bzw. haben eine deutlich höhere Überlebenswahrscheinlichkeit als Migranten mit geringem Bildungsniveau und geringeren ökonomischen Ressourcen. Des Weiteren fällt auch der wie in Ostdeutschland zu beobachtende Befund auf, dass zwischen 40 und 50 Jahren das erweiterte Vermögen der Migranten stagniert. Dies geht vermutlich auch hier auf das überdurchschnittliche Arbeitslosigkeitsrisiko von Migranten zurück.

5.4.5 Individuelles erweitertes Nettovermögen nach beruflicher und sozialer Stellung

Wie bereits oben beschrieben ist die Altersversorgung traditionell nach Berufsgruppen unterschiedlich organisiert und unterscheidet sich vor allem auch im Hinblick auf das Versorgungsniveau. In Abbildung 5-8 wird daher der Gegenwartswert aller individuellen Rentenanwartschaften nach drei verschiedenen Berufsgruppen ausgewiesen. Hier wird ersichtlich, dass Beamte mit weitem Abstand die höchsten Anwartschaften erzielen. Im Verrentungszeitraum (63 bis 67 Jahre) beträgt deren Gegenwartswert rund 400.000 Euro. Im Gegensatz dazu liegt der Gegenwartswert bei „abhängig Beschäftigten" des gleichen Alters mit rund 160.000 Euro lediglich bei 40% des Wertes der Beamten.

Abb. 5-8: Gegenwartswert von Rentenanwartschaften nach Berufsgruppen

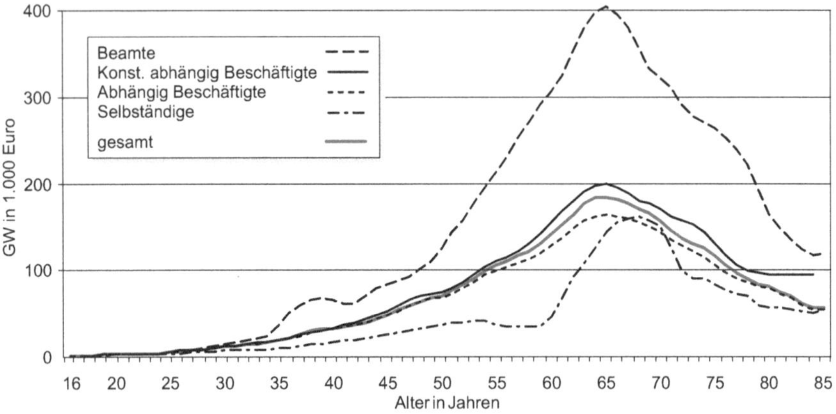

GW: Gegenwartswert, Diskontierungsrate i = 3%

Quelle: SOEP 2007, Werte für Personen oberhalb von 85 Jahren werden fallzahlbedingt nicht ausgewiesen

Hierbei ist aber anzumerken, dass sich hinter der Gruppe der „abhängig Beschäftigten" auch solche mit (längeren) Phasen der Arbeitslosigkeit, Aus- und Umschulung oder Kindererziehung verbergen, die in der Regel die Höhe der Anwartschaften an die GRV negativ beeinflussen. Aus diesem Grunde wurde zusätzlich die Gruppe der dauerhaft abhängig Erwerbstätigen untersucht. Diese definieren sich als Personen, die über nur geringe oder keine Unterbrechungen ihrer Erwerbskarriere sowie bei Verrentung über mindestens 40 Versicherungsjahre verfügen. Für diese Gruppe liegt der Gegenwartswert der Rentenanwartschaften bei rund 200.000 Euro und damit erwartungsgemäß gut 40.000 Euro über dem Wert der aller abhängig Beschäftigten; gleichwohl erreicht auch diese Selektion lediglich die Hälfte der Anwartschaften von Beamten bzw. Pensionären.

Der ausgeprägte Unterschied zwischen den abhängig Beschäftigten und den Beamten ist auf verschiedene Ursachen zurückzuführen. Zum einen gibt es eine positive Selektion bei Beamten, d.h. Personen mit überdurchschnittlichem Krankheitsrisiko werden infolge der beamtenrechtlich vorgeschriebenen Gesundheitsprüfung für gewöhnlich nicht in den Beamtenstatus aufgenommen. Auch ist davon auszugehen, dass Beamte eine c.p. bessere Gesundheitsversorgung im Rahmen der privaten Krankenversicherung und der staatlichen Beihilfe genießen. Zum anderen ist das Versorgungsniveau der Beamten traditionell deutlich besser als bei Personen, die allein einen Anspruch auf eine gesetzliche Rente erwerben, da Betriebsrenten eine freiwillige Leistung des Arbeitgebers darstellen. Letztlich ist auch das Ausbildungsniveau der Beamten insgesamt etwas besser als bei allen abhängig Beschäftigten. Von überragender Bedeutung für diese markanten Unterschiede ist jedoch die bevorzugte Behandlung der Beamten, deren Pensionsansprüche auf Basis der zuletzt bezogenen Alimentation berechnet werden, während die Anwartschaften an die GRV auf der Beitragsleistung *aller* Versicherungsjahre beruhen.

Die Gruppe der Selbstständigen ist zwar nicht pflichtversichert in der GRV, es können aber neben freiwilligen Beiträgen auch Ansprüche aus Zeiten mit einer abhängigen Beschäftigung bestehen. Im Ergebnis zeigt sich, dass der Gegenwartswert aus Rentenanwartschaften bei den Selbstständigen bis zum Verrentungsalter zum Teil deutlich unter denen der abhängig Beschäftigten liegt. Hierin kommt natürlich auch zum Ausdruck, dass Selbstständige die „gesparten" Beiträge zur Sozialversicherung zum Aufbau privaten Vermögens in Form von privaten Versicherungen oder Immobilien nutzen. Nur eine Zusammenschau aller dieser Vermögenskomponenten liefert also ein vollständigeres Bild der Vermögensverteilung.

Ab dem 60. Lebensjahr nimmt der Gegenwartswert der Rentenanwartschaften bei den Selbstständigen deutlich zu und erreicht mit rund 150.000 Euro in etwa das Niveau der abhängig Beschäftigten. Dies ist u.a. auf freiwillige Beitragszahlungen in die GRV zurückzuführen, um z.B. Mindestversicherungszeiten zu erlangen, die eine Auszahlung einer GRV-Rente rechtfertigen.

Insgesamt beläuft sich der Gegenwartswert der Anwartschaften an die GRV auf Basis der Mikrodaten des SOEP in der Variante mit einer Diskontierungsrate von 3% auf 3,52 Billionen Euro. Die Beamtenpensionen summieren sich auf etwa 0,79 Billionen Euro und die Betriebsrenten (inklusive der VBL) auf weitere 0,22 Billionen Euro. Für die gesamte Bevölkerung belaufen sich somit alle Anwartschaften (inkl. der Ansprüche an berufsständische Versorgungswerke mit etwa 0,05 Billionen Euro sowie die Kriegsopferversorgung) auf insgesamt knapp 4,6 Billionen Euro.[15]

15 Hierbei muss nochmals angemerkt werden, dass Anwartschaften an die betriebliche Altersversorgung und an berufsständische Versorgungswerke für aktive Versicherte aus Gründen der mangelnden Datenverfügbarkeit nicht enthalten sind. Alternative Diskontierungsraten, wie in Abbildung 5-1 dargestellt, resultieren in entsprechend unterschiedlich hohen Beträgen für die diversen Aggregate. Bei Verwendung eines Diskontie-

Die Zusammensetzung der Rentenanwartschaften für die verschiedenen Berufsgruppen wird in Abbildung 5-9 veranschaulicht. Für Selbstständige fällt das Bild recht differenziert aus. Insgesamt werden bis zum 60. Lebensjahr nur rela-

Abb. 5-9: Gegenwartswert von Rentenanwartschaften nach Berufsgruppen

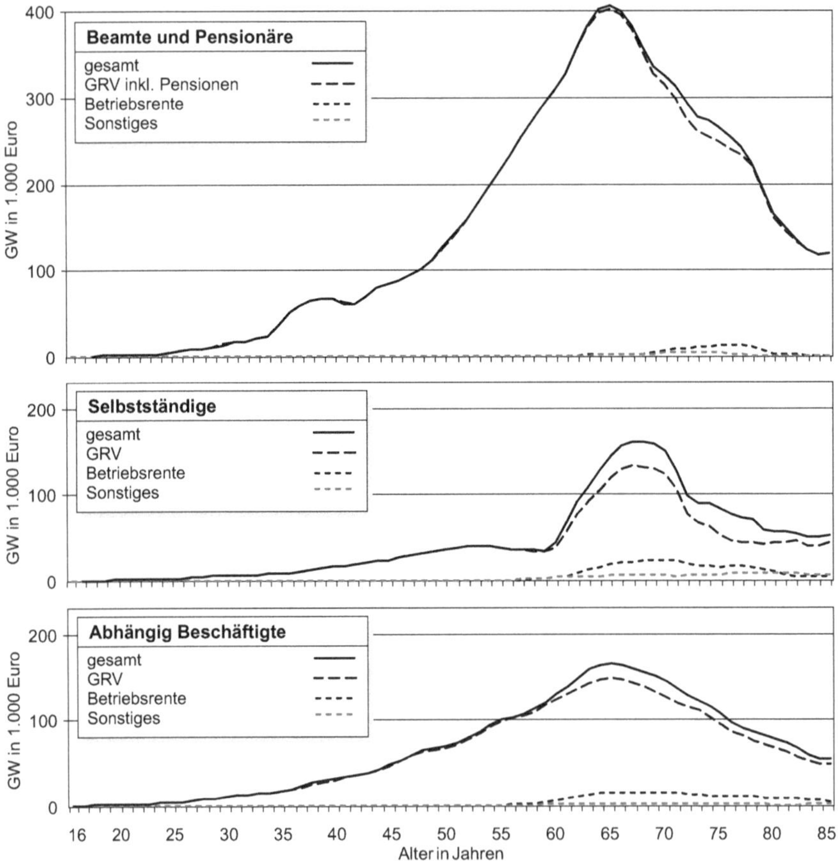

GW: Gegenwartswert, Diskontierungsrate i = 3%

Quelle: SOEP 2007, Werte für Personen oberhalb von 85 Jahren werden fallzahlbedingt nicht ausgewiesen.

---

rungssatzes von 1% bzw. 5% variiert der Gesamtwert aller Anwartschaften zwischen 6,1 Billionen bzw. 3,6 Billionen Euro.

tiv geringe Rentenanwartschaften erworben. Die höchsten Ansprüche werden gegenüber der GRV erworben, wobei der maximale Gegenwartswert bei rund 130.000 Euro liegt. Der maximale Gegenwartswert der Betriebsrenten liegt gerade einmal bei gut 20.000 Euro. Die berufsständische Versorgung stellt zwar für die freien Berufe die erste Säule der Alterssicherung dar, vor dem Hintergrund der relativ geringen Bedeutung der freien Berufe unter allen Selbstständigen fällt damit der Gegenwartswert für alle Selbstständigen aber sehr gering aus.

Abhängig Beschäftigte erzielen ein wesentlich niedrigeres Niveau von Sozialvermögen. Bei dieser Gruppe haben erwartungsgemäß die Anwartschaften an die GRV den weitaus größten Anteil. Im Alter von 65 Jahren macht der Anteil der Anwartschaften an die GRV gut 85% aus, die betriebliche Altersversorgung (inklusive VBL) hat demgegenüber nur einen Anteil von rund 15%.

Bevor das Vermögen aus Rentenanwartschaften in Beziehung zum individuellen Geld- und Sachvermögen gesetzt wird, wird letztgenanntes für die drei Berufsgruppen noch einmal separat ausgewiesen. In Abbildung 5-10 ist das nach der multiplen Imputation resultierende individuelle Nettovermögen ohne Rentenanwartschaften dargestellt. Die Selbstständigen verfügen demnach über das höchste individuelle Nettovermögen, wobei hier explizit auch der Wert des Betriebsvermögens berücksichtigt ist.[16] Daher haben Selbstständige bereits in jungen Jahren eine deutliche höhere Vermögensposition als Beamte oder abhängig Beschäftigte vergleichbaren Alters (hier spielen z.B. Betriebsvermögen aufgrund von Erbschaften eine Rolle).

Wird der Gegenwartswert aller individuellen Rentenanwartschaften zu dem individuellen Vermögen hinzugezählt (Abb. 5-11), so geht die hervorgehobene Position der Selbstständigen verloren. Aufgrund der besonderen (quantitativen) Bedeutung der Beamtenversorgung weisen nun Pensionäre bzw. Beamte kurz vor der Pensionierung die höchsten Vermögensbestände auf. Das erweiterte Vermögen aus Geld- und Sachvermögen unter Berücksichtigung des Gegenwartswertes aller Rentenanwartschaften erreicht bei den Beamten und Pensionären im Alter von Mitte 60 somit im Durchschnitt fast 600.000 Euro. Selbstständige kommen demgegenüber bei dem erweiterten Vermögen rund um das Verrentungsalter immerhin auf einen Wert von rund 480.000 Euro. Erwartungsgemäß fällt der Zuwachs durch die Rentenanwartschaften mit 100.000 Euro bei den Selbstständigen von allen drei Berufsgruppen am geringsten aus, da Selbstständige private Eigenvorsorge betreiben, die sich entsprechend im Geld- und Sachvermögen niederschlagen und Anwartschaften an die GRV oder an Betriebsrenten für gewöhnlich nur aus früherer (abhängiger) Erwerbstätigkeit bezogen werden.

---

16 Die offensichtlich größere Variation in der Verteilung der fünf multipel imputierten Vermögen für die Gruppe der Selbstständigen spiegelt insbesondere die größere Unsicherheit in der Imputation der Betriebsvermögen wider.

Abb. 5-10: Nettogeld- und Sachvermögen nach Berufsgruppen

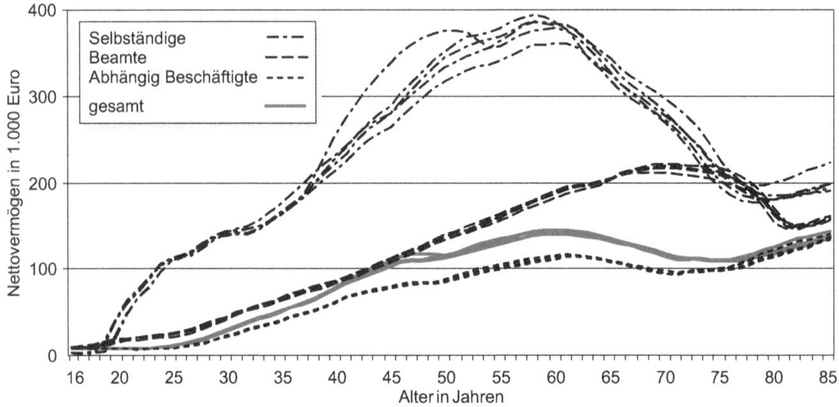

Anmerkung: für jede Gruppe stellen die fünf Linien das individuelle Nettovermögen entsprechend den fünf multiplen Imputationen dar.

Quelle: SOEP 2007

Abhängig Beschäftigte weisen das geringste erweiterte Vermögen auf. Unter Hinzurechnung der Rentenanwartschaften steigt deren individuelles Gesamtvermögen um das Verrentungsalter (63 bis 67 Jahre) von ca. 110.000 Euro auf 270.000 Euro. Die dauerhaft abhängig Beschäftigten liegen hier sowohl beim individuellen Geld- und Sachvermögen als auch beim erweiterten individuellen Vermögen nur geringfügig über dem Wert von allen abhängig Beschäftigten. Nach Berücksichtigung der Rentenanwartschaften liegt deren gesamtes individuelles kombiniertes Nettovermögen mit etwa 295.000 Euro um rund 25.000 Euro höher als bei allen abhängig Beschäftigten.

In einer alternativen Darstellung wird der Durchschnittswert des Gegenwartswertes der Renten- und Pensionsanwartschaften über alle Altersgruppen hinweg nach beruflicher Stellung bzw. sozialem Status ausgewiesen (Tab. 5-2). Insgesamt beläuft sich der Gegenwartswert aller Anwartschaften auf 67.000 Euro. Das kombinierte individuelle Geld- und Sachvermögen zuzüglich des Gegenwartswertes der Rentenanwartschaften steigt damit auf rund 155.000 Euro, was einem Zuwachs von 76% entspricht. Wie bereits gezeigt, fällt dieser Zuwachs je nach beruflicher oder sozialer Stellung unterschiedlich hoch aus. Bei Berufseinsteigern macht dieser aufgrund der kurzen Erwerbsbiographie und des entsprechend großen Diskontierungseffektes weniger als 3.000 Euro aus, dennoch entspricht dies einem Zuwachs von knapp 30%, da auch das individuelle Geld- und Sachvermögen bei jungen Erwachsenen noch entsprechend gering ist.

Abb. 5-11: Individuelles Nettogeld- und Sachvermögen mit und ohne den Gegenwartswert von Rentenanwartschaften nach Berufsgruppen

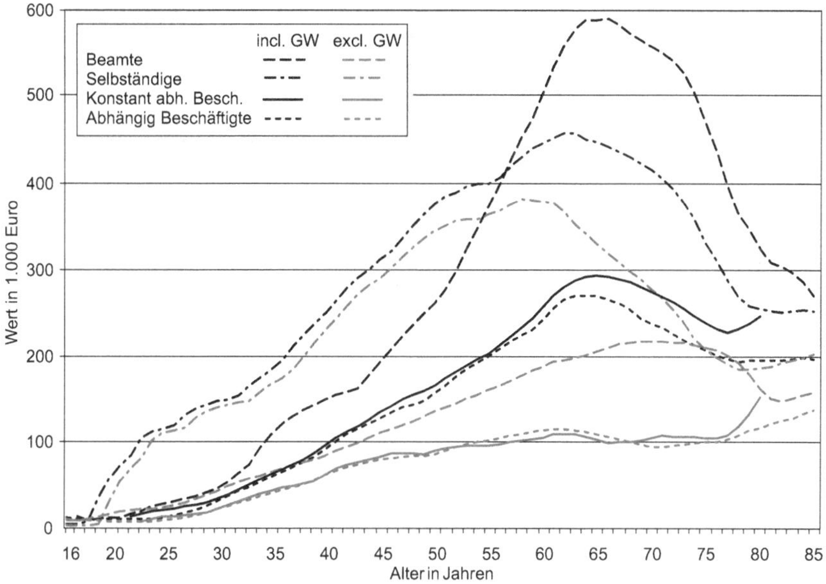

GW: Gegenwartswert, Diskontierungsrate i = 3%

Quelle: SOEP 2007, Werte für Personen oberhalb von 85 Jahren werden fallzahlbedingt nicht ausgewiesen

Bei Arbeitern und Angestellten sind die Unterschiede beim Gegenwartswert der bis 2007 erworbenen Rentenanwartschaften wesentlich weniger stark ausgeprägt als beim individuellen Nettogeld- und Sachvermögen. So variieren die GRV-Ansprüche bei Ungelernten, Facharbeitern bzw. Meistern und Angestellten mit qualifizierter Tätigkeit nur zwischen 40.000 und 49.000 Euro. Diese vergleichsweise geringe Variation erklärt sich durch die Pflichtmitgliedschaft in der GRV, da quasi automatisch für jeden abhängig Beschäftigten Anwartschaften gebildet werden. Dagegen sind beim verfügbaren Einkommen – als der zentralen Quelle für den Aufbau des privaten Geld- und Sachvermögens – die Akkumulationsmöglichkeiten je nach beruflicher Stellung unterschiedlich ausgeprägt, was sich entsprechend in der unterschiedlichen Höhe des Geld- und Sachvermögens dieser Beschäftigten spiegelt. Zudem wirkt sich beim Gegenwartswert der Rentenanwartschaften die Beitragsbemessungsgrenze aus, die effektiv die Anwartschaften bzw. die Höhe der künftigen Rentenzahlungen deckelt. Dennoch erreicht der Gegenwartswert der Rentenanwartschaften bei Angestellten mit umfassender Führungstätigkeit ein Niveau von knapp 80.000 Euro, was neben den überdurchschnittlichen Erwerbseinkommen auch durch ein höheres Lebensalter mit entsprechend längerer Einzahlungsdauer in die Altersvorsorgesysteme erklärt werden kann. Das mittlere Alter (Median) der Personen in dieser Gruppe beträgt 47 Jahre. Die relative Veränderung bezogen auf das Geld- und Sachvermögen fällt demnach bei den am niedrigsten qualifizierten Arbeitern und Angestellten mit knapp 120% am stärksten aus und sinkt – trotz absolut höherer Werte – bei den Angestellten mit umfassenden Führungsaufgaben auf 25%. In der letztgenannten Gruppe fällt der weit unterdurchschnittliche Anteil von Frauen auf: Deren individuelles Nettogeld- und Sachvermögen liegt nicht nur rund 220.000 Euro niedriger als jenes der Männer in dieser Gruppe, sondern eine große Diskrepanz ist auch beim Gegenwert der Rentenanwartschaften von „lediglich" 57.000 Euro gegenüber 85.000 Euro sichtbar. Hier spiegeln sich offenbar deutliche geschlechtsspezifische Unterschiede *innerhalb* der Besetzung von Top-Positionen (vgl. Holst 2009).

Wie schon oben beschrieben fallen die Gegenwartswerte für Anwartschaften an die Alterssicherungssysteme innerhalb der Gruppe der aktiv Versicherten für die Beamten am höchsten aus. Beamte des einfachen und mittleren Dienstes können auf Anwartschaften vorrangig aus Pensionen in Höhe von 80.000 Euro, Beamte höherer Laufbahnen auf knapp 130.000 Euro vertrauen. Der relative Zuwachs fällt entsprechend mit knapp 130% bzw. 91% hoch aus, obwohl insbesondere die Letztgenannten bereits über ein weit überdurchschnittliches individuelles Nettogeld- und Sachvermögen verfügen. Damit erreicht das erweiterte Nettovermögen inklusive der Renten- und Pensionsanwartschaften bei diesen beiden Beamtengruppen 144.000 Euro bzw. 268.000 Euro. In beiden Beamtengruppen ist der Frauenanteil unterdurchschnittlich (rund 40%) und der durchschnittliche Pensionsanspruch von Frauen erreicht lediglich knapp 60% desjenigen der männlichen Beamten (nicht in der Tabelle ausgewiesen). Dennoch ist der Frauenanteil im gehobenen Dienst höher als in vergleichbaren Positionen in der Privatwirtschaft (Holst 2009).

Selbstständige haben – insbesondere wenn sie Unternehmen mit mehreren Mitarbeitern führen – erwartbar unterdurchschnittliche Ansprüche an die Alterssicherungssysteme. Deren Gegenwartswert liegt nur bei etwas mehr als 20.000 Euro, da diese Personengruppen in der Regel private Altersvorsorge im Rahmen von privaten Versicherungen oder Immobilien betreiben. Der relative Zuwachs fällt mit knapp 7% bzw. 2% entsprechend gering aus. Etwas anders stellt sich die Lage für Soloselbstständige dar. Deren Gegenwartswert der Rentenanwartschaften macht 46.000 Euro aus und liegt über dem Wert der einfachen und mittleren Arbeiter und Angestellten. Dies erklärt sich aber auch durch das etwas höhere Lebensalter der Soloselbstständigen mit im Schnitt 47 Jahren. Allerdings ist die Gruppe der Soloselbstständigen sehr heterogen, die sich u.a. auch aus

Tab. 5-2: Individuelles Nettogeld- und Sachvermögen und der Gegenwartswert von Rentenanwartschaften nach beruflicher Stellung 2007

Basis: Personen in Privathaushalten im Alter ab 17 Jahren (inkl. 0,1%-Top-Coding)

	Individuelles Nettogeld- und Sachvermögen (Euro)	Gegenwartswert der Renten- und Pensionsanwart-schaften (Euro)	Erweitertes individuelles Netto-vermögen[b] (Euro)	Relative Verände-rung (%)	Alter in Jahren (Median)	Anteil Frauen (%)
In Ausbildung, Praktikant, Wehr-, Zivildienst	9.874	2.866	12.740	29,0	20	51
Un-, angelernte Arbeiter, Angestellte ohne Ausbil-dungsabschluss	34.367	40.193	74.560	117,0	43	58
Gelernte und Facharbeiter, Angestellte mit einfacher Tätigkeit	45.950	40.594	86.544	88,3	41	44
Vorarbeiter, Meister, Polier, Angestellte mit qualifizierter Tätigkeit	81.746	49.093	130.839	60,1	41	52
Angestellte mit umfassenden Führungsaufgaben	308.367	78.614	386.981	25,5	47	22
Beamte, einfacher oder mittlerer Dienst	63.364	80.683	144.047	127,3	40	40
Beamte, gehobener oder höherer Dienst	140.339	128.026	268.365	91,2	48	42
Selbstständige ohne Mitarbeiter[a]	174.618	46.047	220.665	26,4	47	41
Selbstständige mit 1 bis 9 Mitarbeitern	345.571	23.222	368.793	6,7	44	26
Selbstständige mit 10 oder mehr Mitarbeitern	1.109.367	22.600	1.131.967	2,0	44	29
Nicht erwerbstätig	86.536	26.458	112.994	30,6	43	91
Arbeitslos	16.702	39.521	56.223	236,6	40	55
Rentner	108.129	125.093	233.222	115,7	71	59
Pensionäre	195.857	306.856	502.713	156,7	68	25
Nachrichtlich:						
Keine Angabe	69.668	106.094	175.762	152,3	60	53
Insgesamt	*88.034*	*67.301*	*155.335*	*76,4*	*47*	*54*

a – Inkl. mithelfende Familienangehörige; *b* – individuelles Nettogeld- und Sachvermögen inkl. dem Gegenwartswert der Renten- und Pensionsanwartschaften.

Quelle: SOEP 2002, 2007

mithelfenden Familienangehörigen – die vermutlich über nur geringe Rentenanwartschaften verfügen dürften – oder auch Freiberuflern zusammensetzt. Es kann zudem vermutet werden, dass gerade Soloselbstständige in einer früheren Tätigkeit sozialversicherungspflichtig beschäftigt waren und über überdurchschnittliche Erwerbseinkommen verfügten, die sich in entsprechend höheren Anwartschaften widerspiegeln (Pannenberg 1998). Gerade bei der Gruppe der Freiberufler dürften die tatsächlichen Rentenanwartschaften aber erheblich höher ausfallen, da in der hier vorgenommenen Approximation für die aktiv Versicherten die Ansprüche an berufsständische Versorgungswerke nicht enthalten sind. Deren Versorgungsniveau liegt aber deutlich über dem der GRV. Selbstständigkeit ist wie bereits in Kapitel 5 ausgeführt eine Männerdomäne, insbesondere wenn weitere Mitarbeiter beschäftigt werden. Gleichwohl fallen hier keine relevanten geschlechtsspezifischen Unterschiede in den ohnehin geringen Rentenanwartschaften auf.

Nicht-Erwerbstätige weisen mit 26.000 Euro erwartungsgemäß geringe Gegenwartswerte aus Rentenanwartschaften auf – zudem ist diese Gruppe mit einem Anteil von über 90% klar von Frauen dominiert. Dafür liegen die entsprechenden Werte bei den Arbeitslosen mit knapp 40.000 Euro auf einem ähnlichen Niveau wie gering und mittel qualifizierte Arbeiter und Angestellte. Hierin spiegelt sich die Funktion der Arbeitslosenversicherung wider, bei der im Falle von offiziell registrierter Arbeitslosigkeit weiterhin Beiträge an die GRV entrichtet werden – wenngleich mit gewissen Abschlägen. Erst bei dauerhafter Arbeitslosigkeit und dem Bezug von Arbeitslosengeld II stagnieren die Rentenanwartschaften, da Beziehern von Arbeitslosengeld II pro Jahr nur noch ein Rentenanspruch in Höhe von 2,19 Euro/Monat gewährt wird. Diese Regelung gilt aber erst seit 2005, so dass sich dies in den hier vorgelegten Analysen auf Basis des Jahres 2007 bei den Arbeitslosen noch nicht nachhaltig auswirken konnte, wenngleich die Rentenanwartschaften von künftigen Arbeitslosengeld-II-Empfängern deutlich schlechter ausfallen werden. Derzeit stellt der Gegenwartswert der Rentenanwartschaften für die aktuell Arbeitslosen mit rund 70% des erweiterten Nettovermögens einen wichtigen Vermögensbestand dar. Ungeachtet dessen liegt der absolute Wert mit 56.000 Euro aber am unteren Ende der Vermögenshierarchie.

Letztlich zeigen sich bei den Rentnern und Pensionären erwartungsgemäß weit überdurchschnittliche Gegenwartswerte aus Renten- und Pensionsanwartschaften, die sich bei diesen Kohorten unter anderem auch durch vergleichsweise geringe Erwerbsunterbrechungen erklären. Bei Rentnern macht der Gegenwartswert der Rentenanwartschaften 125.000 Euro aus, während dies bei den Pensionären aufgrund des deutlich besseren Absicherungsniveaus bei den Pensionen bei über 300.000 Euro liegt. Die entsprechenden Werte für das erweiterte Nettovermögen liegen bei den Rentnern bei 230.000 Euro und bei den Pensionären aufgrund auch ihrer bereits hervorgehobenen Position bei den Geld- und Sachvermögen bei mehr als 500.000 Euro. Diese weit überdurchschnittliche Vermögensposition ist das Ergebnis eines doppelten Privilegs. Zum einen sind Beamte in der aktiven Erwerbsphase von jeglichen Pflichtbeitragszahlungen zur Altersvorsorge befreit, was deren Akkumulationsmöglichkeiten für das Geld- und Sachvermögen positiv beeinflusst, zum anderen ist das Sicherungsniveau bei Pensionen im Vergleich zu sozialversicherungspflichtig abhängig Beschäftigten weitaus höher.[17] Zudem fällt auf, dass die Gruppe der Pensionäre zu rund drei Vierteln aus Männern besteht, die in früheren Kohorten den Beamtenstatus noch stärker dominierten als heute, während Frauen mit knapp 59% unter den Rentnern (sprich ehemals sozialversicherungspflichtig Beschäftigten) überrepräsentiert sind. Letzteres ist auch Ergebnis der höheren Lebenserwartung von Frauen und in ausklingendem Maße auch Spätfolge des Zweiten Weltkriegs. Während die Altersicherungsansprüche von Pensionärinnen mit 320.000 Euro sogar leicht über jenen der vergleichbaren Männer liegen, sind die eigenen Ansprüche von Rentnerinnen an die GRV aufgrund des in den älteren Kohorten Deutschlands noch stark vertretenen „Male-breadwinner"-Modells mit häufigeren Erwerbsunterbrechungen und geringerem Erwerbsumfang – trotz der höheren Lebenserwartung – deutlich niedriger als jene der Männer (94.000 Euro für Rentnerinnen versus 169.000 Euro für Rentner).

5.5 Der Einfluss der Berücksichtigung von Ansprüchen an die Alterssicherungssysteme auf die Vermögensverteilung

Wie die bisherigen Ausführungen belegen, betrifft die Berücksichtigung der Ansprüche an die diversen Alterssicherungssysteme im Rahmen einer erweiterten Vermögensverteilungsanalyse verschiedene soziale Gruppen in recht unterschiedlichem Maße. Darauf aufbauend stellt sich auch die Frage nach dem Einfluss dieser Erweiterung der Definition des Vermögensbegriffs auf die gemessene Ungleichheit in der gesamten Bevölkerung.

Wie Tabelle 5-3 eindrucksvoll belegt, ergibt sich bei Berücksichtigung des Gegenwartswertes der Renten- und Pensionsanwartschaften in der individuellen Vermögensverteilungsrechnung auch eine markante Veränderung der Ungleichheit. Die relativ hohe Ungleichheit der individuellen Nettovermögen von rund 0,8 gemessen am Gini-Koeffizienten reduziert sich durch die Berücksichtigung der Altersversorgungsansprüche auf 0,637, was einem Rückgang von gut 20%

---

17 Es sei jedoch darauf hingewiesen, dass das Erwerbseinkommen von Beamten im Vergleich zur Privatwirtschaft eher geringer ausfällt.

Tab. 5-3: Der Einfluss von Altersversorgungsansprüchen auf die Vermögensverteilung in Deutschland, 2007

Verteilungskennwerte	Individuelles Nettogeld- und Sachvermögen	Gegenwartswert[a] der Renten- und Pensionsanwartschaften	Erweitertes individuelles Nettovermögen[b]
Mittelwert (Euro)	88.034	67.302	155.336
Median (Euro)	15.288	32.835	81.426
Gini	0,799	0,617	0,637
p90 : p50-Verhältnis	14,547	5,362	4,375

a – Diskontierungsrate i = 3%; *b* – Individuelles Nettogeld- und Sachvermögen inklusive dem Gegenwartswert der Renten- und Pensionsanwartschaften.

Quelle: SOEP 2007

entspricht.[18] Dies liegt an der deutlich geringeren Konzentration der Altersversorgungsansprüche, da faktisch jede erwerbstätige Person Anwartschaften an eines dieser Sicherungssysteme erwirbt – gleichzeitig erfolgt aufgrund der mit der Beitragsbemessungsgrenze einhergehenden Obergrenze dieser Anwartschaften ein zusätzlicher ungleichheitsdämpfender Effekt. Dies zeigt sich am Gini-Koeffizienten von 0,617 für den Gegenwartswert der individuellen Anwartschaften, wobei dieser Wert aber immer noch höher liegt als jener der bedarfsgewichteten Haushaltsmarkteinkommen (Gini-Koeffizient von 0,52 im Jahre 2006; Grabka et al. 2007). Das 90:50 Dezilsverhältnis belegt die niedrigere Ungleichheit der Altersversorgungsansprüche im oberen Verteilungsbereich noch deutlicher: Dieser Wert von 5,4 liegt nur bei rund einem Drittel desjenigen für das Nettogeld- und Sachvermögen. Aufgrund des hohen Verbreitungsgrades der Alterssicherungsansprüche steigt der Mittelwert des individuellen Nettovermögens um 67.000 Euro auf 155.000 Euro. Gemessen am Median fällt der Zuwachs annähernd genauso stark aus und macht nach Berücksichtigung der Renten- und Pensionsanwartschaften mehr als 80.000 Euro aus. Im Ergebnis bedeutet dies, dass sich der relative Abstand zwischen dem 9. Dezil und dem Median von etwa 14,6 auf rund 4,4 reduziert.[19]

18 Eine etwas höhere Reduktion der Ungleichheit durch die Berücksichtigung des Sozialvermögens findet Hober (1981) für das Jahr 1973. Hier reduzierte sich der Gini-Koeffizient beim Pro-Kopf-Nettogesamtvermögen von 0,749 auf 0,540.

19 In einer zusätzlichen Simulationsrechnung, die auch den Gegenwartswert aktuell bezogener Hinterbliebenenversorgung berücksichtigt, steigt das erweiterte individuelle Nettovermögen im Durchschnitt der erwachsenen Bevölkerung um rund 4.500 Euro auf knapp 160.000 Euro (bei einer Diskontierungsrate von 3%). Zwar erreicht dieser Vermögenswert für die faktischen Bezieher (in der Regel Witwen) eine relevante Größenordnung von im Durchschnitt über 70.000 Euro, jedoch umfasst diese Gruppe lediglich rund 6% der Bevölkerung. Dadurch wirkt diese fiktive Vermögenskomponente auch nur leicht senkend auf die insgesamt gemessene Ungleichheit.

Den hohen Verbreitungsgrad und die etwas gleichmäßigere Verteilung der Altersversorgungsansprüche macht auch Abbildung 5-12 deutlich. Unterteilt nach den Dezilen des individuellen Nettogeld- und Sachvermögens zeigt sich, dass vom 1. bis zum 5. Dezil mit rund 40.000 bis 50.000 Euro annährend das gleiche Niveau an Renten- und Pensionsanwartschaften akkumuliert wird. Ab dem 6. Dezil nehmen die Altersvorsorgeansprüche zu und erreichen im 10. Dezil einen Gegenwartswert von mehr als 120.000 Euro. Hier schlägt sich vorrangig das in den Alterssicherungssystemen angewendete Äquivalenzprinzip des engen Zusammenhangs zwischen der Höhe des individuellen Erwerbseinkommens und der Höhe der Anwartschaften nieder.

Abb. 5-12: Durchschnittliche Höhe des individuellen Nettovermögens und des Gegenwartswerts der Alterssicherungsansprüche (GW) nach Dezilen des Nettogeld- und Sachvermögens, 2007

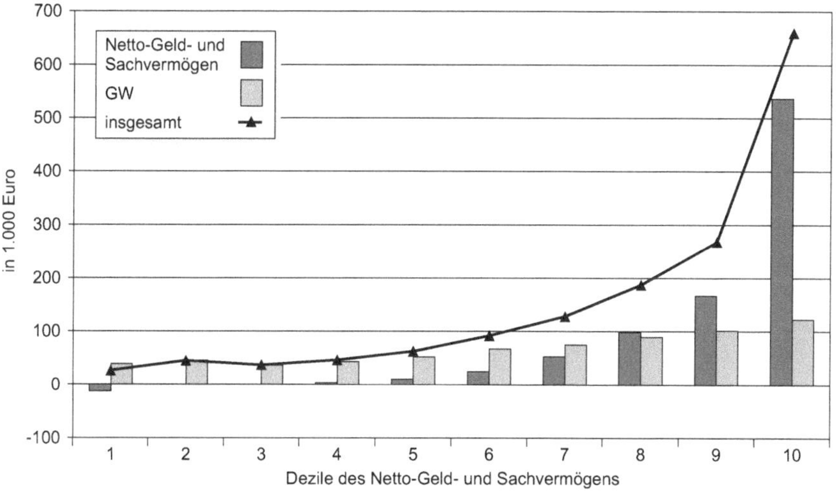

Anmerkung: Die Vermögensdezile basieren auf dem individuellen Nettogeld- und Sachvermögen.

Quelle: SOEP 2007; Personen in Privathaushalten, inkl. 0,1%-Top-Coding

Insgesamt belegen die Analysen zum Gegenwartswert von Renten- und Pensionsanwartschaften, dass die Vermögensposition aller beruflichen und sozialen Statusgruppen nachdrücklich verbessert wird, wenngleich das wahre Ausmaß hier sogar noch unterschätzt wird. Denn Ansprüche von aktiven Versicherten an Betriebsrenten und berufsständische Versorgungswerke sind aus Gründen der Datenverfügbarkeit nicht berücksichtigt. Nur bei den bereits verrenteten Personen sind diese Ansprüche über die Befragungsdaten des SOEP approximierbar und entsprechend in den vorgelegten Analysen enthalten. Letztlich muss jedoch betont werden, dass eine schlichte Addition des Gegenwartswerts aller Rentenanwartschaften zum Geld- und Sachvermögen und die Interpretation des so definierten erweiterten Vermögens auch aus wohlfahrtsökonomischer Sicht insofern problematisch ist, als von den diversen Funktionen, die dem Geld- und Sachvermögen zugewiesen werden können, die Rentenanwartschaften lediglich die ihr originär zugedachte Sicherungsfunktion erfüllt werden kann.

Eine wichtige Einschränkung der vorliegenden Analyse besteht in der fehlenden Berücksichtung von Beitragsverpflichtungen als Verbindlichkeiten für die jüngeren Kohorten, da hier allein die Anwartschaften ausgewiesen werden. Die relativ schwache Vermögenslage der abhängig Beschäftigten würde sich unter Berücksichtigung der Zahlungsverpflichtungen deutlich verschlechtern und gegebenenfalls sogar in einem negativen Vermögenssaldo bis in mittlere Altersgruppen resultieren. Zudem würde sich die privilegierte Stellung der Beamten aufgrund der Beitragsfreiheit weiter verbessern.[20] Eine genaue Quantifizierung der Verbindlichkeiten an Alterssicherungssysteme ist jedoch äußerst kompliziert, da es sowohl einer Abschätzung aktueller als auch künftiger Beitragszahlungen erfordert. Dies würde u.a. auch einer Simulation von noch nicht geborenen Kohorten bedürfen, für die allesamt bereits bei Geburt ein negatives Vermögen vorläge.

---

20 Eine weiter zunehmende Diskrepanz in der Vermögenslage dürfte sich auch bei Berücksichtigung der unterschiedlichen sozial-differentiellen Mortalität bei der Abschätzung des Gegenwartswerts von Rentenanwartschaften ergeben (Himmelreicher et al. 2008).

6. Zusammenfassung und sozialpolitische Schlussfolgerungen

6.1 Zentrale Ergebnisse

Über das Einkommen als Flussgröße hinausgehend stellt die Bestandsgröße Vermögen eine zentrale Ressource der Wohlfahrtsposition eines Individuums in der Gesellschaft dar. Die steuerrechtlich bevorzugte Behandlung von Kapital gegenüber anderen Einkommensarten einerseits sowie die Berücksichtigung von Vermögen bei der Bedürftigkeitsprüfung öffentlicher Transferleistungen andererseits sind deutliche Hinweise auf die besonderen Verteilungswirkungen, die von Vermögen ausgehen, und sie belegen den Forschungsbedarf aus soziologischer, ökonomischer wie auch sozialpolitischer Sicht. Auch im Hinblick auf den Lebenslauf ist die Analyse individueller Vermögen höchst relevant, da es über Altersgruppen hinweg zu weit ausgeprägteren Veränderungen kommt, als dies bei den laufenden Einkommen in der Regel der Fall ist. Die hier vorgelegten empirischen Ergebnisse einer zunehmenden Konzentration von Vermögen in Deutschland im Untersuchungszeitraum 2002 bis 2007 beinhalten auch deutliche Hinweise auf Polarisierungstendenzen der Gesellschaft.

Der Forschungsstand zur Vermögenssituation in Deutschland wurde jahrzehntelang durch methodische Probleme und eine relativ schwache Datenbasis beeinflusst. Mit den in den Jahren 2002 und 2007 erhobenen Vermögensinformationen im Sozio-oekonomischen Panel (SOEP) steht nun eine verbesserte Datengrundlage zur Verfügung. Die spezifischen Vorteile des SOEP sind hierbei ein gegenüber der Einkommens- und Verbrauchsstichprobe (EVS) vollständigerer Vermögensbegriff, da auch das besonders verteilungssensitive Betriebsvermögen sowie Vermögensbestände, die in Wertsachen gehalten werden, erfasst wurden. Daneben weist das SOEP mit einer Überrepräsentation von Migranten und der spezifischen Hocheinkommensstichprobe den Vorteil auf, dass insbesondere die Ränder der Einkommens- und Vermögensverteilung – und damit ökonomisches Kapital – detaillierter beschrieben und analysiert werden können als in der EVS mit der bekanntermaßen eingeschränkten Repräsentation der Population mit Migrationshintergrund und der Exklusion hoher Einkommen.

Aus methodischer Sicht ist ein Ergebnis dieses Forschungsprojekts eine verbesserte Aufbereitung der Vermögensdaten des SOEP, da mittels multipler Imputationsverfahren Messfehler durch fehlende Antwortangaben adäquat korrigiert werden. Die Notwendigkeit für eine Korrektur dieser Messfehler kann anhand der Selektivität des Ausfallprozesses aufgezeigt werden, da es ohne entsprechende Maßnahmen zu einer signifikanten Unterschätzung sowohl des gesamtgesellschaftlichen Vermögensaggregats als auch der Verteilung der Vermögen käme. Dabei nimmt der Anteil der fehlenden Antwortangaben ein nicht zu ignorierendes Ausmaß an, da rund ein Drittel aller Personen von diesem Messfehler betroffen sind. Auch aus diesem Grunde wurde hier statt der sonst üblichen *single* Imputation eine *multiple* Imputation angewendet, die adäquat auch die Unsicherheit der Ersetzung dieser fehlenden Werte berücksichtigt und damit das Ausmaß eines potenziellen Bias aufgrund von Messfehlern reduziert.

Das gesamte Bruttogeld- und Sachvermögen (ohne Kraftfahrzeuge und Hausrat) der privaten Haushalte beläuft sich nach Angaben des SOEP im Jahre 2007 auf rund 7,4 Billionen Euro, wobei der Grund- und Immobilienbesitz mit knapp 5 Billionen Euro den größten Anteil ausmacht. Gleichzeitig haben die privaten Haushalte Verbindlichkeiten in Höhe von gut 1,3 Billionen Euro, vorrangig bestehend aus Hypothekar- und Konsumentenkrediten. Nach Abzug dieser Verbindlichkeiten beträgt das Nettogesamtvermögen der Haushalte in Deutschland im Jahre 2007 insgesamt 6,1 Billionen Euro. Legt man dieses auf jede erwachsene Person um, so liegt das durchschnittliche individuelle Nettovermögen bei 88.000 Euro und ist damit gegenüber 2002 um gut 10% gestiegen. Der Median der Vermögensverteilung erreicht lediglich 15.000 Euro. Rund zwei Drittel der Bevölkerung weisen im Jahre 2007 kein oder nur ein sehr geringes individuelles Nettogeld- und Sachvermögen auf. Im Gegensatz dazu verfügen die reichsten 10% über einen Anteil am Gesamtvermögen von mehr als 60%. Die obersten 5% der Vermögenden halten einen Anteil am aggregierten Nettovermögen von 46%, die obersten 1% allein 23%. Gegenüber 2002 hat sich die Vermögenskonzentration weiter verstärkt, und setzt damit den seit 1993 bestehenden Trend zunehmender Vermögensungleichheit in Deutschland weiter fort (Stein 2004; Ammermüller et al. 2005; Hauser 2009). Analysen zur Vermögensmobilität weisen darauf hin, dass – ähnlich wie beim Einkommen – insbesondere an den Rändern der Vermögensverteilung das Beharrungsvermögen besonders ausgeprägt ist. Der Panelcharakter der hier untersuchten SOEP-Daten unterstützt in diesem Zusammenhang auch Analysen zur individuellen Vermögensmobilität und ermöglicht die Darstellung der Herausbildung einer Vermögenselite, die vorrangig vom Vermögensaufbau im Zeitraum 2002 bis 2007 profitierte. So befinden sich von den obersten 10% der Vermögenden des Jahres 2002 auch nach fünf Jahren gut zwei Drittel immer noch in diesem Segment.

Detaillierte multivariate Analysen betonen in diesem Prozess die Bedeutung von Bildung, erfolgreicher Arbeitsmarktintegration – bzw. umgekehrt der Dauer von Arbeitslosigkeit – und damit verbunden der individuellen Einkommenssituation als prägende Faktoren.[1] Ähnliches gilt für intergenerationale Aspekte wie

1 Vgl. hierzu auch die unterschiedlichen Sparquoten je nach beruflicher Stellung in Stein 2004: 280.

das Bildungsniveau der Eltern oder empfangene Erbschaften und Schenkungen (vgl. Szydlik/Schupp 2004). Insgesamt deuten die hier vorgelegten Befunde darauf hin, dass die bestehenden sozial-strukturellen Unterschiede z.B. im Bildungsbereich, beim Arbeitsmarkterfolg oder in der Einkommensungleichheit sich auch in der Vermögenssituation der Bevölkerung widerspiegeln. Die gemessene Zunahme der Vermögenskonzentration kann sich angesichts der spezifischen Charakteristika und Funktionen des Vermögens durchaus nachteilig auf eine Gesellschaft auswirken wie z.B. im Falle von Machtmissbrauch, politischer und medialer Einflussnahme, ungleicher Teilhabe- und Verwirklichungschancen und damit der Untergrabung gesellschaftlicher Grundprinzipien einer sozialen und demokratischen Wirtschaftsordnung wie Leistungsgerechtigkeit, solidarischer Gerechtigkeit und subsidiärer Gerechtigkeit (vgl. Huster 2005).

Vor dem Hintergrund der zunehmenden Bedeutung der privaten Altersvorsorge kommt der Analyse des individuellen Vermögens eine stärkere Bedeutung zu. Wenngleich das Risiko relativer Einkommensarmut in der derzeitigen Rentnerpopulation eher unterdurchschnittlich ist, so muss für künftige Rentner aufgrund von unter anderem arbeitslosigkeitsbedingten Erwerbsunterbrechungen mit einer Zunahme des Altersarmutsrisiko – insbesondere in Ostdeutschland – gerechnet werden. Insofern ist die Entwicklung des individuellen Vermögens in den mittleren Altersgruppen in Ostdeutschland, für die auf Basis des SOEP im Zeitraum von 2002 bis 2007 ein Rückgang von mehr als 10% belegt werden kann, auch sozialpolitisch besorgniserregend. Im Falle von einkommensbedingter Altersarmut ist hier nur ein begrenzter Rückgriff auf individuelle Vermögen möglich. Dies belegen auch Analysen zum Zusammenhang von Einkommens- und Vermögensarmut, da mehr als die Hälfte der heute von Einkommensarmut betroffenen Älteren sowohl einkommens- als auch vermögensarm sind – in Ostdeutschland trifft dies sogar auf mehr als 80% der Einkommensarmen zu. Auch ist bedenklich, dass bislang einkommensschwache Gruppen seltener private Altersvorsorgeverträge abschließen als obere Einkommensbezieher (vgl. Börsch-Supan et al. 2007; Geyer/Steiner 2009). Das Risiko einer für die Lebensstandardsicherung zu geringen Altersrente aus der gesetzlichen Rentenversicherung ist aber bei unteren Einkommensbeziehern und längerfristig Nichterwerbstätigen aufgrund des Äquivalenzprinzips bei der Rentenberechnung, die an das vorhergehende Lebenseinkommen anknüpft, erhöht. Zudem wirkt sich das Verwertungsprinzip für Vermögen bei einem Bezug des Arbeitslosengelds II nachteilig aus, da privates Vermögen zunächst aufgebraucht werden muss, bevor diese staatliche Leistung in Anspruch genommen werden kann. Dieses Vermögen fehlt aber gerade bei diesen Personen für den Aufbau einer eigenständigen privaten Altersvorsorge. In diesem Zusammenhang ist daher die diskutierte Ausweitung der Freibeträge für das Schonvermögen für die Altersvorsorge bei Empfängern von Arbeitslosengeld II ein Schritt in die richtige Richtung – gleichwohl derzeit noch von geringer Relevanz.

Mit den auf individueller Ebene erhobenen Vermögensdaten des SOEP ist es auch erstmals für Deutschland möglich, die Vermögensverteilung innerhalb von Haushalten bzw. Partnerschaften zu analysieren. Die in Bevölkerungssurveys bislang auf der Haushaltsebene erhobenen Vermögensinformationen unterschätzen aufgrund der Annahme des *Pooling und equal sharing* der ökonomischen Ressourcen aller Haushaltsmitglieder das Ausmaß der Vermögensungleichheit. Die geschlechtsspezifischen Vermögensdifferenzen liegen bei rund 30.000 Euro und sind bei verheirateten Männern und Frauen mit rund 50.000 Euro am stärksten ausgeprägt. Multivariate Analysen zur Erklärung der geschlechtsspezifischen Vermögensdifferenzen deuten darauf hin, dass vor allem die Arbeitsmarktbeteiligung und die Höhe des Einkommens relevante Faktoren zur Erklärung dieser Diskrepanz sind. Wenngleich alle Mitglieder eines gegebenen Haushalts auch vom Vermögen eines anderen Mitglieds partizipieren können – dies gilt vorrangig beim selbst genutzten Immobilienbesitz – kommt vor dem Hintergrund steigender Trennungs- und Scheidungsraten dem individuellen Vermögensbesitz verstärkt Bedeutung zu. Denn nach dem deutschen Scheidungsrecht verbleibt das Vermögen bei der Person, die es in die Ehe eingebracht hat und nur Vermögenszugewinne während einer Ehe werden zu gleichen Teilen aufgeteilt. Damit kommt der individuellen Altersvorsorge insbesondere von Frauen eine größere Bedeutung zu. Diese neue Datenbasis unterstützt damit insbesondere die geschlechtsspezifische Analyse der Vermögensverteilung und erlaubt damit auch ein detaillierteres Bild der innerpartnerschaftlichen Machtverteilung.[2]

Eine der Zielsetzungen dieser Arbeit ist die Prüfung der Erweiterung des Vermögensbegriffs um individuelle Renten- und Pensionsanwartschaften, die bislang in Vermögensanalysen auf Basis von Mikrodaten aufgrund eingeschränkter Datenverfügbarkeit standardmäßig eher vernachlässigt wurden.[3] Dies hatte bislang zur Folge, dass Selbstständige in der Regel über eine überdurchschnittliche Vermögensposition im Vergleich zu anderen Berufsgruppen verfügten, da diese sich aufgrund der privaten Altersvorsorge in Form von privaten Versicherungen oder Immobilien relativ besser stellen. Mittels statistischer Methoden („Statistical Matching“ und Imputation) konnten Anwartschaften an die ver-

2 Eine große Zahl von wissenschaftlichen Arbeiten betont die Analyse der Ungleichheit innerhalb von Haushalten (Haddad/Kanbur 1990; Sen 1990; Pahl 2001; Allmendinger et al. 2006; Deere/Doss 2006), die bislang aufgrund fehlender Verfügbarkeit von individuellen Vermögensinformationen nur sehr eingeschränkt möglich war.

3 Eine der wenigen Ausnahmen in diesem Zusammenhang stellen die Arbeiten von Hober/Mierheim 1981, Grabka et al. 2007 bzw. Ammermüller et al. 2005 dar.

schiedenen Alterssicherungssysteme zu den Geld- und Sachvermögensdaten des SOEP auf der Individualebene approximiert werden. In der Gesamtschau eines derart erweiterten Vermögensbegriffs zeigt sich, dass alle eigenen Anwartschaften an die GRV, Beamtenpensionen, Betriebsrenten oder berufsständische Versorgungswerke im Jahre 2007 rund 4,6 Billionen Euro ausmachen. Der durchschnittliche Gegenwartswert aller dieser Rentenanwartschaften beläuft sich in der hier vorgelegten Simulationsrechnung mit einer mittleren (Diskontierungs-) Variante auf knapp 67.000 Euro je Erwachsenem. Im Vergleich zum individuellen Geld- und Sachvermögen bedeutet dies einen Zuwachs um etwa 76% des bestehenden Vermögensbestandes. Unter Berücksichtigung dieser Rentenanwartschaften geht die bislang dominierende Stellung der Selbstständigen in der Vermögenshierarchie verloren und wird abgelöst von Beamten und Pensionären. Das höchste individuelle erweiterte Nettovermögen je Altersjahrgang, also unter Berücksichtigung des Gegenwartswertes der Anwartschaften aus der Beamtenversorgung, wird dabei kurz vor der Verbeamtung erreicht und beläuft sich auf rund 600.000 Euro. Selbstständige gleichen Alters erreichen hier „nur" rund 450.000 Euro und dies obwohl bereits der Wert des Betriebsvermögens berücksichtigt wurde. Weit abgeschlagen landen abhängig sozialversicherungspflichtig Beschäftigte mit Ansprüchen an die GRV oder aus einer Betriebsrente. Deren individuelles erweitertes Nettovermögen liegt bei nur rund 270.000 Euro. Aber auch dauerhaft abhängig Beschäftigte liegen mit rund 295.000 Euro immer noch weit unterhalb der entsprechenden Werte der Beamten. Diese Analysen sollten relevante Informationen im Diskussionsprozess zur Reform der Finanzierung der Beamtenversorgung darstellen, die derzeit gänzlich aus allgemeinen Steuermitteln finanziert wird. Denn neben dem überdurchschnittlichen Versorgungsniveau im Vergleich zu abhängig Beschäftigten, wirkt sich auch die vollständige Befreiung von Beiträgen für die eigene Altersvorsorge entsprechend positiv auf die Akkumulationsmöglichkeit von Vermögen bei Beamten aus, wenngleich auch die Erwerbseinkommen der Beamten eher geringer als in der Privatwirtschaft ausfallen.

Einschränkend muss bei der vorliegenden Analyse zur Berücksichtigung von Rentenanwartschaften angemerkt werden, dass hier das Problem der Beitragsverpflichtungen als Verbindlichkeiten für die jüngeren Kohorten nicht enthalten ist. Die relativ schwache Vermögenslage insbesondere der abhängig Beschäftigten würde unter Berücksichtigung der Zahlungsverpflichtungen vermutlich noch erheblich schlechter aussehen und gegebenenfalls sogar in einem negativen Vermögenssaldo bis in mittlere Altersgruppen resultieren. Zudem würde sich die privilegierte Stellung der Beamten weiter verbessern. Auch erschwert die fehlende Berücksichtigung von Betriebsrenten und der berufsständischen Versorgung bei den aktiven Versicherten die Vergleichbarkeit der Ergebnisse. Eine weiter zunehmende Diskrepanz in der Vermögenslage dürfte sich auch bei

Berücksichtigung der unterschiedlichen sozial-differentiellen Mortalität bei der Abschätzung des Gegenwartswerts von Rentenanwartschaften ergeben (Himmelreicher et al. 2008). Offensichtlich besteht an dieser Stelle weiterer Forschungsbedarf.[4]

Trotz der genannten Probleme betonen die vorliegenden Befunde insgesamt die Bedeutung der Berücksichtigung von Renten- und Pensionsanwartschaften bei der Analyse der Vermögensverteilung und deren Interpretation. Dies gilt nicht nur bei einem Vergleich der verschiedenen Berufsgruppen, die in unterschiedlichen Altersvorsorgesystemen abgesichert sind, sondern ist auch im Hinblick auf international vergleichende Vermögensanalysen wichtig, da sich hier das Problem einer unterschiedlichen Ausgestaltung von Alterssicherungssystemen mit entsprechend unterschiedlichen Notwendigkeiten zur privaten Vorsorge ebenso wiederfindet. Die hier neu entwickelte und erweiterte Datenbasis stellt damit einen wichtigen Schritt für eine verbesserte und harmonisierte international vergleichende Vermögensmessung (Wolff 2006) der privaten Haushalte dar.[5]

Trotz der im Rahmen der hier vorgelegten Analyse vorgenommenen Erweiterungen um Komponenten wie Betriebsvermögen und Alterssicherungsansprüche, fehlen weiterhin andere, für die gesamte Vermögensverteilung relevante Komponenten. Zum einen betrifft dies das von privaten Stiftungen gehaltene Vermögen (siehe auch den zweiten Armuts- und Reichtumsbericht der Bundesregierung), dessen Berücksichtigung *ceteris paribus* eher zu einer Verschärfung der Ungleichheit führen dürfte. Darüber hinaus erfasst der hier unterstellte Vermögensbegriff nicht das Gebrauchsvermögen privater Haushalte und den Wert von Kraftfahrzeugen, was aufgrund des sehr hohen Verbreitungsgrades tendenziell ungleichheitssenkend wirken dürfte. Eine adäquate Erfassung des gesamten Hausrats stellt aber im Rahmen einer Bevölkerungsbefragung eine nennenswerte Belastung der Befragten dar, insbesondere wenn es nicht nur um die qualitative Erfassung im Sinne des schlichten Besitzes, sondern um die marktmäßige Bewertung handelt.[6]

---

4 Ein weiterer Aspekt betrifft die Hinterbliebenenversorgung, die bei der Berechnung der Anwartschaften an die Alterssicherungssysteme hier nicht berücksichtigt wurde.

5 Vgl. hierzu exemplarisch die Arbeit von Frick/Headey 2009, die die Vermögenssituation der älteren Bevölkerung in Deutschland und Australien unter Berücksichtigung der Anwartschaften an Alterssicherungssysteme vergleichen. Ausgehend von erwartbar höheren Geld- und Sachvermögen sowie einer weniger ungleichen Verteilung derselben in Australien zeigt sich nach der entsprechenden Erweiterung um Alterssicherungsvermögen eine sehr hohe Übereinstimmung sowohl der Höhe als auch der Ungleichheit der Gesamtvermögen Älterer in beiden Ländern.

6 Das Statistische Bundesamt (2008b) gibt den Nettowert des gesamten Gebrauchsvermögens zu Wiederbeschaffungspreisen im Jahre 2002 mit 878,11 Mrd. Euro und für das Jahr 2007 mit 924,7 Mrd. Euro an. Pro Haushalt sind dies knapp 24.000 Euro.

Eine wichtige Einschränkung besteht weiterhin darin, dass die absolute Spitze der Vermögensverteilung auch unter Verwendung der Hocheinkommensstichprobe im SOEP nur unzureichend erfasst sein dürfte, wenngleich das SOEP bis in den Bereich der oberen 1% der Einkommenshierarchie repräsentativ ist (Bach et al. 2009). Aufgrund der außergewöhnlich hohen Vermögen der reichsten 100 Deutschen[7] dürfte damit die tatsächliche Vermögenskonzentration hier sogar noch unterschätzt sein.

6.2 Ausblick

Die aktuellsten der hier vorgelegten Analysen beziehen sich auf das Jahr 2007 und dementsprechend auf die Situation vor der im Herbst 2008 eingetretenen Finanzkrise. Wenngleich die aktuellen Veränderungen insbesondere am Aktienmarkt zum Teil auch einschneidend sind, so schränken sie die grundsätzlichen Aussagen dieses Berichts unseres Erachtens aber nicht ein, da das Ausmaß dieser Krise sich in Deutschland trotz allem in Grenzen hält.[8] Zudem handelt es sich derzeit häufig um buchhalterische Verluste, die teilweise sogar schon wieder wettgemacht wurden.[9] Insbesondere finanzstarke Anleger mit ausgeprägter Risikodiversifizierung und langfristig orientierten Vermögensanlagen werden diese (erratischen) Prozesse am Kapitalmarkt langfristig weitgehend wieder ausgleichen können. Andererseits werden die realwirtschaftlichen Konsequenzen der als Finanzkrise gestarteten Schwächeperiode über das Eintreten von Arbeitslosigkeit[10] und dem damit verbundenen Risiko von Vermögensverlusten eher im unteren und mittleren Bereich der Vermögensverteilung eine bereits kurzfristig wirkende Ursache für zunehmende Ungleichheit sein.

Grosso modo ist davon auszugehen, dass auch langfristig die Vermögensungleichheit in Deutschland mit großer Wahrscheinlichkeit weiter zunehmen

---

7 Vgl. hierzu die Liste der 100 reichsten Deutschen (Boldt 2008).

8 So ist das Geldvermögen zwischen Ende 2007 und Ende 2008 lediglich um 2,4% zurückgegangen. Im ersten Halbjahr 2009 stiegen aber wieder die Geldvermögensbestände der privaten Haushalte um 90 Mrd. Euro. Vor allem die weiterhin hohe Sparneigung und die Erholung des Aktienmarkts haben zu dieser Entwicklung beigetragen (Deutsche Bundesbank 2009b). Zudem ist auch die Auswirkung der Finanzmarktkrise auf die Verkehrswerte deutscher (Privat-)Immobilien vergleichsweise vernachlässigbar.

9 So hat beispielsweise der Deutsche Aktienindex DAX® seit seinem Tiefstand im März 2009 bis zum Oktober 2009 sich um gut 60% wieder erhöht.

10 Neben einer zu erwartenden höheren Arbeitslosigkeit wirkt sich die Kurzarbeit bereits auf die Einkommen der privaten Haushalte aus, da nur 60% (bzw. bei Kindern im Haushalt 67%) des letzten Nettoentgelts als Kurzarbeitergeld gewährt wird. Im Juni 2009 waren bereits mehr als 1,4 Mio. Erwerbstätige von Kurzarbeit betroffen.

wird. Von Erbschaften und Schenkungen profitieren besonders Personen aus höheren sozialen Schichten, so dass bei einem Vergleich über Kohorten hinweg die Ungleichheit ansteigen dürfte (Szydlik 2009). Angesichts der überragenden Bedeutung des laufenden verfügbaren Einkommens für den privaten Vermögensaufbau (vgl. hierzu auch die Befunde für Finnland in Jäntti 2006) ergibt sich vor dem Hintergrund der in den letzten Jahren deutlich gestiegenen Einkommensungleichheit sowie den parallel dazu erfolgten Realeinkommensverlusten breiter Teile der Bevölkerung (Grabka/Frick 2008; Brenke 2009) eine entsprechende Verschlechterung der Möglichkeiten zum Vermögensaufbau dieser Gruppen (Ring 2000). Gleichzeitig wird die im internationalen Vergleich seit Jahren hohe Sparquote[11] der privaten Haushalte in Deutschland überwiegend getrieben vom Anlageverhalten der finanziell besser gestellten Haushalte.

Um eine etwas ausgeglichenere Vermögensbildung der privaten Haushalte zu erreichen und der aktuellen Tendenz zu weiterer Vermögenskonzentration zu begegnen, sind eine Reihe von Maßnahmen zur Veränderung von Rahmenbedingungen vorstellbar, wenngleich zumindest die aktuelle Krise auch stark von globalen Einflüssen getrieben ist. Ein wichtiges Instrument ist dabei die zum 1. Januar 2009 reformierte Besteuerung von Erbschaften und Schenkungen, die aufgrund günstigerer Bestimmungen für die Empfänger eher zu einer weiteren Vermögenskonzentration führen und die ökonomische Ungleichheit in Deutschland weiter verstärken wird. Ein neuerliches Überdenken dieser Regelungen wäre auch deshalb geboten, um das Prinzip der Chancengleichheit in Deutschland zu stärken, denn nicht nur die Bildungschancen werden maßgeblich von der sozialen Herkunft bestimmt (vgl. BMAS 2008a), sondern auch die Höhe der erwarteten Erbschaften (vgl. Szydlik/Schupp 2004). Mit der jetzt geltenden Erbschafts- und Schenkungssteuerregelung wird aber die sozialstrukturelle Vermögensungleichheit weiter verstärkt. Auch ist die weiterhin privilegierte Behandlung von Kapitaleinkünften gegenüber dem Einkommen aus Erwerbstätigkeit aus Gründen der Steuergerechtigkeit als problematisch zu betrachten. Neben den faktisch geringeren Steuersätzen bei Hocheinkommensbeziehern aufgrund der pauschalierten Abgeltungssteuer (gegenüber der zuvor geltenden Besteuerung nach dem individuellen Steuersatz) besteht die Privilegierung auch in besseren steuerlichen Abschreibungsmöglichkeiten, insbesondere bei Einkünften aus Vermietung und Verpachtung von Immobilienbesitz, im Vergleich zu Einkommen aus abhängiger Beschäftigung (Bach et al. 2008).

Eine weitere politische Option, einer zunehmenden Vermögensungleichheit zu begegnen, ist die Wiedereinführung einer Vermögenssteuer (zur öffentlichen Debatte um die Vermögensteuer vgl. Bleeker-Dohmen/Strasser 2009). Diese

11 Die Sparquote der privaten Haushalte lag in den ersten beiden Quartalen des Jahres 2009 bei 12,8% (Deutsche Bundesbank 2009c).

weist aber systematische Probleme wie Ausweichreaktionen mit der Verlagerung von Vermögen ins Ausland oder der Nutzung steuerlicher Gestaltungsmöglichkeiten als auch die Notwendigkeit einer adäquaten Bewertung von Vermögensbeständen auf (Bach 2009). Vor allem Letzteres hat das Bundesverfassungsgericht veranlasst, Kritik an der bis 2008 geltenden Erbschafts- und Schenkungssteuer zu üben. Dieses Problem ist aber auch nach den aktuellen Reformen virulent und dürfte bei einer Wiedereinführung der Vermögensteuer ein zentraler Kritikpunkt sein.

Alternativ kann daher z.B. eine Börsenumsatzsteuer in Erwägung gezogen werden, die vor dem Hintergrund der aktuellen Finanzmarktkrise wieder an Aufmerksamkeit gewonnen hat. Diese Reformoption erlaubt die Verringerung spekulativer Geldanlagen, da kurzfristige Vermögensverschiebungen relativ zu langfristigen Anlagen teurer werden. Nach einer Studie des Österreichischen Instituts für Wirtschaftsforschung (Wifo) würde ein Steuersatz von 0,1% ein Steueraufkommen in Deutschland von über 35 Milliarden Euro generieren.[12]

Auch eine zielgruppenspezifische Förderung des Vermögensaufbaus für die Altersvorsorge ist erwägenswert. Jedoch zeigen die Entwicklungen bei der Riesterrente, dass gerade diejenigen, die die private Altersvorsorge besonders nötig hätten, diese staatlich geförderte Vorsorge eher unterdurchschnittlich häufig in Anspruch nehmen (vgl. Börsch-Supan et al. 2007; Geyer/Steiner 2009). Dieses Beispiel verdeutlicht, dass es auf die konkrete Ausgestaltung der staatlichen Förderung ankommt, da insbesondere einkommensstarke Gruppen aufgrund der steuerlichen Absetzbarkeit der Beiträge für eine Riesterente, von dieser Altersvorsorge profitieren. Daher wäre die Beteiligung der Arbeitnehmer im Rahmen eines Investivlohns an den Gewinnen eines Unternehmens eine Alternative zur Förderung der individuellen Altersvorsorge.[13]

Parallel zu diesen Vorschlägen könnte auch an eine stärkere Förderung des Immobilienbesitzes in Deutschland gedacht werden. Im europäischen Vergleich hat Deutschland mit Abstand den geringsten Anteil von Wohneigentümern mit rund 43% (vgl. Noll/Weick 2009). Andererseits ist die selbst genutzte Immobilie die quantitativ bedeutendste Vermögenskomponente und bildet im Hinblick auf die Altersvorsorge einen wichtigen Baustein neben der ersten und zweiten Säule der Alterssicherung. Auch ist der Wert selbst genutzter Immobilien in Deutschland in der jüngsten Krise im Vergleich zu anderen Anlageformen wenig volatil,

---

12 Schulmeister et al. 2008. Bis zum Jahre 1969 wurde in Deutschland die Börsenumsatzsteuer noch angewendet und ist seitdem ausgesetzt. In Großbritannien findet die Börsenumsatzsteuer noch heute auf inländische Aktien Anwendung.

13 Die Idee des Investivlohns wird in Deutschland seit geraumer Zeit diskutiert. Eine der ersten Arbeiten in diesem Zusammenhang stammt von Ehrenberg (1971), neuere Arbeiten stammen z.B. von Wagner (2008) oder Böker (2006).

was den Risikopräferenzen vieler Anleger in Deutschland entgegenkommt. Die Politik hat jedoch abgesehen von dem so genannten „Wohnriester“ jegliche Förderung des selbst genutzten Immobilienbesitzes in den vergangenen Jahren gestrichen, was sich seit einigen Jahren in stagnierenden bzw. sogar leicht rückläufigen Wohneigentümerquoten äußert. Gleichzeitig findet sich in der Mehrheit der europäischen Länder eine teils sehr differenzierte Förderung von Wohneigentum mit Hilfe direkter und indirekter Maßnahmen (z.B. über steuerliche Anreize bzw. die Möglichkeit der Wiederbeleihung). Soweit es eine neuerliche Wohneigentumsförderung in Deutschland geben sollte, so ist insbesondere auf höhere Zielgenauigkeit eventueller Transfers zugunsten von Schwellenhaushalten zu achten, um Mitnahmeeffekte wohlhabender Haushalte zu minimieren.

Darüber hinaus sind auch eher langfristige Wege zur Verringerung der Vermögensungleichheit wichtig. Hier sollte insbesondere die Förderung der Chancengleichheit im Mittelpunkt stehen, um die Potenziale und individuellen Kompetenzen zum Aufbau individuellen Vermögens zu stärken. Neben der vorrangigen Investition in das Bildungssystem gehört hierzu auch die Förderung der so genannten finanziellen Allgemeinbildung (financial literacy) (Leinert 2004; Lusardi 2008). Dies umfasst die Vermittlung von Kenntnissen zu Finanzmarktprodukten oder Verbraucherrechten. Letztlich bedarf es auch einer verbesserten Schuldnerberatung, um eine Überschuldung von Haushalten zu vermeiden bzw. abzuwenden, um das Risiko von Privatinsolvenzen zu schmälern.

Literatur

Allmendinger, Jutta; Gartner, Hermann; Ludwig-Mayerhofer, Wolfgang (2006): The allocation of money in couples: the end of inequality? In: Zeitschrift für Soziologie, Jg. 35/ Heft 3, S. 212–226

Ammermüller, Andreas; Weber, Andrea M.; Westerheide, Peter (2005): Die Entwicklung und Verteilung der Vermögens privater Haushalte unter besonderer Berücksichtigung des Produktivvermögens. Projektbericht an das Bundesministerium für Gesundheit und Soziale Sicherung. Mannheim

Andreß, Hans-Jürgen; Borgloh, Barbara; Güllner, Miriam; Wilking, Katja (2003): Wenn aus Liebe rote Zahlen werden. Über die wirtschaftlichen Folgen von Trennung und Scheidung. Wiesbaden

Arbeitsgemeinschaft Berufsständischer Versorgungseinrichtungen e.V. (ABV) (2008): Fakten zur Altersvorsorge der Freien Berufe (Internet: http://www.abv.de/documents/abv-fakten.pdf)

Atkinson, Tony; Cantillon, Bea; Marlier, Eric; Nolan, Brian (2002): Social Indicators. The EU and Social Inclusion. Oxford

Bach, Stefan (2009): Vermögensbesteuerung in Deutschland: Eine Ausweitung trifft nicht nur Reiche. In: Wochenbericht des DIW Berlin, Nr. 30, S. 478–487

Bach, Stefan; Bartholmai, Bernd (2002): Perspektiven der Vermögensbesteuerung in Deutschland. Forschungsbericht für die Hans-Böckler-Stiftung, Berlin (Internet: www.diw.de/deutsch/produkte/publikationen/gutachten/docs/diw_gutachten_vermoegsteuer-lang200210.pdf)

Bach, Stefan; Corneo, Giacomo; Steiner, Viktor (2008): Effective Taxation of Top Incomes in Germany, 1992–2002. DIW Diskussionspapier 767. Berlin

Bach, Stefan; Corneo, Giacomo; Steiner, Viktor (2009): From Bottom to Top: The entire Income Distribution in Germany, 1992–2003. In: Review of Income and Wealth, Vol. 55 (2), S. 303–330.

Bajtelsmit, Vickie; Derhei, Jack van (1997): Risk Aversion and Pension Investment Choices. In: Gordon, Michael S. et al. (eds.): Positioning Pensions for the Twenty-First Century. Philadelphia, S. 45–66

Bardasi, Elena; Gornick, Janet C. (2008): Working for Less? Women's Part-Time Wage Penalties across Countries. In: Feminist Economics, Vol. 14(1), S. 37–72

Barsky, Robert; Bound, John; Charles, Kerwin K.; Lupton, Joseph P. (2001): Accounting for the Black-White Wealth Gap: A Nonparametric Approach. NBER Working Paper #8466

Bartzsch, Nikolaus; Stöss, Elmar (2006): Measuring German household debt: Financial accounts data and disaggregated survey data as complementary statistics. Prepared for the IFC conference in Basle, August 2006

Bauer, Thomas K.; Cobb-Clark, Deborah A.; Hildebrand, Vincent; Sinning, Mathias (2007): A Comparative Analysis of the Nativity Wealth Gap. Ruhr Economic Papers 6. Essen

Becker, Irene; Hauser, Richard (2003), Anatomie der Einkommensverteilung. Ergebnisse der Einkommens- und Verbrauchsstichproben 1969–1998. Berlin

Becker, Irene; Hauser, Richard (2005): Verteilung der Einkommen 1998–2003 (hg. durch das Bundesministerium für Gesundheit und Soziale Sicherung). Bonn

Becker, Irene; Frick, Joachim R.; Grabka, Markus M.; Hauser, Richard; Krause, Peter; Wagner, Gert G. (2003): A Comparison of the Main Household Income Surveys für Germany: EVS and SOEP. In: Hauser, Richard; Becker, Irene (eds.): Reporting on Income Distribution and Poverty. Perspectives from a German and European Point of View. Berlin u.a.O., S. 55–90

Blau, Francine D.; Kahn, Lawrence M. (1996): International Differences in Male Wage Inequality: Institutions versus Market Forces. In: Journal of Political Economy, Vol. 104(4), S. 791–837

Blau, Francine D.; Kahn, Lawrence M. (1997): Swimming Upstream: Trends in the Gender Wage Differential in the 1980s. In: Journal of Labor Economics, Vol. 15, S. 1–42

Blau, Francine D.; Kahn, Laurence M. (2000): Gender Differences in Pay. In: Journal of Economic Perspectives, Vol. 14, S. 75–99

Bleeker-Dohmen, Rolf; Strasser, Hermann (2009): Freiheit, Gleichheit, Machbarkeit – Die öffentliche Debatte um die Vermögensbesteuerung. In: Druyen, Thomas; Lauterbach, Wolfgang; Grundmann, Mathias (Hg.): Reichtum und Vermögen. Zur gesellschaftlichen Bedeutung der Reichtums- und Vermögensforschung. Wiesbaden, S. 158–169

Blinder, Alan S. (1973): Wage Discrimination: Reduced Form and Structural Estimates. In: Journal of Human Resources, Vol. 8, S. 436–455

Böker, Arndt (2006): Grundlagen der Arbeitnehmerkapitalbeteiligung. Bremen

Börsch-Supan, Axel; Reil-Held, Anette; Schunk, Daniel (2007): The Savings Behaviour of German Households: First Experiences with State Promoted Private Pensions. Mannheim Research Institute for the Economics of Ageing (MEA), Nr. 136

Boldt, Klaus (2008): Die 300 Reichsten Deutschen. In: Manager Magazin Spezial, Oktober, S. 12–57

Boldt, Klaus (2009): Die 300 Reichsten Deutschen. In: Manager Magazin Spezial, Oktober, S. 16–69

Borgmann, Christoph; Heidler, Matthias (2007): Volatility of Social Security Wealth: Political Risks of Benefit-Rule Changes in Germany. In: Finanzarchiv/Public Finance Analysis, Vol. 63(1), S. 83–106

Brenke, Karl (2009): Reallöhne in Deutschland über mehrere Jahre rückläufig. In: Wochenbericht des DIW Berlin, Nr. 33, S. 550–560

Brush, Candida G.; Carter, Nancy M.; Greene, Patricia G.; Hart, Myra M.; Gatewood, Elizabeth (2002): The Role of Social Capital and Gender in Linking Financial Suppliers and Entrepeneurial Firms: A Framework for Future Research. In: Venture Capital, Vol. 4(4), S. 305–323

Bundesregierung der Bundesrepublik Deutschland (2001): Lebenslagen in Deutschland – Der erste Armuts- und Reichtumsbericht der Bundesregierung, Kabinettsache Datenblatt-Nr. 14/11/117, S. 44–74

Bundesministerium für Arbeit und Soziales (BMAS) (2008a): Lebenslagen in Deutschland. Der dritte Armuts- und Reichtumsbericht der Bundesregierung (Internet: http://www.bmas.de/coremedia/generator/26742/property=pdf/dritter_armuts_und_reichtumsbericht.pdf)

Bundesministerium für Arbeit und Soziales (BMAS) (2008b): Ergänzender Bericht der Bundesregierung zum Rentenversicherungsbericht 2008 gemäß § 154 Abs. 2 SGB VI (Alterssicherungsbericht 2008) (Internet: http://www.bmas.de/coremedia/generator/29492/property=pdf/2008_11_19_alterssicherungsbericht_2008.pdf)

Bundesministerium für Arbeit und Soziales (BMAS) (2008c): Entwicklung der Riester-Rente (Stand: III. Quartal 2008); (Internet: http://www.bmas.de/coremedia/generator/29424/riester_rente_entwicklung_diagramm_stand_III__2008.html, letzter Zugriff am 17.12. 2008)

Burkhauser, Richard V.; Frick, Joachim R.; Schwarze, Johannes (1997): A Comparison of Alternative Measures of Economic Well-Being for Germany and the United States. In: Review of Income and Wealth, Vol. 43(2), S. 153–171

Busch, Anne; Holst, Elke (2008): „Gender Pay Gap“: In Großstädten geringer als auf dem Land. In: DIW Wochenbericht, Nr. 33, S. 462–468

Cobb-Clark, Deborah; Hildebrand, Vincent (2006): The Wealth of Mexican Americans. In: The Journal of Human Resources, Vol. 41(4), S. 841–873

Deere, Carmen Diana; Doss, Cheryl R. (2006): The gender asset gap: What do we know and why does it matter? In: Feminist Economics, Vol. 12(1-2), S. 1–50

Deutsche Bundesbank (1993): Monatsbericht Oktober. Frankfurt/M.

Deutsche Bundesbank (1999): Zur Entwicklung der privaten Vermögenssituation seit Beginn der neunziger Jahre. Bundesbank Monatsbericht 1/1999, S. 33–50. Frankfurt/M.

Deutsche Bundesbank (2007): Monatsbericht Juni. Frankfurt/M.

Deutsche Bundesbank (2008): Monatsbericht Januar. Frankfurt/M.

Deutsche Bundesbank (2009a): Monatsbericht Juli. Frankfurt/M.

Deutsche Bundesbank (2009b): Zeitreihe CEB00I: Geldvermögen insgesamt S: Sektoren insgesamt G: Private Haushalte (inkl. Org), Stand vom 4.11.2009. Frankfurt/M. (Internet: http://www.bundesbank.de/statistik/statistik_zeitreihen.php?lang=de&open=&func=row&tr=CEB00I)

Deutsche Bundesbank (2009c): Zeitreihe JJA327: VGR-D-Ges, Konto der privaten Haushalte, Sparquote, Stand vom 25.8.2009. Frankfurt/M. (Internet: http://www.bundesbank.de/statistik/statistik_zeitreihen.php?func=row&tr=jja327&year=)

Deutsche Rentenversicherung Bund (DRV-Bund) (2009): Statistik der Deutschen Rentenversicherung. Aktuelle Daten 2009 (Internet: http://www.deutsche-rentenversicherung-bund.de/nn_20278/SharedDocs/de/Inhalt/04__Formulare__Publikationen/03__publikationen/Statistiken/Broschueren/aktuelle__daten__2009,templateId=raw,property=publicationFile.pdf/aktuelle_daten_2009)

DiNardo, John; Fortin, Nicole N.; Lemieux, Thomas (1996): Labour Market Institutions and the Distribution of Wages, 1973–1992: A Semiparametric Approach. In: Econometrica, Vol. 64(5), S. 1001–1044

Ehrenberg, Herbert (1971): Vermögenspolitik für die siebziger Jahre. Stuttgart

Engels, Wolfram; Sablotny, Herbert; Zickler, Dieter (1974): Das Volksvermögen. Seine verteilungs- und wohlstandspolitische Bedeutung. Frankfurt/M., New York

Frick, Joachim R.; Grabka, Markus M. (2001): Der Einfluß von Imputed Rent auf die personelle Einkommensverteilung. In: Jahrbücher für Nationalökonomie und Statistik, Jg. 221/Heft 3, S. 285–308

Frick, Joachim R.; Grabka, Markus M. (2003): Imputed Rent and Income Inequality: A Decomposition Analysis for the U.K., West Germany, and the USA. In: Review of Income and Wealth, Vol. 49(4), S. 513–537

Frick, Joachim R.; Grabka, Markus M. (2005): Item-non-response on income questions in panel surveys: incidence, imputation and the impact on inequality and mobility. In: Allgemeines Statistisches Archiv, Jg. 89/Heft 1, S. 49–60

Frick, Joachim R.; Grabka, Markus M. (2008): Niedrigere Arbeitslosigkeit sorgt für weniger Armutsrisiko und Ungleichheit. In: DIW-Wochenbericht, Nr. 38, S. 556–566

Frick, Joachim R.; Goebel, Jan; Schechtman, Edna; Wagner, Gert G.; Yitzhaki, Shlomo (2006): Using Analysis of Gini (ANoGi) for detecting whether two sub-samples represent the same universe: The German Socio-Economic Panel Study (SOEP) Experience. In: Sociological Methods & Research, Vol. 34(4), S. 427–468

Frick, Joachim R.; Grabka, Markus M.; Marcus, Jan (2007a): Editing and Multiple Imputation of Item-Non-Response in the 2002 Wealth Module of the German Socio-Economic Panel (SOEP). SOEPpapers on Multidisciplinary Panel Data Research at DIW Berlin, No. 18/2007. Berlin

Frick, Joachim R.; Grabka, Markus M.; Groh-Samberg, Olaf (2007b): Estimates of Imputed Rent and Analysis of their Distributional Impact in Germany. (National Report. Research project „Accurate Income Measurement for the Assessment of Public Policies“ [AIM-AP], funded by European Commission, 6th Framework Programme, 2006–2009, Contract Nr. CIT5-CT-2005-028412)

Frick, Joachim R.; Grabka, Markus M.; Sierminska, Eva M. (2007c): Representative Wealth Data for Germany from the German SOEP: The Impact of Methodological Decisions around Imputation and the Choice of the Aggregation Unit. DIW discussion paper no. 562. Berlin

Frick, Joachim R.; Grabka, Markus M.; Sierminska, Eva (2007d): Representative wealth data for Germany from the German SOEP: The impact of methodological decisions around imputation and the choice of the aggregation unit. SOEPpapers on Multidisciplinary Panel Data Research at DIW Berlin, No. 3, February 2007. Berlin (Internet: http://www.diw.de/deutsch/produkte/publikationen/soeppapers/docs/papers/diw_sp0003.pdf)

Frick, Joachim R.; Grabka, Markus M. (2009): Gestiegene Vermögensungleichheit in Deutschland. In: Wochenbericht des DIW, Nr. 4, S. 54-67

Frick, Joachim R.; Grabka, Markus M.; Groh-Samberg, Olaf; Hertel, Florian R.; Tucci, Ingrid (2009a): Alterssicherung von Personen mit Migrationshintergrund. Endbericht zum Auftrag des BMAS, DIW Berlin. Berlin

Frick, Joachim R.; Grabka, Markus M.; Groh-Samberg, Olaf (2009b): Dealing with incomplete household panel data in microsimulation models. Paper prepared for the 2nd General Conference of the International Microsimulation Association (IMA) Ottawa, June 8-10, 2009. Berlin (Internet: http://www.diw.de/documents/dokumentenarchiv/17/diw_01.c.334116.de/soep_punr_2009.pdf)

Frick, Joachim R.; Goebel, Jan; Grabka, Markus M.; Groh-Samberg, Olaf (2010): Dealing with Incomplete Household Panel Data in Inequality Research. SOEP Papers on Multidisciplinary Panel Data Research at DIW Berlin, No. 290. Berlin

Frick, Joachim R.; Headey, Bruce (2009): Living Standards in Retirement: Accepted International Comparisons are Misleading. In: Schmollers Jahrbuch, Jg. 129/Heft 2, S. 309–319

Friedman, Milton (1957): A Theory of the Consumption Function. Princeton: Princeton University Press

Geyer, Johannes; Steiner, Viktor (2009): Zahl der Riester-Renten steigt sprunghaft – aber Geringverdiener halten sich noch zurück. In: Wochenbericht des DIW, Nr. 32, S. 534–541

Gibson, John; Le, Trinh; Scobie, Grant (2006): Household Bargaining over Wealth and the Adequacy of Women's Retirement Incomes in New Zealand. In: Feminist Economics, Vol. 12(1-2), S. 221–246

Gibson, John; Le, Trinh; Stillman, Steven (2007): What Explains the Wealth Gap Between Immigrants and the New Zealand Born? Motu Working Paper No. 07-12, September 2007

Grabka, Markus M. (2009): Codebook for the $PEQUIV File 1984–2008 CNEF Variables with Extended Income Information for the SOEP DIW Data Documentation 45. Berlin

Grabka, Markus M.; Frick, Joachim R. (2008): Schrumpfende Mittelschicht – Anzeichen einer dauerhaften Polarisierung der verfügbaren Einkommen? In: Wochenbericht des DIW, Nr. 10, S. 101–108

Grabka, Markus M.; Westerheide, Peter; Hauser, Richard; Becker, Irene (2007): Integrierte Analyse der Einkommens- und Vermögensverteilung, Abschlussbericht zur Studie im Auftrag des Bundesministeriums für Arbeit und Soziales, Bonn (VKZ 06 01 03), hg. vom Bundesministerium für Arbeit und Soziales. Bonn

Haddad, Lawrence; Kanbur, Ravi (1990): How serious is the neglect of intra-household inequality? In: Economic Journal, Vol. 100, S. 866–881

Hanisch, Jens U. (2005): Rounded responses to income questions. In: Allgemeines Statistisches Archiv, Jg. 89/Heft 1, S. 39–48

Harbury, Colin D.; Hitchens David M. W. N (1977): Women, Wealth and Inheritance. In: The Economic Journal, Vol. 87(345), S. 124–131

Hauser, Richard (2007): „Integrierte Analyse von Einkommen und Vermögen – Forschungsstand und Ausblick". Vortrag auf dem Experten-Workshop „Weiterentwicklung der Reichtumsberichterstattung der Bundesregierung", 29. November 2006, Berlin, Veranstaltung des Bundesministeriums für Arbeit und Soziales

Hauser, Richard (2009): Die Entwicklung der Einkommens- und Vermögensverteilung in Deutschland in den letzten Dekaden. In: Druyen, Thomas; Lauterbach, Wolfgang; Grundmann, Mathias (Hg.): Reichtum und Vermögen. Zur gesellschaftlichen Bedeutung der Reichtums- und Vermögensforschung. Wiesbaden, S. 54–68

Hauser, Richard; Becker, Irene (2005): Verteilung der Einkommen 1999–2003 (hg. vom Bundesministerium für Gesundheit und Soziale Sicherung). Bonn

Hauser, Richard; Stein, Holger (2001): Die Vermögensverteilung im vereinigten Deutschland. Frankfurt/M., New York

Hauser, Richard; Stein, Holger (2006): Inequality of the distribution of personal wealth in Germany, 1973–98. In: Wolff, Edward N. (ed.): International Perspectives on Household Wealth, Edward Elgar. Northampton (USA), S. 195–224

Hauser, Richard; Glatzer, Wolfgang; Hradil, Stefan; Kleinhenz, Gerhard; Olk, Thomas; Pankoke, Eckart (1996): Ungleichheit und Sozialpolitik. Opladen

Heckman, James J. (1979): Sample Selection Bias as a Specification Error. In: Econometrica, Vol. 47(1), S. 153–161

Heien, Thorsten; Kortmann, Klaus; Schatz, Christof (2007): Altersvorsorge in Deutschland 2005. Forschungsprojekt im Auftrag der Deutschen Rentenversicherung Bund und des Bundesministeriums für Arbeit und Soziales. Berlin

Himmelreicher, Ralf K.; Sewöster, Daniela; Scholz, Rembrandt; Schulz, Anne (2008): Die fernere Lebenserwartung von Rentnern und Pensionären im Vergleich. In: WSI-Mitteilungen, 5, S. 274–280

Hinz, Richard P.; McCarthy, David D.; Turner, John A. (1997): Are women more conservative investors? Gender differences in participant-directed pension investments. In: Gordon, Michael S.; Mitchell, Olivia S.; Twinney, Marc M. (eds.): Positioning pensions for the twenty-first century. Philadelphia, S. 91–103

Hinz, Thomas; Gartner, Hermann (2005): Lohnunterschiede zwischen Frauen und Männern in Branchen, Berufen und Betrieben. IAB Discussion paper 4. Nürnberg

Hober, Rolf-Jürgen (1981): Versorgungsvermögen in der Vermögensverteilung. Die Kapitalisierung der Versorgungsansprüche mit Vermögenscharakter und ihre Einbeziehung als Versorgungsvermögen in die personelle Vermögensverteilung der Haushalte in der Bundesrepublik Deutschland im Jahr 1973. Tübingen

Hober, Rolf-Jürgen; Mierheim, Horst (1981): Die Bedeutung des Versorgungsvermögens für die personelle Vermögensverteilung der privaten Haushalte in der Bundesrepublik Deutschland 1973. In: Jahrbücher für Nationalökonomie und Statistik, Jg. 196, S. 385–419

Holst, Elke (2009): Führungskräftemonitor 2001–2006. Forschungsreihe Band 7 des Bundesministeriums für Familie, Senioren, Frauen und Jugend. Baden-Baden

Holst, Elke; Schäfer, Andrea; Schrooten, Mechthild (2008): Gender, Migration, Remittances: Evidence from Germany. SOEP Papers on Multidisciplinary Panel Data Research at DIW Berlin, No. 11. Berlin

Huster, E.-U. (2005). Der diskrete Reichtum. Vortrag, gehalten am 13. Juli 2005 im Rahmen der Ringvorlesung „Sozialreformen und soziale Gerechtigkeit" (Internet: http://www.ruhr-uni-bochum.de/sozialreformen/downloads/RUB%2001%20-%2005.pdf)

Jäckle, Annette; Lynn, Peter (2004): Dependent Interviewing and Seam Effects in Work History Data, ISER Working Paper 2004-24. Colchester

Jäntti, Markus (2006): Trends in the distribution of income and wealth: Finland, 1987–98. In: Wolff, Edward N. (ed.): International Perspectives on Household wealth. The Levy Economics Institute and the New York University. Cheltenham, Northampton, S. 295–326

Jenkins, Stephen P.; Kerm, Philippe van (2009): The Measurement of Economic Inequality. In: Nolan, Brian; Salverda, Wiemer; Smeeding, Tim (eds.): The Oxford Handbook of Economic Inequality. Oxford, S. 40–67

Jenkins, Stephen P.; Jäntti, Markus (2005): Methods for summarizing and comparing wealth distributions', ISER Working Paper 2005-05. Colchester

Jianakoplos, Nanca A.; Bernasek, Alexsandra (1998): Are Women More Risk Averse? In: Economic Inquiry, Vol. 36, S. 620–630

Juhn, Chinhui; Murphy, Kevin M.; Pierce, Brooks (1993): Wage Inequality and the Rise in Returns to Skill. In: Journal of Political Economy, Vol. 101(3), S. 410–442

Kennickell, Arthur (1998): Multiple Imputation in the Survey of Consumer Finances, Working paper (Internet: http://www.federalreserve.gov/pubs/OSS/oss2/papers/impute98. pdf)

Kimball, Miles S. (1990): Precautionary Saving in the Small and in the Large. In: Econometrica, Vol. 58(1), S. 53–73

Kohli, Martin; Künemund, Harald (2009): Verschärfen oder verringern Erbschaften die soziale Ungleichheit? In: Nissen, Sylke; Vobruba, Georg (Hg.): Die Ökonomie der Gesellschaft. Wiesbaden, S. 94–107

Kohli, Martin; Künemund, Harald; Schäfer, Andrea; Schupp, Jürgen; Vogel, Claudia (2005): Erbschaften und ihr Einfluss auf die Vermögensverteilung. In: DIW Vierteljahreshefte zur Wirtschaftsforschung, 75(1), S. 58–76

Kopczuk, Wojciech; Saez, Emmanuel (2004): Top Wealth Shares in the United States, 1916–2000: Evidence from Estate Tax Returns (aktualisiert bis 2006 durch E. Saez). In: National Tax Journal, Vol. 57(2), S. 445–487

Krelle, Wilhelm; Schunck, Johan; Siebke, Jürgen (1968): Überbetriebliche Ertragsbeteiligung der Arbeitnehmer. Tübingen

Ladd, Helen F. (1998): Evidence on Discrimination in Credit Markets. In: Journal of Economic Perspectives, Vol. 12(1), S. 223–234

Lampert, Heinz (1980): Sozialpolitik, Berlin u.a.O.

Leiber, Simone (2005): Formen und Verbreitung der betrieblichen Altersvorsorge – Eine Zwischenbilanz. In WSI-Mitteilungen, 6, S. 314–321

Leinert, Johannes (2004): Finanzieller Analphabetismus in Deutschland: Schlechte Voraussetzungen für eigenverantwortliche Vorsorge. Gütersloh

Levine, Philip B.; Mitchell, Olivia S.; Moore, James F. (2000): Women on the Verge of Retirement: Predictors of Retiree Well-Being. In: Mitchell, Olivia S.; Hammond, P. Brett; Rappaport, Anna M. (eds.): Forecasting Retirement Needs and Retirement Wealth. Philadelphia, S. 167–207

Lupton, Joseph P.; Smith, James P. (2003): Marriage, Assets and Savings. In: Grossbard-Shechtman, Shoshana A. (ed.): Marriage and the Economy: Theory and Evidence from Advanced Industrial Societies. Cambridge, S. 129–152

Lusardi, Annamaria (2008): Household Saving Behavior: The Role of Financial Literacy, Information, and Financial Education Programs, NBER Working Paper No. 13824

Mierheim, Horst; Wicke, Lutz (1978): Die personelle Vermögensverteilung in der Bundesrepublik Deutschland. Tübingen

Modigliani, Franco (1988): The Role of Intergenerational Transfers and Life Cycle Saving in the Accumulation of Wealth. In: The Journal of Economic Perspectives, Vol. 2(2), S. 15–40

Modigliani, Franco; Brumberg, Richard (1954): Utility analysis and the consumption function: An interpretation of cross-section data. In Kurihara, Kenneth K. (ed.): Post Keynesian Economics. New Brunswick/NJ, S. 388–436

Mohanty, Lisa (2004): The Determinants of Wealth after Divorce in the United States. Paper presented at the Workshop on Women and the Distribution of Wealth, Yale University, November 12-13. New Haven/CT

Moore, Quinn; Shierholz, Heidi (2004): Why Did the Convergence of Male and Female Wages Slow During the 1990s? University of Michigan unpublished manuscript

Müller, Walter (unter Mitarbeit von Markus Klein) (2008): Schein oder Sein: Bildungsdisparitäten in der europäischen Statistik. Eine Illustration am Beispiel Deutschlands. In: Schmollers Jahrbuch, Jg. 128/Heft 4, S. 511–543

Noll, Heinz-Herbert; Weick, Stefan (2009): Wohnen in Deutschland: Teuer, komfortabel und meist zur Miete. Analysen zur Wohnsituation und Wohnqualität im europäischen Vergleich. In: Informationsdienst Soziale Indikatoren (ISI), 41, S. 1–6

O'Neill, June (2003): The Gender Gap in Wages, circa 2000. In: American Economic Review, Vol. 93(2), S. 309–314

Oaxaca, Ronald (1973): Male-Female Wage Differentials in Urban Labor Markets. In: International Economic Review, Vol. 14, S. 693–709

Pahl, Jan (2001): Couples and their money: theory and practice in personal finances. In: Sykes, Robert; Bochel, Catherine; Ellison, Nick (eds.): Social Policy Review 13. Developments and Debates 2000–2001. Bristol, S. 17–38

Pannenberg, Markus (1998): Zunehmende Selbständigkeit in Deutschland von 1990 bis 1996. Starke Veränderungen im Bestand. In: Wochenbericht des DIW-Berlin, Nr. 38, S. 687–691

Papke, L. E. (2004): Individual financial decisions in retirement savings plans: The role of participant direction. In: Journal of Public Economics, Vol. 88(1–2), S. 39–61

Pence, Karen (2006): The Role of Wealth Transformations: An Application to Estimating the Effect of Tax Incentives on Saving. In: Contributions to Economic Analysis & Policy, Vol. 5(1), S. 1–24

Rasner, Anika; Himmelreicher, Ralf K.; Grabka, Markus G.; Frick, Joachim R. (2007): Best of Both Worlds – Preparatory Steps in Matching Survey Data with Administrative Pension Records. The Case of the German Socio-Economic Panel and the Scientific Use File Completed Insurance Biographies 2004. SOEPpapers on Multidisciplinary Panel Data Research at DIW Berlin, No. 70/2007. Berlin

Ring, Alexander M. (2000): Die Verteilung der Vermögen in der Bundesrepublik Deutschland- Analyse und politische Schlussfolgerungen. Frankfurt/M. u.a.O.

Riphahn, Regina T.; Serfling, Oliver (2005): Item Non-response on Income and Wealth Questions. In: Empirical Economics, Vol. 30(2), S. 521–538

Robinson, Judith K. (2002): Race, Gender, and Familial Status: Discrimination in One U.S. Mortgage Lending Market. In: Feminist Economics, Vol. 8(2), S. 63–85

Rubin, Donald B. (1987): Multiple Imputation for Non-Response in Surveys. New York

Sachverständigenrat zur Begutachtung der gesamtwirtschaftlichen Entwicklung (1976): Jahresgutachten 1976/77, Zeit zum Investieren, Bundestagsdrucksache 7/5902. Bonn

Sachverständigenrat zur Begutachtung der gesamtwirtschaftlichen Entwicklung (1996): Jahresgutachten 1996/97, Reformen voranbringen, Bundestagsdrucksache 13/6200. Bonn

Sachverständigenrat zur Begutachtung der gesamtwirtschaftlichen Entwicklung (2000): Jahresgutachten 2000/01. Chancen auf einen höheren Wachstumspfad, Bundestagsdrucksache 14/4792. Bonn

Sachverständigenrat zur Begutachtung der gesamtwirtschaftlichen Entwicklung (2005): Jahresgutachten 2005/06, Die Chance nutzen – Reformen mutig voranbringen. Wiesbaden

Sachverständigenrat zur Begutachtung der gesamtwirtschaftlichen Entwicklung (2007): Jahresgutachten 2007/08, Das Erreichte nicht verspielen. Wiesbaden

Schäfer, Andrea; Schupp, Jürgen (2006): Zur Erfassung der Vermögensbestände im Sozio-oekonomischen Panel (SOEP) im Jahr 2002, Data Documentation 11. Berlin

Schlomann, Heinrich (1992): Vermögensverteilung und private Altersvorsorge. Frankfurt/M., New York

Schmalwasser, Oda; Müller, Aloysius (2009): Gesamtwirtschaftliche und sektorale nichtfinanzielle Vermögensbilanzen. In: Wirtschaft und Statistik, 2, S. 137–147

Schmidt, Lucie; Sevak, Purvi (2006): Gender, Marriage, and Asset Accumulation in the United States. In: Feminist Economics, Vol. 12(1-2), S. 139–166

Schulmeister, Stephan; Schratzenstaller, Margit; Picek, Oliver (2008): A General Financial Transaction Tax: Financing Development and Enhancing Financial Stability. Wien

Schupp, Jürgen; Frick, Joachim R.; Goebel, Jan; Grabka, Markus M.; Groh-Samberg, Olaf; Wagner, Gert G. (2009): Zur verbesserten Erfassung von Nettohaushaltseinkommen und Vermögen in Haushhaltssurveys. In: Druyen, Thomas; Lauterbach, Wolfgang; Grundmann, Mathias (Hg.): Reichtum und Vermögen. Zur gesellschaftlichen Bedeutung der Reichtums- und Vermögensforschung. Wiesbaden, S. 85-96

Schüssler, Reinhard; Lang, Oliver; Buslei, Hermann (2000): Wohlstandverteilung in Deutschland 1978–1993. Düsseldorf

Sedo, Stanley A.; Kossoudji, Sherrie A. (2004): Rooms of One's Own: Gender, Race and Homeownership as Wealth Accumulation in the United States. IZA DP No. 1397. Bonn

Sen, Amartya K. (1990): Gender and Cooperative Conflicts. In: Tinker, Irene (ed.): Persistent Inequalities: Women and World Development. New York, S. 123–149

Sierminska, Eva; Brandolini, Andrea; Smeeding Tim M. (2006a): Comparing wealth distribution across rich countries: First results from the Luxembourg Wealth Study. Luxembourg Wealth Study Working Paper No. 1

Sierminska, Eva; Brandolini, Andrea; Smeeding Tim M. (2006b): The Luxembourg Wealth Study – A Cross-Country Database for Household Wealth Research. In: The Journal of Economic Inequality, Vol. 4(3), S. 375–383

SOEP Group (2001): The German Socio-Economic Panel (SOEP) after more than 15 years – An overview. In: Vierteljahreshefte zur Wirtschaftsforschung, Jg. 70/Heft 1, S. 7–14

Spiess, Martin; Goebel, Jan (2005): On the effect of item-non-response on the estimation of a two-panel-waves wage equation. In: Allgemeines Statistisches Archiv, Jg. 89/Heft 1, S. 63–74

Spiess, Martin; Kroh, Martin (2006): Documentation of Sample Sizes and Panel Attrition in the German Socio Economic Panel (SOEP) 1984 until 2005, DIW data documentation No 15. Berlin

Statistisches Bundesamt (Hg.) (1986): Einkommens- und Verbrauchsstichprobe 1983. Heft 2. Vermögensbestände und Schulden privater Haushalte. FS 15. Stuttgart, Mainz

Statistisches Bundesamt (2006): Ausgaben für Kinder 2003: 550 Euro monatlich. Pressemitteilung Nr. 314 vom 1.8.2006 (Internet: http://www.destatis.de/jetspeed/portal/cms/Sites/destatis/Internet/DE/Presse/pm/2006/08/PD06_314_632.psml)

Statistisches Bundesamt (2007): Land- und Forstwirtschaft, Fischerei. Kaufwerte für landwirtschaftliche Grundstücke. Fachserie 3, Reihe 2.4. Wiesbaden

Statistisches Bundesamt (2008a): Bevölkerung und Erwerbstätigkeit. Sterbetafeln. Früheres Bundesgebiet und neue Länder. Wiesbaden

Statistisches Bundesamt (2008b): Volkswirtschaftliche Gesamtrechnungen. Inlandsproduktsberechnung. Detaillierte Jahresergebnisse, Fachserie 18, Reihe 1.4. Wiesbaden

Statistisches Bundesamt (versch. Jahre): Fachserie 15, Wiesbaden

Stein, Holger (2004): Anatomie der Vermögensverteilung. Ergebnisse der Einkommens- und Verbrauchsstichproben (EVS) 1983–1998. Berlin

Stobbe, Alfred (1994): Volkswirtschaftliches Rechnungswesen (8. Aufl.). Berlin u.a.O.

Szydlik, Marc (2009): Reich durch Erbschaft und Schenkung? In: Druyen, Thomas; Lauterbach, Wolfgang; Grundmann, Mathias (Hg.): Reichtum und Vermögen. Zur gesellschaftlichen Bedeutung der Reichtums- und Vermögensforschung. Wiesbaden, S. 135–145

Szydlik, Marc; Schupp, Jürgen (2004): Wer erbt mehr? Erbschaften, Sozialstruktur und Alterssicherung. In: Kölner Zeitschrift für Soziologie und Sozialpsychologie, Jg. 56, S. 609–629

Thiele, Silke (1998): Das Vermögen privater Haushalte und dessen Einfluss auf die soziale Lage, Studien zur Haushaltsökonomie Bd. 17. Frankfurt/M., New York

Volkert, Jürgen; Klee, Günther; Kleimann, Rolf; Scheurle, Ulrich; Schneider, Friedrich (2004): Operationalisierung der Armuts- und Reichtumsmessung (hg. vom Bundesministerium für Gesundheit und Soziale Sicherung). Bonn

Wagner, Gert G.; Frick, Joachim R.; Schupp, Jürgen (2007): The German Socio-Economic Panel Study (SOEP) – Evolution, Scope and Enhancements. In: Schmoller's Jahrbuch – Journal of Applied Social Science Studies, Jg. 127/Heft 1, S. 139–169

Wagner, Klaus-Rudolf (2008): Kapitalbeteiligung von Mitarbeitern und Führungskräften: Möglichkeiten, Chancen, Visionen (2. Aufl.). Frankfurt/M.

Warren, Tracey (2006): Moving beyond the gender wealth gap: On gender, class, ethnicity, and wealth inequalities in the United Kingdom. In: Feminist Economics, Vol. 12(1–2), S. 195–219

Warren, Tracey; Rowlingson, Karen; Whyley, Claire (2001): Female finances: Gender Wage Gaps and Gender Assets Gaps. Work. In: Employment and Society, Vol. 15, S. 465–488

Wedgwood, Josiah (1939): The Economics of Inheritance. Harmondsworth

Westerheide, Peter (1999): Vermögenspolitik in der Sozialen Marktwirtschaft. Münster

Westerheide, Peter (2005): Auswirkungen von Erbschaften und Schenkungen auf die Vermögensbildung privater Personen und Haushalte. In: Jahrbücher für Nationalökonomie und Statistik, Jg. 225, S. 459–481

Wolff, Edward N. (ed) (2006): International Perspectives on Household wealth. The Levy Economics Institute and the New York University. Cheltenham, Northampton

Yamokosi, Alexis; Keister, Lisa A. (2006): The Wealth of Single Women: Marital Status and Parenthood in the Asset Accumulation of Young Baby Boomers in the United States. In: Feminist Economics, Vol. 12(1-2), S. 167–194

Zagorsky, Jay L. (1999): Young Baby Boomers' Wealth. In: Review of Income and Wealth, Vol. 45(2), S. 135–156

Zeldes, Stephen (1989): Optimal consumption with stochastic income: Deviations from certainty equivalence. In: Quarterly Journal of Economics, Vol. 104, S. 275–298

7. Anhang – A

7.1 Erläuterung der verwendeten Verteilungsmaße

Gini-Koeffizient

Der Gini-Koeffizient ist ein statistisches Maß zur Darstellung von Ungleichheit. Er kann Werte zwischen 0 und 1 annehmen. Je näher der Wert bei 1 liegt, desto größer ist die Ungleichheit. Dieser Index reagiert vor allem auf Änderungen in der Mitte der Verteilung. Der Gini-Index ist folgendermaßen definiert:

[1]
$$Gini = \left(\frac{2}{\mu . n^2} \cdot \sum_{k=1}^{n} k . W_k \right) - \frac{n+1}{n} = \frac{2 \operatorname{cov}\left(W_k , \frac{k}{n} \right)}{\mu} = \frac{\frac{2}{n} \sum_{k=1}^{n} (W_k - \mu) . \left(\frac{k}{n} - \frac{1}{n^2} \sum_{k=1}^{n} k \right)}{\mu}$$

wobei W_k das nach der Höhe sortierte Vermögen angibt.

Half-squared coefficient of variation (HSCV) und Mean log Deviation (MLD)

Der HSCV- und der MLD-Index gehören beide zur Klasse der Entropiemaße. Diese Indikatoren wurden von dem Ökonometriker Henri Theil entwickelt. Der MLD gibt die mittlere logarithmierte Abweichung an, der HSCV leitet sich aus dem quadrierten Variationskoeffizienten ab. Bei perfekter Gleichverteilung nehmen beide Werte den Wert „0“ an, nach oben sind diese aber im Gegensatz zum Gini-Index nicht normiert.

Während der MLD-Koeffizient sensitiv gegenüber Veränderungen am unteren Ende der Vermögensverteilung ist, reagiert der HSCV auf Veränderungen am oberen Rand der Vermögensverteilung.

Der MLD-Koeffizient ist folgendermaßen definiert:

[2]
$$MLD = \frac{\sum_i \sum_j \log \left(\frac{\mu}{W_{ij}^*} \right)}{n}$$

wobei log der natürliche Logarithmus, μ das arithmetische Mittel des Vermögens;

$\mu = \frac{\sum_i \sum_j W_{ij}}{n}$ und n die Zahl der beobachteten Individuen ist.

Der HSCV (half-squared coefficient of variation) ist definiert als:

[3] $$SCV = \frac{\operatorname{var}(W_{ij})}{\mu^2} = \frac{\frac{1}{n}\sum_i \sum_j (W_{ij} - \mu)^2}{\mu^2} \quad 1/2$$

7.2 Die Messung von Vermögen im Personenfragebogen des SOEP im Erhebungsjahr 2002

85. Die folgenden Fragen sind überschrieben mit "Ihre persönliche Vermögensbilanz".

Die Vermögensbildung in allen Schichten der Bevölkerung ist heute ein wichtiges Thema, besonders im Hinblick auf die künftige Alterssicherung und die Rentenreform. Im Deutschen Institut für Wirtschaftsforschung, Berlin, wird dazu ein großes Forschungsprojekt durchgeführt. Es geht darum, ein zuverlässiges Bild der Vermögenssituation der Bundesbürger zu erhalten. Wir möchten Sie einladen und bitten, an diesem Vorhaben mitzuwirken. Dazu möchten wir gemeinsam mit Ihnen eine persönliche "Vermögensbilanz" erstellen, die Ihnen auch selbst hilft, einen Überblick zu gewinnen. Sie können absolut sicher sein, dass Ihre Angaben vertraulich behandelt und nur für die wissenschaftliche Auswertung verwendet werden.

☞ *Bitte weiter zu Fragen (A) bis (G) auf den folgenden Seiten.*
Falls keine Auskünfte zu diesen Fragen, bitte weiter mit Frage 86 zum Thema "Gesundheit".

Ihre persönliche Vermögensbilanz

Verfügen Sie persönlich über folgende Formen von Eigentum oder Vermögen?
Falls ja: schätzen Sie bitte jeweils den heutigen Vermögenswert.

(A) Sind Sie persönlich Eigentümer des Hauses oder der Wohnung, in der Sie selbst wohnen?

Ja ...... ☐ ⇨
Nein ... ☐ ⇩

Wert:
Wenn Sie heute verkaufen würden, wieviel würden Sie für Wohnung/Haus einschließlich Grundstück erzielen? EURO ☐

Belastungen:
Falls Wohnung/Haus noch mit Darlehen belastet ist, wie hoch ist etwa die heutige Restschuld (ohne Zinsen)? EURO ☐

Persönlicher Eigentumsanteil:
Sind Sie alleiniger Eigentümer (zu 100%) oder Miteigentümer (z.B. gemeinschaftlich mit Ehepartner)? Alleiniges Eigentum ☐
Wenn letzteres, wie hoch ist Ihr persönlicher Anteil? Anteil in % ☐☐

(B) Haben Sie, abgesehen von selbst genutztem Wohneigentum, sonstigen Haus- oder Grundbesitz?

Ja ...... ☐ ⇨
Nein ... ☐ ⇩

Art und Anzahl der Immobilien:
Um welche Art Immobilien handelt es sich dabei?

- Einfamilienhaus/Eigentumswohnung (aber nicht selbst genutzt) .... ☐
- Mehrfamilienhaus/Mietshaus .... ☐
- Ferienwohnung/Wochenendwohnung .... ☐
- Unbebautes Grundstück .... ☐
- Sonstige Immobilie .... ☐

Wie viele solcher Immobilien – ohne das selbstgenutzte Wohneigentum – haben Sie insgesamt?
Anzahl .... ☐☐

Wert:
Wenn Sie Ihren Immobilienbesitz – ohne das selbstgenutzte Wohneigentum – heute verkaufen wollten, welchen Preis könnten Sie etwa erzielen? EURO ☐

Persönlicher Eigentumsanteil:
Sind Sie davon alleiniger Eigentümer (zu 100%) oder Miteigentümer (z.B. gemeinschaftlich mit Ehepartner)? Alleiniges Eigentum ☐
Wenn letzteres, wie hoch ist Ihr persönlicher Anteil? Anteil in % ☐☐

Belastungen:
Falls Ihr Immobilienbesitz noch mit Darlehen belastet ist, wie hoch ist etwa die heutige Restschuld (ohne Zinsen)? EURO ☐

(C) **Verfügen Sie über Geldanlagen von mehr als 2.500 EURO, etwa in Form von Sparguthaben, Spar- oder Pfandbriefen, Aktien oder Investmentanteilen?**

Ja ...... ☐ ⇨
Nein ... ☐ ⇩

Wert:
Wie hoch schätzen Sie den Wert Ihrer Geldanlagen insgesamt? EURO ☐

Persönlicher Eigentumsanteil:
Sind diese Geldanlagen alle auf Ihren Namen angelegt oder laufen sie teilweise auch auf Gemeinschaftskonten mehrerer Personen, etwa bei Ehepaaren? Alleiniges Eigentum ☐
Wenn letzteres, wie hoch ist Ihr persönlicher Anteil? Anteil in % ☐☐

(D) **Besitzen Sie gegenwärtig Lebensversicherungen oder private Rentenversicherungen oder Bausparverträge?**

Ja ...... ☐ ⇨
Nein ... ☐ ⇩

Wert:
Wie hoch schätzen Sie den derzeitigen Rückkaufwert dieser Versicherungsverträge bzw. Geldanlagen? EURO ☐

(E) **Sind Sie Eigentümer eines gewerblichen Betriebes, d.h. einer Firma, eines Geschäfts, einer Kanzlei, einer Praxis oder eines landwirtschaftlichen Betriebes, oder an einem solchen Betrieb beteiligt?**

Ja ...... ☐ ⇨
Nein ... ☐ ⇩

Persönlicher Eigentumsanteil:
Sind Sie in diesem Betrieb alleiniger Unternehmer, oder beteiligter Unternehmer, z.B. nach GBR, GmbH oder KG? Alleiniger Unternehmer ☐ Beteiligter Unternehmer ☐

Wert:
Wie hoch schätzen Sie den heutigen Vermögenswert Ihres Betriebes bzw. Ihrer Beteiligung? Das ist der Preis vor Steuern, den Sie bei einem Verkauf des Betriebes bzw. Ihrer Beteiligung erzielen könnten, unter Berücksichtigung eventueller bestehender Kreditbelastungen. EURO ☐

(F) **Verfügen Sie über Sachvermögen von mehr als 2.500 EURO (ohne Kraftfahrzeuge) in Form von Gold, Schmuck, Münzen oder wertvollen Sammlungen?**

Ja ...... ☐ ⇨
Nein ... ☐ ⇩

Wert:
Angenommen, Sie könnten diese Sachvermögen veräußern: Wie hoch schätzen Sie den Gesamtwert ein? EURO ☐

(G) Einmal abgesehen von Hypotheken für Haus- und Grundbesitz oder Baudarlehen: **Haben Sie zur Zeit noch Schulden aus Krediten, die Sie als Privatperson bei einer Bank, einer sonstigen Einrichtung oder bei einer Privatperson aufgenommen haben, und für die Sie privat haften?**
Gemeint sind nur größere Schulden von 2.500 EURO oder mehr. Ohne Hypotheken und Baudarlehen!

Ja ...... ☐ ⇨
Nein ... ☐ ⇩

Belastung:
Derzeitige Restschulden (ohne Zinsen): EURO ☐

*Frage **86** nächste Seite!*

7.3 Die Messung von Vermögen im Personenfragebogen des SOEP im Erhebungsjahr 2007

126. Die folgenden Fragen sind überschrieben mit "Ihre persönliche Vermögensbilanz".

Die Vermögensbildung in allen Schichten der Bevölkerung ist heute ein wichtiges Thema, besonders im Hinblick auf die künftige Alterssicherung. Deswegen versuchen wir ein zuverlässiges Gesamtbild der Vermögenssituation der Bundesbürger zu erhalten. Wir möchten Sie einladen und bitten, an diesem Vorhaben mitzuwirken. Dazu möchten wir gemeinsam mit Ihnen eine persönliche "Vermögensbilanz" erstellen, die Ihnen auch selbst hilft, einen Überblick zu gewinnen. Sie können absolut sicher sein, dass Ihre Angaben vertraulich behandelt und nur für die wissenschaftliche Auswertung verwendet werden.

☞ *Bitte weiter zu Fragen (A) bis (H) auf den folgenden Seiten.*

Verfügen Sie persönlich über folgende Formen von Eigentum oder Vermögen?
Falls ja: schätzen Sie bitte jeweils den heutigen Vermögenswert.

(A) Sind Sie persönlich Eigentümer des Hauses oder der Wohnung, in der Sie selbst wohnen?

Ja ...... ☐ ⇨
Nein ... ☐ ⇩

Wert:
Wenn Sie heute verkaufen würden, wieviel würden Sie für Wohnung/Haus einschließlich Grundstück erzielen? EURO ☐

Belastung:
Falls Wohnung/Haus noch mit Darlehen belastet ist, wie hoch ist etwa die heutige Restschuld (ohne Zinsen)? EURO ☐
Ist schuldenfrei ☐

Ihr persönlicher Eigentumsanteil:
Sind Sie alleiniger Eigentümer (zu 100%) oder Miteigentümer (z.B. gemeinschaftlich mit Ehepartner)? Alleiniger Eigentümer ☐
Miteigentümer: Wie hoch ist Ihr persönlicher Anteil? Anteil in % ☐☐

(B) Haben Sie, abgesehen von selbst genutztem Wohneigentum, sonstigen Haus- oder Grundbesitz?

Ja ...... ☐ ⇨
Nein ... ☐ ⇩

Art und Anzahl der Immobilien:

Um welche Art Immobilien handelt es sich dabei?

- Einfamilienhaus/Eigentumswohnung (aber nicht selbst genutzt) .... ☐
- Mehrfamilienhaus/Mietshaus .... ☐
- Ferienwohnung/Wochenendwohnung .... ☐
- Unbebautes Grundstück .... ☐
- Sonstige Immobilie .... ☐

Wie viele solcher Immobilien – ohne das selbstgenutzte Wohneigentum – haben Sie insgesamt? Anzahl .... ☐☐

Wert:
Wenn Sie diesen Immobilienbesitz – ohne das selbstgenutzte Wohneigentum – heute verkaufen wollten, welchen Preis könnten Sie etwa erzielen? EURO ☐

Ihr persönlicher Eigentumsanteil:
Sind Sie davon alleiniger Eigentümer (zu 100%) oder Miteigentümer (z.B. gemeinschaftlich mit Ehepartner)? Alleiniger Eigentümer ☐
Miteigentümer: Wie hoch ist Ihr persönlicher Anteil? Anteil in % ☐☐

Belastung:
Falls Ihr Immobilienbesitz noch mit Darlehen belastet ist, wie hoch ist etwa die heutige Restschuld (ohne Zinsen)? EURO ☐
Ist schuldenfrei ☐

(C) Haben Sie persönlich einen Bausparvertrag?

Ja ...... ☐ ⇨
Nein ... ☐ ⇩

Wert:
Wie hoch schätzen Sie Ihr derzeitiges Bausparguthaben einschließlich Zinsen/Prämien?
Falls mehrere Verträge, bitte zusammenrechnen! EURO ☐

(D) **Verfügen Sie über Geldanlagen, etwa in Form von Sparguthaben, Spar- oder Pfandbriefen, Aktien oder Investmentanteilen?**

Ja ..... ☐ ⇨
Nein ... ☐ ⇩

Wert:
Wie hoch schätzen Sie den Wert Ihrer Geldanlagen insgesamt? EURO ☐

Ihr persönlicher Eigentumsanteil:
Sind diese Geldanlagen alle auf Ihren Namen angelegt oder laufen sie teilweise auch auf Gemeinschaftskonten mehrerer Personen, etwa bei Ehepaaren? Alleiniger Eigentümer ☐
Wenn letzteres, wie hoch ist Ihr persönlicher Anteil? Anteil in % ☐☐

(E) **Haben Sie eine Lebensversicherung oder eine private Rentenversicherung, die Sie abgeschlossen haben oder Ihr Arbeitgeber für Sie abgeschlossen hat?**

Ja ..... ☐ ⇨
Nein ... ☐ ⇩

Wert:
Wie hoch schätzen Sie den derzeitigen <u>Rückkaufwert</u> dieser Versicherungsverträge? EURO ☐

(F) **Sind Sie Eigentümer eines gewerblichen Betriebes, d.h. einer Firma, eines Geschäfts, einer Kanzlei, einer Praxis oder eines landwirtschaftlichen Betriebes, oder an einem solchen Betrieb beteiligt?**

Ja ..... ☐ ⇨
Nein ... ☐ ⇩

Ihr persönlicher Eigentumsanteil:
Sind Sie in diesem Betrieb <u>alleiniger</u> Unternehmer, oder <u>beteiligter</u> Unternehmer, z.B. nach GBR, GmbH oder KG? Alleiniger Unternehmer ☐ Beteiligter Unternehmer ☐

Wert:
Wie hoch schätzen Sie den heutigen Vermögenswert Ihres Betriebes bzw. Ihrer Beteiligung? Das ist der Preis vor Steuern, den Sie bei einem Verkauf des Betriebes bzw. Ihrer Beteiligung erzielen könnten, unter Berücksichtigung eventueller bestehender Kreditbelastungen. EURO ☐

(G) **Verfügen Sie persönlich über nennenswertes Sachvermögen in Form von Gold, Schmuck, Münzen oder wertvollen Sammlungen?**

Ja ..... ☐ ⇨
Nein ... ☐ ⇩

Wert:
Angenommen, Sie könnten diese Sachvermögen veräußern: Wie hoch schätzen Sie den Gesamtwert ein? EURO ☐

(H) Einmal abgesehen von Hypotheken für Haus- und Grundbesitz oder Baudarlehen: **Haben Sie zur Zeit noch <u>Schulden aus Krediten</u>, die Sie persönlich bei einer Bank, einer sonstigen Einrichtung oder einer Privatperson aufgenommen haben und für die Sie privat haften?**
<u>Ohne</u> Hypotheken und Baudarlehen!

Ja ..... ☐ ⇨
Nein ... ☐ ⇩

Belastung:
Wie hoch sind die derzeitigen Restschulden? EURO ☐

Frage ***127***
nächste Seite!

7.4 Datenaufbereitung der Vermögensangaben im SOEP: Editing, Imputation und Statistical Matching

Der SOEP Fragebogen von 2002 erfasst sieben Komponenten des Vermögens: „Selbstgenutztes Wohneigentum (inkl. Hypothekenschuld)“, „anderes Grund- und Immobilienvermögen (inkl. Hypothekenschulden)“, „Geldvermögen“, „Betriebsvermögen“, „Wertsachen“, „Lebensversicherungen, Bausparverträge und Private Rentenverträge“ sowie „Kredite/Schulden“. Seit 2007 wird das Vermögen, welches in Lebensversicherungen und privaten Versicherungen gehalten wird, getrennt vom Bausparvermögen erfasst.

Wie in allen Befragungen üblich, ist die Erhebung ökonomisch relevanter Größen wie Vermögen und Einkommen auch im SOEP mit Messfehlern behaftet. Ein typisches Problem in diesem Zusammenhang sind fehlende Werte aufgrund des Auslassens bestimmter Fragebogenteile („Item-Non-Response“, INR) bzw. das Phänomen des „Partial-Unit-Non-Response“ (PUNR) in Mehr-Personen-Haushalten, das durch die komplette Verweigerung einer Befragungsperson in einem ansonsten befragungswilligen Haushalt entsteht.[1] In diesen Fällen führt eine Aggregation der Vermögensangaben aller Haushaltsmitglieder quasi zwangsläufig zu einer Untererfassung des Vermögensbestandes des gesamten Haushalts. Darüber hinaus befördert die individualisierte Erfassung des Vermögens die Gefahr inkonsistenter Angaben von Personen, die eine bestimmte Komponente gemeinsam besitzen, z.B. bei Ehepaaren mit gemeinsamem Wohneigentum. Mit dem SOEP-Fragebogen wird eine Selbsteinschätzung des Marktwertes des Gebäudes bzw. der Wohnung sowie des individuellen Besitzanteils erhoben. Idealtypisch sollte der von allen Eigentümern genannte Marktwert übereinstimmen und die Summe der Besitzanteile sollte sich, unter der Annahme, dass es keine dritten Miteigentümer gibt, *ceteris paribus* auf 100% addieren. Jede Abweichung von dieser Regel muss als Messfehler erkannt und entsprechend durch eine spezifische Form von „Editing“ korrigiert werden. Fehlende Werte aufgrund von INR (inkl. eventueller „Weiss nicht“-Angaben) müssen hingegen mit Hilfe entsprechender Annahmen und Verfahren „imputiert“ werden.[2]

1 Weitere Beispiele für Messfehler in Mikrodaten sind Rundungseffekte beim Einkommen (vgl. z.B. Hanisch 2005), „Heaping“-Effekte bei Spelldaten z.B. zur Dauer von Arbeitslosigkeitsepisoden oder „Seam“-Effekte beim Übergang von Erhebungszeiträumen wie z.B. von Dezember auf Januar (vgl. Jäckle/Lynn 2004).

2 Alternativ könnten anstelle der Imputation auch Gewichtungsverfahren angewendet werden, bei denen vollständig beobachtete Einheiten in Abhängigkeit von Charakteristika, die mit dem Ausfallprozess (non-response) korrelieren, ein höheres Gewicht erhalten. Dies ist aber mit einem erheblichen Verlust von Effizienz verbunden; insbesondere schmälert dieses Vorgehen die Zahl der im Längsschnitt analysierbaren Fälle.

Im Folgenden werden nach einigen Ausführungen zur eventuellen Selektivität von Messfehlern lediglich die Grundzüge des Editing und der Imputation skizziert. Dabei schließt der Begriff des Editing auch die so genannte logische Imputation ein: Diese findet Anwendung, wenn die fehlenden Angaben eines Partners von den als valide eingestuften Angaben des zweiten Partners direkt abgeleitet werden können. Das Ersetzen fehlender Angaben im Falle von INR und PUNR erfolgt im Allgemeinen als multiple Imputation mit Hilfe von Hotdeck-Regressionen – dabei werden nicht nur fehlende Beträge imputiert, sondern gegebenenfalls auch fehlende Angaben zur vorgeschalteten Filterfrage, ob eine gegebene Vermögenskomponente überhaupt vorliegt.[3]

7.4.1 Schätzung der Wahrscheinlichkeit für fehlende und inkonsistente Angaben: Probitschätzung mit Heckman-Sample-Selektionskorrektur

Zur Identifikation eventueller Selektivität von Messfehlern (aufgrund von Inkonsistenz und Item-Non-Response [INR]) sowie der dadurch induzierten Notwendigkeit für Editing und Imputation werden Schätzungen zur Wahrscheinlichkeit für derartige Messfehler durchgeführt. Dabei muss die potenzielle Selektivität in den Status „Eigentümer von Vermögenskomponente X" zu sein, berücksichtigt werden. Beispielsweise ist die Wahrscheinlichkeit, Wohneigentum (und eventuell damit verbundene Schulden) zu halten, für gut ausgebildete Individuen höher. Diese Selektivität kann durch eine Korrektur der Selektionsverzerrung nach Heckman (1979) berücksichtigt werden.

---

3 Detaillierte Ausführungen zur Vorgehensweise für die einzelnen Vermögenskomponenten finden sich in Frick et al. 2007c. Eine vorläufige Version imputierter SOEP2002-Vermögensdaten wurde in Schäfer/Schupp 2006 verwendet. Die dort verwendeten Imputationsstrategien unterscheiden sich aber in mehrfacher Hinsicht von der im Folgenden beschriebenen Version: Zum einen basiert die Imputation von Schäfer/Schupp lediglich auf Mittelwertersetzung für Fälle mit bekanntem INR, d.h. Beobachtungen mit fehlender Filterinformation zum Vorliegen einer gegebenen Vermögenskomponente wurden ignoriert, während die hier verwendete Version alle Fälle von INR und PUNR inklusive fehlender Filterangaben imputiert und insofern die gesamte Befragungspopulation erhält. Zudem unterstellt eine unkonditionierte Mittelwertersetzung, dass das Fehlen von Werten rein zufällig verteilt ist und somit die beobachteten Werte perfekte Substitute für die nicht beobachteten Fälle darstellen. Faktisch gibt es jedoch deutliche Hinweise auf die Selektivität fehlender Werte (siehe Frick et al. 2007c). Hingegen entsprechen die hier verwendeten multiplen Imputationsverfahren dem aktuellen Stand der Forschung und haben nicht den Nachteil mittelwert-basierter (single) Imputationen, die typischerweise das wahre Ausmaß an Varianz signifikant unterschätzen. So liegt z.B. die Standardabweichung des individuellen Nettovermögens auf Basis der multiplen Imputation ungefähr dreimal so hoch wie im Falle der Mittelwertimputation von Schäfer/Schupp 2006.

Hier wurden neun Modelle für die Wahrscheinlichkeit eines Messfehlers in den jeweiligen Vermögenskomponenten geschätzt, wobei neben inhaltlich motivierten Kovariaten auch der Einfluss der Interviewsituation kontrolliert wird (siehe Tabelle 7-1).[4] Zentrale Ergebnisse des Selektionsmodells sind dabei:

- Vermögen (und Schulden) sind mit zunehmendem Alter signifikant häufiger zu finden (dieser Effekt flacht jedoch mit hohem Alter wieder ab). Dies trifft ebenso auf Verheiratete, Personen mit hohem Bildungsniveau und auf Beamte zu. Zudem nimmt mit steigendem Markteinkommen auch erwartungsgemäß die Wahrscheinlichkeit für das Vorhandensein sowohl von Aktiva als auch von Passiva zu. Dagegen ist die Wahrscheinlichkeit für das Halten von Vermögenskomponenten negativ korreliert mit den Merkmalen Migrationshintergrund, niedriges Bildungsniveau, Großstadt und insbesondere Arbeitslosigkeit.
- Bezüglich der Interviewmethode finden sich deutliche Effekte: Alle Personen, die nicht mit der Standardmethode PAPI („paper and pencil interview") interviewt werden, haben eine höhere Wahrscheinlichkeit, Vermögen oder Schulden zu halten. Die Zahl der gegebenen Interviews weist dagegen keine klare Tendenz auf.

Bezüglich der Wahrscheinlichkeit für „Inkonsistenz bzw. Item-Non-Response" finden sich folgende zentralen Ergebnisse:

- Die Wahrscheinlichkeit für Messfehler ist für männliche Interviewpartner geringer.
- Höhere Bildungsabschlüsse reduzieren die Wahrscheinlichkeit von Messfehlern, während geringe Bildung das Risiko von Messfehlern erhöht.
- Für Beamte erhalten wir den erwarteten negativen Effekt, der auf eine erhöhte Wahrscheinlichkeit vollständiger und konsistenter Informationen in dieser Berufsgruppe hinweist.
- Für Selbstständige scheint es besonders schwierig zu sein, vollständige Auskunft über den Wert ihres Vermögens zu geben, was oft auch der Schwierigkeit einer adäquaten Bewertung des Betriebsvermögens geschuldet ist.[5]
- Wiederum tragen Variablen bezüglich der Interview-Situation in signifikanter Art zur Varianzerklärung bei: Insbesondere Daten aus selbstständig

4 In diesen Schätzungen sind Fälle mit partiellem Unit-Non-response (PUNR) nicht enthalten, da deren Ausfallwahrscheinlichkeit anderen Mustern folgt als bei Item-Nonresponse oder Inkonsistenzen. Zudem ist die quantitative Bedeutung von PUNR im Vergleich zu INR und Inkonsistenzen relativ gering. Zur Selektivität von PUNR vgl. Frick et al. 2010.

5 In den vorliegenden SOEP-Daten kann nicht zwischen fehlenden Werten aufgrund von fehlender Kenntnis („Weiss ich nicht") bzw. mangelnder Auskunftsbereitschaft („Sage ich nicht") unterschieden werden.

durchgeführten Interviews (ohne Präsenz eines Interviewers) müssen häufiger imputiert und editiert werden. Personen, die an der SOEP Befragung im Jahre 2007 teilnahmen, hatten eine höhere Wahrscheinlichkeit, vollständige und konsistente Informationen über das Vermögen zu geben, als dies in der ersten Befragung 2002 der Fall war. Dies ist ein Anzeichen für einen positiven Lerneffekt im Rahmen von Wiederholungsbefragungen und den Aufbau einer Vertrauensbeziehung zwischen Befragten und Interviewer (zur zunehmenden Datenqualität von Einkommensangaben im Rahmen wiederholter Interviews vgl. Frick et al. 2006). Dies steht auch im Einklang mit einer abnehmenden Wahrscheinlichkeit für Messfehler bei steigender Zahl von gegebenen Interviews. Letztlich zeigt sich bei CAPI-Interviews eine deutlich höheres Risiko für Messfehler. Dieser Befund ist aber das Ergebnis der spezifischen Interviewsituation mit Hilfe eines Laptops, welches explizit – falls beispielsweise ein Befragter einen genauen Betrag zu dem Marktwert einer Vermögenskomponente nicht exakt kennt –Nachfragen induziert („unfolding brackets"), mit der die Größenordnung des Vermögens in bestimmten Kategorien erfasst werden kann. In diesen Fällen liegt zwar keine direkte Messung eines metrischen Wertes vor, die entsprechenden Schwellenwerte erlauben aber eine qualitativ deutlich bessere Imputation der fehlenden Angabe.

7.4.2 Das Prinzip von „Editing" und „Imputation" von Vermögensangaben im SOEP

Vor der eigentlichen Imputation fehlender Antwortangaben werden verschiedene Prüfungen zur Konsistenz und Plausibilität durchgeführt. Als nicht plausibel oder konsistent angesehene Daten werden editiert. Im Folgenden wird hier mit dem Ausdruck „Editieren" das Vorgehen bezeichnet, bei dem ein scheinbar valider beobachteter Wert in einen anderen geändert wird. Dies kann beispielhaft erläutert werden für ein Paar, das einen gemeinsamen Vermögensbestandteil wie selbst genutztes Wohneigentum besitzt. In diesem Beispiel wird im SOEP-Fragebogen nach einem Marktwert des Hauses oder der Wohnung gefragt sowie nach dem Anteil, den die einzelne Person an der Immobilie hält. Der Marktwert, der von beiden Partnern angegeben wurde, sollte idealerweise übereinstimmen. Außerdem sollten sich die entsprechenden Eigentumsanteile, falls keine dritte Person Miteigentümer ist, zu 100% addieren. Abweichungen werden als Messfehler angesehen und – unter Verwendung von Längsschnittdaten – durch „Editing" korrigiert. Im Gegensatz dazu wird im Falle fehlender Information eines Partners eine „logische Imputation" durchgeführt. Diese Art der Datenprüfung ist aber nur bei ausgewählten Vermögenskomponenten möglich. Dies sind selbst genutzter und sonstiger Immobilienbesitz sowie Geldvermögen.

Tab. 7-1: Ergebnisse eines Probit-Modells zur Schätzung der Wahrscheinlichkeit fehlender oder inkonsistenter Antwortangaben 2002 und 2007

	Selbst genutzte Immobilie	Hypotheken auf selbst genutzte Immobilien	Sonstige Immobilien	Hypotheken auf sonstige Immobilien	Geld-vermögen	Private Ver-sicherungen	Betriebs-vermögen	Wertsachen	Konsumen-tenkredite
	Wahrscheinlichkeit für Item-non-response oder Inkonsistenz								
Alter	–0,0314***	–0,0253*	0,0036	0,0167	–0,0170***	–0,0230***	0,0276	–0,0184*	0,0271
Alter quadriert	0,0002***	0,0002*	0,0000	–0,0002	0,0002***	0,0002**	–0,0002	0,0002**	–0,0003
Mann	–0,1068***	–0,1118***	–0,1457***	–0,2034***	–0,0184	–0,1592***	–0,0353	–0,0848*	–0,0915
Migrant	0,1151***	–0,1128**	0,0216	–0,0801	–0,1187**	0,1175***	0,0767	–0,1321	–0,0534
Ausbildungsniveau[b] niedrig	0,1472***	0,0171	0,1169	–0,1736	–0,0357	0,1004***	–0,0991	–0,0851	–0,002
Ausbildungsniveau[b] hoch	–0,1385***	–0,1607***	–0,0776	0,0008	–0,0416	–0,1601***	–0,0993	0,0674	–0,1088**
HH mit Kindern < 14Jahre	–0,0486	–0,0411	–0,0829	–0,1088	–0,0875***	–0,0082	–0,0349	–0,2218***	–0,0439
1989 in DDR gelebt	0,2142***	0,0233	0,1713**	–0,1200	–0,0815***	–0,1522***	–0,0872	–0,1598*	–0,0461
Selbständig[a]	–0,0274	–0,0038	0,1688**	0,2025**	0,1030***	–0,0034	1,0776***	0,0886	0,2502***
Beamte	–0,0606	–0,1377***	0,0535	–0,1110	–0,0783*	–0,1464***	–0,3992	0,0718	–0,0466
Zahl der Interviews	–0,0027*	–0,0056***	–0,0063**	–0,0088*	–0,0118***	–0,0073***	–0,0075*	–0,0033	0,0007
Selbstausfüller[c]	0,3166***	0,0947**	0,2369***	0,0748	–0,0428	–0,0891***	0,1461*	0,0046	0,1221*
Capi Interview	0,6787***	0,5273***	0,5383***	0,2532***	0,6135***	0,6153***	0,4944***	0,7455***	0,5445***
Interview postalisch	0,5377***	0,4217***	0,4886***	0,4354***	0,1366***	0,1398***	0,2964***	0,3107***	0,2727***
Jahr 2007	–0,0271	–0,0949***	–0,1467***	–0,1963***	–0,2013***	–0,0605***	–0,1269**	–0,6431***	–0,6449***
Konstante	0,1853	0,2643	–1,4020**	–1,6792**	–0,4866***	0,3989**	–2,5758***	–0,9852**	–2,1651***

Tab. 7-1: (Fortsetzung)

	Selbst genutzte Immobilie	Hypotheken auf selbst genutzte Immobilien	Sonstige Immobilien	Hypotheken auf sonstige Immobilien	Geld-vermögen	Private Ver-sicherungen	Betriebs-vermögen	Wertsachen	Konsumen-tenkredite
	Wahrscheinlichkeit für das Halten von Vermögenskomponente ...								
Alter	0,1138***	0,1412***	0,0877***	0,1052***	0,0016	0,0616***	0,0538***	0,0256***	0,0867***
Alter quadriert	–0,0008***	–0,0014***	–0,0007***	–0,0009***	0,0001***	–0,0007***	–0,0005***	–0,0001***	–0,0010***
Mann	0,0023	0,0103	0,0512**	0,0348	0,0660***	0,1634***	0,4248***	–0,0771***	0,1655***
Verheiratet	0,6634***	0,5908***	0,1799***	0,1084***	0,1736***	0,1863***	0,0068	0,1146***	–0,0455**
Migrant	–0,5245***	–0,1619***	–0,2328***	–0,2641***	–0,5509***	–0,4891***	–0,3080***	–0,2400***	0,0952***
Ausbildungsniveau[b] niedrig	–0,2997***	–0,2969***	–0,1599***	–0,1980***	–0,2939***	–0,3221***	–0,1212**	–0,1929***	–0,1732***
Ausbildungsniveau[b] hoch	0,1268***	0,0757***	0,2586***	0,2463***	0,4371***	0,0969***	0,0992**	0,1979***	–0,1229***
HH mit Kindern < 14Jahre	0,3136***	0,4020***	0,0634**	0,1173***	–0,0821***	0,0034	0,2063***	–0,0537**	0,0865***
Dorf	0,4895***	0,2203***	0,0571**	–0,0985***	0,0271	0,0557***	0,1081***	–0,0483*	–0,0575**
Großstadt	–0,4624***	–0,2793***	–0,0564*	–0,0795**	0,0352	–0,0911***	–0,1371**	0,1967***	0,0395
1989 in DDR gelebt	–0,5428***	–0,2398***	–0,3295***	–0,4388***	–0,1183***	0,0517***	–0,1382***	–0,4168***	0,2237***
Arbeitslos	–0,3783***	–0,4322***	–0,2170***	–0,2410***	–0,5128***	–0,6460***	–0,2472**	–0,1395***	–0,1081***
Selbständig[a]	0,0978***	0,0415	0,3804***	0,3262***	–0,0726**	–0,0900***	2,3027***	0,2138***	0,2121***
Rentner	–0,1354***	–0,1696***	0,0158	–0,1144**	0,1549***	–0,4533***	–0,2017***	0,0699*	–0,1678***
nicht erwerbstätig	–0,1125***	–0,2111***	0,0247	–0,0747*	–0,0645***	–0,5170***	–0,0062	0,1917***	–0,3458***
Beamte	0,2342***	0,2380***	0,0617	–0,0134	0,1176***	0,1553***	–0,3202***	0,1192***	0,0822**
Zahl der Interviews	0,0001	0,0029**	–0,0052***	–0,0072***	0,0007	0,0023**	–0,0065**	–0,0113***	0,0015
Selbstausfüller[c]	0,0823***	0,1310***	0,2139***	0,2612***	0,0863***	0,2162***	0,1288***	0,1613***	0,2933***
Capi Interview	0,0684***	0,0758***	0,1058***	0,0797**	0,0821***	0,2314***	0,0472	0,1375***	0,1659***
Interview postalisch	0,0402	0,1052***	0,2100***	0,2539***	0,0699***	0,2453***	0,1926***	0,2356***	0,3732***
Markteinkommen[d]	0,0040***	0,0024***	0,0068***	0,0063***	0,0062***	0,0029***	0,0039***	0,0042***	–0,0014***
Jahr 2007	0,0189*	0,0052	–0,0451***	–0,0502***	0,0587***	0,0931***	–0,0663**	–0,2917***	0,1711***
Konstante	–4,0956***	–4,5027***	–4,1548***	–4,6306***	–0,6298***	–1,1556***	–3,9496***	–2,2917***	–2,9589***

Tab. 7-1: *(Fortsetzung)*

	Selbst genutzte Immobilie	Hypotheken auf selbst genutzte Immobilien	Sonstige Immobilien	Hypotheken auf sonstige Immobilien	Geld-vermögen	Private Ver-sicherungen	Betriebs-vermögen	Wertsachen	Konsumen-tenkredite
athrho	0,2783***	–0,1928***	0,2278*	0,3433**	0,2270**	–0,2652***	0,5571**	0,6011***	0,5654*
LR test on indep. equations	33,95	7,259	3,312	4,575	4,839	14,04	5,43	10,64	3,55
Number of obs.	45107	45107	45107	45107	45107	45107	45107	45107	45107
Censored obs.	26931	35277	39672	42460	22989	21333	42850	41305	38796
Uncensored obs.	18276	9830	5435	2647	22118	23774	2257	3802	6311
Wald $chi^2(15)$	781,81	350,5	163,5	63,32	1287	1714	137,9	575,7	332,4
Log lik (full model)	–33097	–24564	–16785	–9527	–38893	–39874	–5703	–13752	–18877

a – RF: abhängig beschäftigt; *b* – RF: Ausbildungsniveau mittel; *c* – RF: Paper and Pencil Interview; *d* – Bedarfsgewichtet

*** p<0,01, ** p<0,05, * p<0,1

Quelle: SOEP gepoolte Informationen der Jahre 2002 und 2007; Probit-Modell inklusive Heckman-Sample-Selektionskorrektur.

Der grundlegende Ansatz, fehlende (Markt-)Werte der verschiedenen Vermögens- und Schuldenbestandteile zu imputieren, ist die Schätzung einer vermögensformspezifischen Regression auf Basis valider Beobachtungen.[6] Die sich daraus ergebenden Koeffizienten werden genutzt, um für fehlende Fälle eine Art „Ersatzwert“ zu schätzen. Dabei findet das von Heckman (1979) vorgeschlagene Modell zur Berücksichtigung von Sample-Selektion Anwendung (Maximum-Likelihood-Schätzung). Im hier betrachteten Kontext tritt das Phänomen von Sample-Selektion insofern auf, dass ein Befragter nur dann die Angabe eines gültigen metrischen (Markt-)Werts verweigern kann, wenn er auch Eigentümer einer entsprechenden Vermögenskomponente ist. Da diese Wahrscheinlichkeit auch von regionalen Charakteristika abhängen kann (insb. beim Wohneigentum), berücksichtigen diese Schätzungen auch der SOEP Stichprobe zugrunde liegende Informationen zum Ziehungsdesign (regionales Clustering).

Das Regressionsmodell wird in einem iterativen Prozess insgesamt dreimal berechnet. In einem ersten Schritt werden nur die querschnittsbezogenen Informationen aus der Erhebung des Jahres 2002 genutzt. In einem zweiten Schritt wird für die Vermögensinformationen des Jahres 2007 ein weiteres Regressionsmodell berechnet, aber unter Hinzunahme der aus dem ersten Schritt bereits vollständig imputierten Vermögensinformation des Jahres 2002. Dieses Vorgehen wird gewählt, da bekannt ist, dass die Verwendung von Längsschnittinformationen die Imputationsqualität maßgeblich verbessert (vgl. z.B. Spiess/Goebel 2005). Im dritten und letzten Schritt wird nochmals eine Regression für die Vermögensinformationen des Jahres 2002 vorgenommen, aber dieses Mal wiederum unter Berücksichtigung der vollständig imputierten Längsschnittinformation aus 2007. Hierdurch ist insbesondere gewährleistet, dass die imputierten Werte im Hinblick auf die Vermögensmobilität keine verzerrten Ergebnisse liefern, da eine rein querschnittsbasierte Imputation *ceteris paribus* zu einer Überschätzung von Mobilität führt.

Schließlich wird zwecks Varianzerhaltung ein zufällig bestimmter Störterm zur regressionsbasierten Vorhersage (also zur Imputation) hinzugefügt, um die Unsicherheit des Imputationsprozesses besser abzubilden. Dieser Störterm wird zufällig aus der Menge jener Residuen gezogen, die sich bei der regressionsbasierten Prädiktion für die tatsächlich beobachteten Fälle ergeben. Die wiederholte Durchführung dieses Verfahrens (hier $k = 5$) resultiert in einem mehrfach imputiertem Datensatz (vgl. insbesondere Rubin 1987). Dabei ergibt sich ein interes-

6 Im Falle von partiellem Unit-Non-response (PUNR) wurden getrennte Schätzungen vorgenommen, da für diese Beobachtungen nur ein eingeschränktes Set von Kontrollvariablen zum Befragungszeitpunkt zur Verfügung steht. Dies sind vorrangig Informationen auf der Haushaltsebene oder der Standarddemographie, die auch unabhängig von einem realisierten Interview einer von PUNR betroffenen Person zur Verfügung stehen.

sierender Punktschätzer (z.B. ein Ungleichheitsmaß oder Vermögensmittelwert) als Mittelwert der fünf Einzel-Schätzer (eine Darstellung der korrekten Bestimmung der Konfidenzbänder oder Standardfehler für multiple Imputationen findet sich z.B. in Spiess/Goebel 2005).

Im Folgenden wird das Prinzip zur Imputation fehlender Werte beispielhaft für den Marktwert selbstgenutzten Wohneigentums aus dem Jahre 2002 vorgestellt. Um die Qualität des Imputationsverfahrens zu prüfen bzw. zu bestätigen, wurden Personen mit validen Angaben fiktiv auf fehlend umgesetzt und anschließend imputiert. Abbildung 7-1 gibt die Kerndichte-Schätzer der ursprünglich beobachteten Information und jene der entsprechend geschätzten Werte zum Marktwert der selbstgenutzten Immobilien für die identische Population wieder. Die

Abb. 7-1: Geschätzte Marktwerte selbstgenutzter Immobilien und die Verwendung zufallsbestimmter Residuen 2002

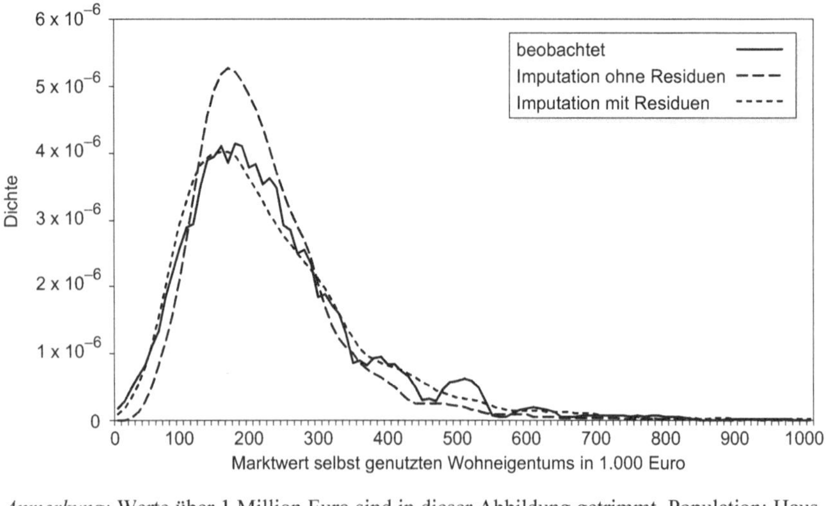

Anmerkung: Werte über 1 Million Euro sind in dieser Abbildung getrimmt. Population: Haushalte mit einem valide beobachteten Marktwert (5,104 Haushalte).

Quelle: SOEP 2002

kurz-gestrichelte Linie gibt die Dichte der (fiktiv) imputierten Werte inklusive zufallsbasierter Residuen an, die lang-gestrichelte Linie die Dichte der (fiktiv) imputierten Werte ohne zufallsbestimmte Residuen, die durchgezogene Linie gibt die tatsächlich beobachteten Marktwerte an. Wie deutlich wird, bewirkt eine Vernachlässigung der Residuen einen „*Regression-to-the-mean*"-Effekt mit entsprechend starker Unterschätzung der Varianz. Dagegen zeigen Vergleiche der

„wahren" Verteilung mit derjenigen der Schätzung inklusive Störterme für die gleichen Beobachtungen einen hohen Grad an Übereinstimmung.[7]

Im Gegensatz zur obigen fiktiven Imputation wird in Abbildung 7-2 wieder auf der Grundlage der Marktwerte selbstgenutzter Immobilien der Unterschied zwischen der Verteilung der wahren beobachteten Werte und derjenigen, die aufgrund von Item-Non-Response tatsächlich imputiert werden mussten, dargestellt. Zum einen variieren die fünf Schätzwerte der jeweiligen Verteilungen für die fünf (multiplen) Imputationen in Fällen von Item-Non-Response (graue Linien). Zum anderen zeigt sich, dass sich die zu imputierenden Fälle deutlich in der Verteilung von den beobachteten Fällen unterscheiden: Die Verteilungen der fünf Imputationen sind kompakter und außerdem nach links verschoben. Dies deutet darauf hin, dass die Immobilien-Marktwerte im Falle von Item-Non-Response nicht zufällig fehlen (wie schon im vorherigen Abschnitt gezeigt wurde) und häufiger im unteren Teil der Verteilung auftreten. Tatsächlich finden sich diese niedrigeren (geschätzten) Marktwerte überproportional häufig für Immobilien in älteren Gebäuden, mit geringerer Wohnfläche, in eher ländlichen Gegenden und für Immobilien, die seit langem von älteren Personen bewohnt sind.

Abb. 7-2: Vergleich mehrfach imputierter Fälle mit Item-Non-Response im Gegensatz zu den beobachteten Fällen 2002

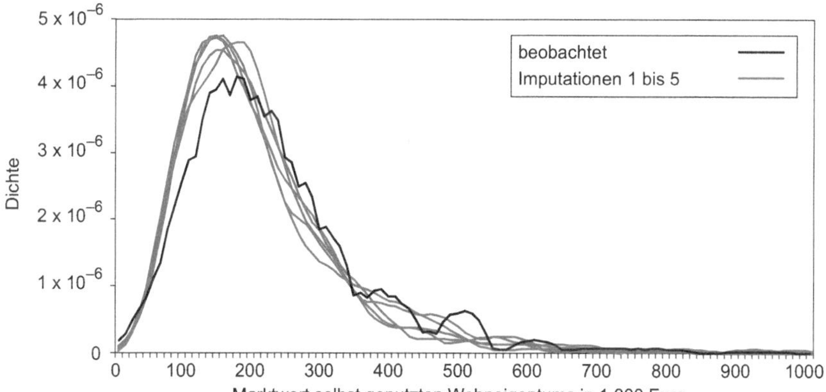

Anmerkung: Werte von über 1 Million Euro sind in dieser Abbildung nicht berücksichtigt. Die Imputationsversionen beinhalten zufällig aus der Verteilung der wahren Beobachtungen gezogene Residuen.

Quelle: SOEP 2002

---

7 Die Verteilung der geschätzten Werte liegt in konsistenter Weise innerhalb des Zwei-Sigma-Konfidenzintervalls der wahren Verteilung (aus Lesbarkeitsgründen in der Abbildung nicht gezeigt).

Alle Vermögens- und Schuldenkomponenten im Sinne des Nettogesamtvermögens zusammenfassend zeigt Abbildung 7-3 die Verteilung der editierten bzw. imputierten Werte und der beobachteten Werte sowie die daraus resultierende gesamte Verteilung aller Beobachtungen. Es finden sich deutliche Unterschiede in den Kerndichteschätzern rund um den Nullpunkt sowie im Bereich von 50.000 bis 150.000 Euro, daher ist die Verteilung der imputierten Fälle und damit auch die „gesamte“ Verteilung nach rechts verschoben.[8]

Aufgrund der Verwendung einer unteren Erfassungsschwelle in Höhe von 2.500 Euro bei ausgewählten Vermögenskomponenten in der Erhebung des Jahres 2002, sind sowohl die Zahl der Personen, die eine bestimmte Vermögensart halten, als auch die Vermögensaggregate leicht unterschätzt. Mit der Erhe-

Abb. 7-3: Vergleich beobachteter und imputierter Werte für das Nettogesamtvermögen 2002

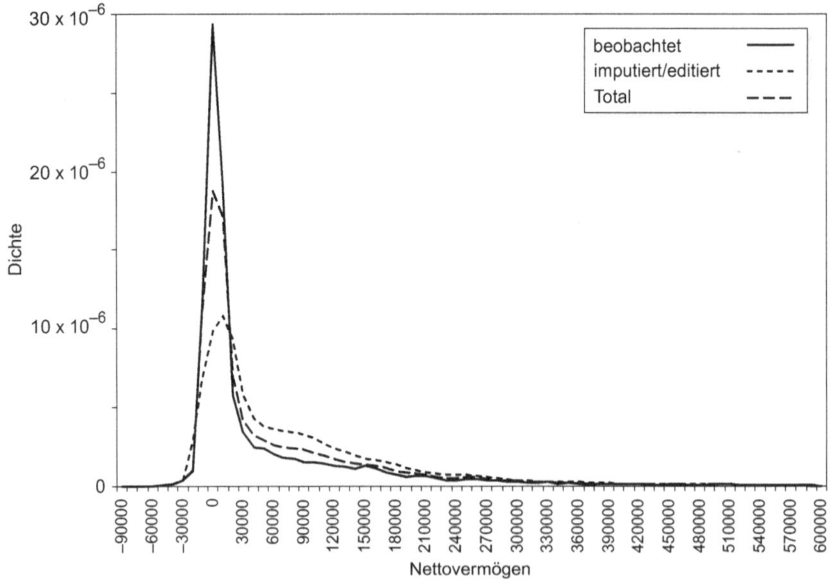

Anmerkung: Werte von weniger als –90.000 € und mehr als +600.000€ sind in dieser Abbildung getrimmt.

Quelle: SOEP 2002

8 Die Verteilungen der fünf Imputationsversionen sowie der sich ergebenden zusammengesetzten Gesamtvermögensvariablen sind mehr oder weniger identisch und aus Gründen der besseren Lesbarkeit hier nicht komplett dargestellt.

bung der Vermögen im Jahre 2007 wurde auf die untere Erfassungsschwelle verzichtet. Es ist damit möglich auf Grundlage der Vermögensdaten aus dem Jahre 2007 geringfügige Vermögen im Jahre 2002 zu imputieren. Hierzu wurden einfache Logitmodelle für die Wahrscheinlichkeit des Vermögensbesitzes (bis 2.500 Euro) der betreffenden Vermögenskomponenten berechnet (auf Basis der Population des Jahres 2007 mit keinem bzw. Vermögen bis maximal 2.500 Euro) und die resultierende Kovariaten – unter der Annahme gleicher Vermögensstrukturen – auf die Population des Jahres 2002 übertragen, für die diese Komponenten bisher nicht vorlagen. Für diejenigen Personen, für die nach dieser Imputation davon ausgegangen werden kann, dass diese im Jahr 2002 Vermögenskomponenten unterhalb von 2.500 Euro besaßen, wurde per Zufallsverfahren Beträge aus dem Wertebereich von 1 bis 2.500 Euro aus der Verteilung des Jahres 2007 gezogen und den entsprechenden Beobachtungen des Jahres 2002 zugewiesen (weitere Details zu den Strategien für Editing und Imputation der diversen Vermögenskomponenten finden sich in Frick et al. 2007a).

7.4.3 Methodische Anmerkungen zum Einfluss der multiplen Imputation auf Verteilungsergebnisse

Der folgende Abschnitt beschäftigt sich mit dem Ausmaß und den Auswirkungen multipler Imputation von Vermögensbestandteilen im SOEP. Zunächst wird die Inzidenz von Item-Non-Response für die Untersuchungspopulation insgesamt als auch nur für die Eigentümer dargestellt. In einem zweiten Schritt wird die Relevanz von Editing und Imputation für das aggregierte Vermögen untersucht, operationalisiert als Anteil der imputierten Vermögen am Gesamtnettovermögen. Schließlich wird der Einfluss von Imputation auf ausgewählte statistische Kennziffern und Ungleichheitsmaße behandelt. Zum Zweck der Robustheit wird dabei eine Reihe von Standardindikatoren zur Darstellung von Verteilung, Konzentrations- und Ungleichheitsmaßen verwendet.[9] Die Analysen in diesem Abschnitt basieren auf Daten auf der Personen-Ebene und beziehen sich entsprechend, sofern nicht anders angegeben, auf den jeweils individuellen Vermögensbesitz.

Messfehler in Form von Item-Non-Response und Inkonsistenzen schwanken für die Gesamtpopulation zwischen 11,1% beim Betriebsvermögen und bis zu 19,7% beim Geldvermögen. Bei den Verbindlichkeiten reichen die entsprechenden Werte von 10,7% für Verbindlichkeiten bei sonstigen Immobilien bis

9 Vgl. in diesem Zusammenhang die Ausführungen von Jenkins/Jäntti 2005 zur Anwendbarkeit von Untersuchungsmethoden zur Einkommensverteilungsanalyse für jene der Vermögensverteilung; dabei geht es insbesondere um das Phänomen der adäquaten Berücksichtigung von negativem bzw. Null-Vermögen.

Tab. 7-2: Inzidenz von Item-Non-Response als Quelle für Editing und Imputation 2002 (Anteil in %)

Basis: Gesamtpopulation (Personen im Alter von 17 und mehr Jahren): n = 25.091

	Selbst genutzte Immobilie	Sonstige Immobilien	Geld-vermögen	Private Versi-cherungen	Betriebs-vermögen	Wert-sachen	Brutto-gesamt-vermögen	Hypotheken auf selbst genutzte Immobilien	Hypotheken auf sonstige Immobilien	Konsu-menten-kredite	Verbind-lichkeiten insgesamt	Netto-Vermögen
Beobachtet	82,7	88,5	80,3	76,7	88,9	86,7	59,6	84,1	89,3	87,9	78,8	57,7
Inkonsistent	3,8	0,3	0	–	–	–	3,6	2,2	0,2	–	3,5	4,1
INR[a]	13,5	11,2	19,7	23,3	11,1	13,3	36,8	13,7	10,5	12,1	17,7	38,2
Insgesamt	*100*	*100*	*100*	*100*	*100*	*100*	*100*	*100*	*100*	*100*	*100*	*100*
	Basis: Eigentümer entsprechender Vermögens-/Schuldenkomponenten											
Beobachtet	71,3	73,8	71,3	64,5	64,9	62,6	52	68,3	74,6	73,2	64,4	49,1
Inkonsistent	9,5	2,8	0	–	–	–	4,7	10	2,8	–	8,6	5,5
INR[a]	19,2	23,4	28,7	35,5	35,1	37,4	43,4	21,7	22,5	26,8	27	45,3
Insgesamt	*100*	*100*	*100*	*100*	*100*	*100*	*100*	*100*	*100*	*100*	*100*	*100*
Zahl der Beob-achtungen	9.888	3.080	11.731	12.884	1.284	2.586	19.281	5.494	1.570	3.066	8.423	18.440

Bemerkung: Berechnungen auf der Grundlage von Flagvariablen, die sich auf den gesamten Marktwert, nicht auf den individuellen Anteil, beziehen.

a – INR = Item-Non-Response

Quelle: SOEP 2002; eigene Berechnungen

Tab. 7-3: Inzidenz von Item-Non-Response als Quelle für Editing und Imputation 2002 und 2007 (Anteil in %)

Basis: Gesamtpopulation (Personen im Alter von 17 und mehr Jahren): n = 25.091 (2002), n = 22.467 (2007)

	Selbst genutzte Immobilie	Sonstige Immobilien	Geld-vermögen	Private Versiche-rungen	Betriebs-vermögen	Wert-sachen	Brutto-gesamt-vermögen	Hypotheken auf selbst genutzte Immobilien	Hypotheken auf sonstige Immobilien	Konsu-menten-kredite	Verbind-lichkeiten insgesamt	Netto-Vermögen
							2002					
Beobachtet	82,7	88,5	80,3	76,7	88,9	86,7	59,6	84,1	89,3	87,9	78,8	57,7
Inkonsistent	3,8	0,3	0	–	–	–	3,6	2,2	0,2	–	3,5	4,1
INR[a]	13,5	11,2	19,7	23,3	11,1	13,3	36,8	13,7	10,5	12,1	17,7	38,2
Insgesamt	100	*100*	*100*	*100*	*100*	*100*	*100*	*100*	*100*	*100*	*100*	*100*
							2007					
Beobachtet	82,3	90,0	83,2	77,3	90,8	91,1	60,1	85,3	90,9	91,1	81,2	58,2
Inkonsistent	5,1	0,5	0,0	–	–	–	4,7	2,4	0,1	–	4,0	5,1
INR[a]	12,6	9,5	16,8	22,7	9,2	8,9	35,2	12,3	9,0	8,9	14,8	36,7
Insgesamt	*100*	*100*	*100*	*100*	*100*	*100*	*100*	*100*	*100*	*100*	*100*	*100*

a – INR = Item-Non-Response

Quelle: SOEP 2002; eigene Berechnungen

zu 15,9% bei Hypotheken auf selbst genutztem Wohneigentum (Tabelle 7-2). Betrachtet man nur die Population derer, die eine entsprechende Vermögenskomponente halten, so steigt definitionsgemäß der Anteil derer, die editiert oder imputiert werden müssen. Im Regelfalle sollte bei der Imputation ein Wert größer Null generiert werden, ex ante kann aber nicht ausgeschlossen werden, dass der Imputationsprozess, der ja auch die Imputation von Filterfragen mit einschließt, einen Wert von Null erzeugt.

Bei einem Vergleich der Inzidenz von Item-Non-Response und Inkonsistenzen über die Zeit hinweg fällt auf, dass bei allen Vermögenskomponenten der Anteil von Item-Non-Response im Jahre 2007 gegenüber 2002 sinkt (Tabelle 7-3). Dies kann als Beleg dafür gewertet werden, dass die Befragten zum einen mit der Befragungssituation vertrauter sind, sich unter Umständen entsprechend auf die Befragung vorbereitet haben (Depotauszüge etc. bereithalten) und auch einer dritten Person gegenüber eher bereit sind, eine entsprechende Auskunft zu geben.

Die Auswirkung von Imputation[10] auf den Anteil der Population, der den jeweiligen Vermögensbestandteil hält, ist in Tabelle 7-4 dargestellt. Der Anteil der Vermögensbesitzer steigt aufgrund der Imputation um bis zu 50% im Jahre 2002. Er erreicht gut 17% beim Geldvermögen, rund 22% beim selbstgenutzten Immobilienbesitz und knapp 54% beim Betriebsvermögen. Für 2007 fallen die entsprechenden Anteile nur geringfügig niedriger aus.

Während der Anteil imputierter oder editierter Vermögensdaten in der Population je nach Vermögensbestandteil variiert, wird im Durchschnitt aller Vermögensbestandteile etwa 25% bis 30% des Vermögens imputiert (Tabelle 7-4). Die Ausnahme sind Betriebsvermögen, bei denen beinahe 42% des Vermögens in 2002 entweder imputiert oder editiert wurden. Dabei ist die niedrige Antwortquote wohl ein Produkt sowohl „klassischer Antwortverweigerung" und – wohl noch bedeutsamer – unzureichender Kenntnis des wahren Vermögenswertes bzw. der Unfähigkeit, diesen Wert zu schätzen. Bei den Schulden umfassen die imputierten oder editierten Werte gut 30% des Aggregats der Verbindlichkeiten (2002); darunter 32% im Falle von Schulden im Zusammenhang mit selbst genutztem Wohneigentum, 33% bei Schulden für sonstige Immobilien und 19% bei Konsumentenkrediten. Gegenüber 2002 ergeben sich 2007 vor allem bei den Konsumentenkrediten deutliche Veränderungen. Der Anteil der validen Beobachtungen steigt deutlich gegenüber der Vorperiode an, was entsprechend zur Folge hat, dass relativ weniger verschuldete Personen zusätzlich imputiert wurden und auch die Veränderung beim Aggregat mit knapp 9% Zuwachs relativ geringer ausfällt als 2002 mit knapp 19%.

10 Im Folgenden bezieht sich „Imputation" sowohl auf Editieren als auch auf Imputation.

Den Einfluss von Editing und Imputation verdeutlicht letztlich die Veränderung des Aggregats des Nettogesamtvermögens, gegenüber den valide beobachteten Fällen nimmt dieses in beiden Erhebungsjahren um knapp 32% zu. Aufgrund dieses vergleichsweise hohen Anteils von imputierter Vermögensmasse ist es um so wichtiger, die Imputation mehrfach durchzuführen, um die Unsicherheit der Imputation im Sinne der Variation des unbeobachteten wahren Wertes auszudrücken.

In Tabelle 7-5 werden die Auswirkungen der Imputation für die Höhe ausgewählter Vermögenskomponenten aufgeführt. Da keine der hier untersuchten Komponenten von mehr als der Hälfte der Beobachtungen in der SOEP-Stichprobe gehalten wird, liegt der Median der einzelnen Vermögens- und Schuldenkomponenten für die gesamte Bevölkerung bei Null und wird daher hier nicht

Tab. 7-4: Der Einfluss von Editing und Imputation auf den Anteil der Population mit Vermögen und das aggreggierte Vermögen 2002 und 2007

	2002				2007			
	Beobachtet[a]	Total[b]	Veränderung[c] in %	Veränderung im aggregierten Vermögen in %	Beobachtet[a]	Total[b]	Veränderung[c] in %	Veränderung im aggregierten Vermögen in %
Selbst genutzte Immobilie	29,6	36,0	21,6	29,5	29,2	35,9	22,9	32,5
Sonstige Immobilien	8,0	10,0	25,0	33,3	8,2	10,3	25,6	22,3
Geldvermögen	38,9	45,3	16,5	25,9	44,1	48,9	10,9	24,9
Private Versicherungen	38,3	47,1	23,0	31,1	44,6	53,0	18,8	39,5
Betriebsvermögen	2,8	4,3	53,6	42,4	3,1	4,5	45,2	36,0
Wertsachen	6,2	9,5	53,2	35,9	5,2	6,1	17,3	11,2
Brutto-Gesamtvermögen	63,4	74,9	18,1	31,2	66,0	77,3	17,1	31,1
Hypotheken auf selbst genutzte Immobilien	13,9	18,1	30,2	31,7	14,0	18,0	28,6	32,5
Hypotheken auf sonstige Immobilien	3,8	4,6	21,1	33,4	4,0	4,8	20,0	28,8
Konsumentenkredite	9,7	11,9	22,7	18,9	16,3	17,0	4,3	8,9
Verbindlichkeiten insgesamt	23,4	29,4	25,6	30,1	28,6	32,9	15,0	27,9
Nettovermögen	–	–	–	31,5	–	–	–	31,7

Population: Erwachsene Population (17 Jahre oder älter) mit Interview, gewichtet.
a – Nur Personen mit beobachteten Werten; *b* – nach Editing und Imputation; *c* – berechnet als Total-Beobachtet/Total.

Quelle: SOEP 2002, 2007

ausgewiesen. Die Imputation hat hingegen signifikant positive Auswirkungen auf die Durchschnittswerte der Vermögensbestandteile der gesamten Population. Für Betriebsvermögen nimmt der Wert um mehr als die Hälfte zu und für die anderen Bestandteile immerhin um Werte zwischen 5% und 29%. Signifikante Veränderungen liegen aber nur beim selbstgenutzten Immobilienbesitz und entsprechenden Hypotheken vor.

Unter den jeweiligen Besitzern der Vermögensbestandteile ist die durch Imputation und Editing bewirkte Änderung des Mittelwerts seltener signifikant und wesentlich geringer, bzw. im Falle von Geldvermögen und selbstgenutztem Immobilienbesitz fallen die Veränderungen zum Teil sogar negativ aus.

Für die gesamte Population hat die Imputation einen signifikanten Effekt bei der Reduzierung von Ungleichheit gemessen durch Gini-Koeffizienten und HSCV (half-squared coefficient of variation) (vgl. Tabelle 7-6). Der HSCV reagiert stets wesentlich stärker als der Gini. Dies kann durch den Imputationsprozess erklärt werden, bei dem Werte im oberen Bereich der Verteilung hinzugefügt werden, wodurch die Zahl der Beobachtungen steigt und die Ungleichheit am oberen Ende der Verteilung sinkt.

Für die Gruppe derer, die eine bestimmte Vermögenskomponente halten, zeigt sich ein uneinheitliches Bild. Bei selbstgenutzten Immobilien und Geldvermögen bewirkt die Imputation eine leichte Abnahme der Ungleichheit. Ungleichheitsfördernd wirkt die Imputation bei Betriebsvermögen sowie bei Hypotheken auf selbstgenutzten Immobilien. Die Auswirkungen sind aber in allen Fällen nicht statistisch signifikant.

Bisher wurde die Auswirkung von Editing und Imputation auf die einzelnen Bestandteile des Nettovermögens analysiert. Im Folgenden wird das für wohlfahrtsökonomische Analysen relevantere Nettovermögen analysiert, das sich als Summe aller Vermögenswerte abzüglich der Verbindlichkeiten ergibt. Tabelle 7-7 gibt einen vergleichenden Überblick über zentrale Verteilungsinformationen basierend auf den faktisch beobachteten und den nach Korrektur um Messfehler (Editing und Imputation) verfügbaren Nettovermögensmessungen im SOEP der Jahre 2002 und 2007. Wie es schon bei den Vermögensbestandteilen der Fall war, erhöht sich auch bei dieser aggregierten Betrachtung das durchschnittliche Nettovermögen aufgrund des Imputationsprozesses signifikant um rund ein Drittel für die Gesamtbevölkerung und um rund 10% für diejenigen mit positivem Nettovermögen. Bei Betrachtung der Verteilung auf Basis der Perzentilsgrenzen sind die Beobachtungen nahe des Median am stärksten betroffen. Die Auswirkung auf die insgesamt gemessene Ungleichheit ist uneindeutig. Während der Gini-Koeffizient durch die Berücksichtigung der imputierten Fälle reduziert wird, steigt der top-sensitive HSCV im Jahre 2002 um mehr als das Doppelte; hier sind offensichtlich auch Ausreißer-Effekte zu berücksichtigen (siehe dazu Frick et al. 2007c).

Tab. 7-5: Der Einfluss von Editing und Imputation auf mittlere individuelle Vermögen 2002 und 2007

	2002						2007					
	Insgesamt Mittelwert			Nur Eigentümer Mittelwert			Insgesamt Mittelwert			Nur Eigentümer Mittelwert		
	Beo.[a]	Total[b]	Ver.[c] in %	Beo.[a]	Total[b]	Ver.[c] in %	Beo.[a]	Total[b]	Ver.[c] in %	Beo.[a]	Total[b]	Ver.[c] in %
Immobilien[d]	43.616	50.229	+15,2*	147.479	139.656	–5,3*	43.895	51.802	+18,0*	150.241	144.229	–4,0
Se	(818)	(809)		(2,081)	(1,450)		(1,143)	(938)		(2,333)	(2,072)	
Geld-Vermögen	9.472	9.982	5,4	24.371	22.015	–9,7	12.328	13.100	6,3	27.984	26.801	–4,2
Se	(353)	(293)		(828)	(660)		(722)	(635)		(1,601)	(1,160)	
Betriebs-Vermögen	5.468	8.812	61,2	192.824	204.611	6,1	6.537	9.773	49,5	209.814	216.391	3,1
Se	(1,081)	(1,351)		(38,073)	(32,124)		(957)	(2,157)		(28,482)	(47,880)	
Hypotheken[e]	12.094	15.164	+25,4*	86.902	83.883	–3,5	12.909	16.659	+29,0*	92.256	92.676	0,5
Se	(375)	(350)		(1,632)	(1,270)		(427)	(488)		(1,990)	(1,862)	

Standardfehler in Klammern. (*) bezeichnet signifikante Abweichungen (95%-Niveau).

a – Nur Personen mit beobachtetem individuellem Anteil und Marktwert; *b* – nach Editieren und Imputation; *c* – Veränderung von Total-Beobachtet/Total; *d* – Selbst genutzte Immobilien; *e* – Hypotheken auf selbst genutzte Immobilien.

Quelle: SOEP 2002, 2007

Tab. 7-6: Der Einfluss von Editing und Imputation auf die Ungleichheit von ausgewählten Vermögenskomponenten

	2002						2007					
	Insgesamt Mittelwert			Nur Eigentümer Mittelwert			Insgesamt Mittelwert			Nur Eigentümer Mittelwert		
	Beo.[a]	Total[b]	Ver.[c] in %	Beo.[a]	Total[b]	Ver.[c] in %	Beo.[a]	Total[b]	Ver.[c] in %	Beo.[a]	Total[b]	Ver.[c] in %
Immobilien[d]												
– Gini	0,806	0,763	–5,4*	0,345	0,341	–1,4	0,815	0,771	–5,4*	0,367	0,362	–1,4
– HSCV	2,198	1,710	–22,2*	0,298	0,295	–1,1	2,568	1,915	–25,4*	0,396	0,368	–7,3
Geldvermögen												
– Gini	0,858	0,832	–3,1*	0,636	0,630	–0,9	0,873	0,855	–2,1	0,712	0,703	–1,2
– HSCV	11,023	8,966	–18,7	3,979	3,792	–4,7	23,145	19,552	–15,5	9,917	9,301	–6,2
Betriebsvermögen												
– Gini	0,994	0,992	–0,3	0,793	0,806	+1,6	0,995	0,992	–0,3	0,824	0,818	–0,7
– HSCV	946,67	783,74	–17,2*	26,360	33,274	+26,2	369,11	274,24	–25,7	11,015	11,909	+8,1
Hypotheken[e]												
– Gini	0,920	0,897	–2,4	0,422	0,432	+2,3	0,916	0,892	–2,6	0,402	0,401	–0,1
– HSCV	6,112	4,958	–18,9	0,420	0,487	+15,8	5,342	4,117	–22,9*	0,317	0,330	+4,0

* Bezeichnet signifikante Abweichungen (95%-Niveau).

a – Nur Personen mit beobachtetem individuellem Anteil und Marktwert; *b* – nach Editieren und Imputation; *c* – Veränderung von Total-Beobachtet/Total; *d* – Selbst genutzte Immobilien; *e* – Hypotheken auf selbst genutzte Immobilien.

Quelle: SOEP 2002, 2007

Zusammenfassend lässt sich somit festhalten: die Erfassung von Vermögen(s-komponenten) in Bevölkerungssurveys ist quasi zwangsläufig mit Messfehlern, Item-Non-Response und Inkonsistenzen behaftet. Diese sind zudem zumindest in Teilen selektiv, das heißt, ein „Missing completely at random (MCAR)"-Mechanismus im Sinne Rubins (1976) kann weitestgehend ausgeschlossen werden. Multiple Imputation und Editing ermöglichen eine Korrektur dieser Selektivität und erhalten die komplette Analysepopulation. Dabei ergibt sich konsequenterweise ein insgesamt signifikanter Einfluss dieser Korrektur auf zentrale Vermögensverteilungsergebnisse. Dies gilt sowohl für einzelne Vermögenskomponenten als auch für das Nettogesamtvermögen.

Tab. 7-7: Der Einfluss von Editing und Imputation auf das Nettogesamtvermögen und auf relative Vermögensarmut 2002 und 2007

	2002			2007		
	Beobachtet[a]	Total[b]	Veränderung in %[c]	Beobachtet[a]	Total[b]	Veränderung in %[c]
Mittelwert	61.372	81.123	32,2*	64.376	88.799	37,9*
Standardfehler	(1,687)	(2,171)		(3,263)	(3,362)	
Mittelwert falls >0	105.492	114.564	8,6	110.490	123.585	11,9
Standardfehler	(2,966)	(3,277)		(5,829)	(4,348)	
1. Perzentil	−20.000	−19.913	−0,4	−33.000	−30.000	−9,1
5. Perzentil	−3.500	−1.829	−47,7	−7.000	−4.069	−41,9
10. Perzentil	0	0		−70	0	
25. Perzentil	0	0		0	0	
50. Perzentil (Median)	5.000	14.786	195,7*	4.000	15.000	275,0*
75. Perzentil	60.500	95.150	57,3*	50.500	96.307	90,7*
90. Perzentil	175.000	206.628	18,1*	165.000	220.306	33,5*
95. Perzentil	279.000	315.346	13,0*	273.460	335.227	22,6*
99. Perzentil	600.000	746.579	24,4*	702.500	816.804	16,3
Gini	0,835	0,787	−5,7*	0,883	0,804	−8,9*
HSCV	6,737	16,218	140,7	14,270	8,727	−38,8
P90/P50-Verhältnis	35,0	14,0	−60,1*	41,3	14,7	−64,4*
Zahl der Beobachtungen	14.038	23.135	64,8	12.901	20.965	62,5

Standardfehler in Klammern. – * bezeichnet signifikante Abweichungen (95%-Niveau).

a – Nur Personen mit beobachtetem individuellem Anteil und Marktwert; *b* – nach Editieren und Imputation; *c* – Total-Beobachtet/Total.

Quelle: SOEP 2002, 2007; individuelle Vermögensinformationen

7.4.4 Abgleich der SOEP-Vermögensdaten mit Referenzstatistiken

Als Basis für eine Aussage über die Qualität von mit Hilfe von Surveys erhobenen Einkommen oder Vermögen dient häufig ein Abgleich der Aggregate mit entsprechenden Makro-Referenzstatistiken. Dabei wird eine hohe Nachweisquote der als exogen vorgegebenen Makroinformation im Allgemeinen als Indiz für eine hohe Qualität der zugrunde liegenden Mikrodaten interpretiert. Gleichwohl wird bei diesem Vorgehen jedoch häufig außer Acht gelassen, dass es deutliche Unterschiede im Hinblick auf die zugrunde liegende Population als auch der interessierenden Aggregate auf Makro- als auch Mikroebene gibt.

Im Folgenden werden die mit dem SOEP für 2002 erhobenen Vermögensaggregate (nach Editing und Imputation) Referenzstatistiken zum Vermögensbesitz in Deutschland auf Basis der Volkswirtschaftlichen Gesamtrechung (VGR) und der Bundesbankstatistik gegenübergestellt. Ein solches Vorgehen sollte jedoch durchaus kritisch hinterfragt werden, da die Aussagekraft dieses Vergleichs durch verschiedene methodische Unterschiede in der Definition und Erfassung einzelner Vermögensbestände (z.B. durch die Ausweisung von Brutto- *versus* Nettovermögen) und Vermögenskomponenten aber auch bezüglich der Abgrenzung der Population der Besitzer von Vermögen (z.B. private Haushalte im engeren Sinne *versus* Wohnbevölkerung inklusive private Organisationen ohne Erwerbszweck bzw. Personen in Einrichtungen), eingeschränkt ist. So führt aber auch z.B. die Nichtberücksichtigung des Gebrauchsvermögens im SOEP definitionsgemäß zu einer Untererfassung des Gesamtvermögens im Vergleich zur Referenzstatistik. Andererseits werden für gewöhnlich in Makrodaten auch Vermögensbestände ausgewiesen, die den privaten Organisationen ohne Erwerbszweck (z.B. so genannte Non-Government Organisations [NGOs] wie Kirchen oder Gewerkschaften) zuzuordnen sind, die aber definitionsgemäß mit den Befragungsdaten des SOEP, die sich nur auf die Personen in Privathaushalten beziehen, nicht erfassbar sind. Zudem ist eine daraus resultierende „Untererfassung“ für diverse Komponenten des Vermögens mit großer Wahrscheinlichkeit auch selektiv: Während Bausparverträge überwiegend den privaten Haushalten im engeren Sinne zugeordnet werden können, werden insbesondere große Sachvermögensbestände (Immobilien und Grundstücke) in den Händen von NGOs gehalten. Insofern sind Unterschiede in den Nachweisquoten je nach Vermögensart zu erwarten. Darüber hinaus sind natürlich auch Referenzstatistiken nicht frei von Messfehlern, insbesondere solche, die selbst als Residualgröße ermittelt werden. So wird z.B. der Wert der Wertsachen in relevanten Referenzstatistiken für gewöhnlich nicht ausgewiesen,[11] während das SOEP explizit nach dieser Vermögenskomponente

11 So werden Wertsachen beispielsweise nicht von der Einkommens- und Verbrauchsstichprobe des Statistischen Bundesamtes erfasst.

fragt, wenngleich auch hier von einer Unterschätzung ausgegangen werden kann. Letztlich bezieht sich die Vermögensrechnung für den Haushaltssektor auf der Makroebene für gewöhnlich auf das Inlandskonzept, während im SOEP die Vermögen nach dem Inländerkonzept erfasst werden.[12]

Die bedeutendste Vermögenskomponente von Personen in Privathaushalten in Deutschland ist der Grund- und Immobilienbesitz mit einem Volumen von knapp 4,5 Billionen Euro in 2002 (Tabelle 7-8). Die Erfassungsquote dieses Aggregats auf Basis der SOEP-Daten liegt sogar bei leicht über 100%, was auf die Berücksichtigung ausländischer Immobilien zurückgeführt werden kann.

Demgegenüber ist eine deutliche und für Bevölkerungsumfragen typische Untererfassung beim Geldvermögen zu beobachten. In der hier vorgelegten Gegenüberstellung wird das nicht börsennotierte Betriebsvermögen dem Geldvermögen zugerechnet. Im SOEP wird nur das Nettobetriebsvermögen erfragt, dieses machte im Jahre 2002 knapp 600 Mrd. Euro aus. Im Vergleich zu den entsprechenden Angaben der Bundesbank in Höhe von 655 Mrd. Euro entspricht dies einer Erfassungsquote von 91%. Bezogen auf dieses um Betriebsvermögen erweiterte Geldvermögensaggregat kann nur rund die Hälfte im SOEP nachgewiesen werden. Ein Faktor für diese deutliche Untererfassung besteht in der fehlenden Berücksichtigung von privaten Organisationen ohne Erwerbszweck, da das SOEP nur Personen in Privathaushalten befragt. Der Geldvermögensbestand der privaten Organisationen ohne Erwerbszweck beläuft sich dabei auf rund 113 Milliarden Euro in 2002 (Deutsche Bundesbank 2007). Des Weiteren ist die Untererfassung des Geldvermögens im SOEP darauf zurückzuführen, dass bestimmte Vermögensbestände nur in der Bankenstatistik/VGR systematisch erfasst werden, wie Bargeldbestände, Girokonten oder Anwartschaften aus privaten Versicherungen (insbesondere private Kranken- und private Rentenversicherung) und auch Ansprüche aus Betriebsrenten. Diese summieren sich auf ein Volumen von rund 950 Milliarden Euro (Bartzsch/Stöss 2006: 12). Diese Vermögensbestände werden im SOEP durch das Fragebogenprogramm nicht systematisch abgedeckt, da diese Informationen vielen Befragten im Allgemeinen nicht einfach zugänglich bzw. nicht präsent sind. Dies trifft vor allem auf Anwartschaften aus privaten Krankenversicherungen in Form von Alterungsrückstellungen oder bei allein arbeitgeberseitig finanzierten Betriebsrenten zu. Lässt man diese auf der Mikroebene schwer zu messende Komponenten außer Acht und vergleicht nur diejenigen, die im SOEP auch direkt erfragt werden wie z.B. die Rückkaufswerte von privaten Renten- und Lebensversicherungen, so werden diese in adäquater Weise erfasst. Nach Angaben der Bundesbankstatistik liegt

12 Beim Inlandskonzept werden die Vermögensbestände im Inland gemessen, während beim Inländerkonzept auch das im Ausland gehaltene Vermögen der inländischen Personen hinzugerechnet wird.

der Wert des Geldvermögens bei Versicherungen (aber ohne Krankenversicherungen und Pensionseinrichtungen, die im SOEP systematisch nicht erfasst sind) bei 603 Mrd. Euro. Das SOEP zeigt hier sogar eine minimale Übererfassung von rund 2% (618 Mrd. Euro). In einer alternativen Abgrenzung des gesamten Geldvermögens unter Berücksichtigung verschiedener systematischer Unterschiede zwischen dem SOEP und den Referenzstatistiken steigt die Erfassungsquote im SOEP auf knapp 73% (Geldvermögen II in Tabelle 7-8).

Tab. 7-8: Vergleich von Vermögensaggregaten für private Haushalte in Deutschland 2002 auf Basis von Mikro- und Makrodaten

	Referenzstatistiken (1)	SOEP (2)	(2) / (1)
	in Billionen Euro		in %
Bruttovermögen (ohne Gebrauchsvermögen, ohne Wertsachen)[a]	8,155	6,525	80,0
Grund- und Immobilienbesitz [a]	4,479	4,630	103,4
Geldvermögen I[a]	3,676	1,895	51,6
darunter:			
bei Versicherungen (ohne Krankenversicherungen und Pensionseinrichtungen) [b]	0,603	0,618	102,5
Nettobetriebsvermögen (nicht börsennotiert)[c]	0,655	0,599	91,5
Geldvermögen II[d]	(2,613)	(1,895)	(72,5)
Kredite und Hypotheken[e]	1,206	1,119	92,8
Hypotheken[e]	1,002	0,936	93,4
Sonstige Kredite[e, f]	0,204	0,183	89,7
Nettovermögen (ohne Gebrauchsvermögen, ohne Wertsachen)	6,949	5,406	77,8
Nettovermögen (ohne Gebrauchsvermögen, ohne Wertsachen, basierend auf Geldvermögen II)	5,886	5,406	91,8
Nachrichtlich:			
Gebrauchsvermögen[g]	0,925	n.v.	n.v.
Wertsachen[h]	n.v.	0,100	n.v.

a – Deutsche Bundesbank 2008; *b* – Deutsche Bundesbank 2007; *c* – Ammermüller et al. 2005, Tabelle 54, S. 84. *d* – Ohne die Berücksichtigung von privaten Organisationen ohne Erwerbszweck, ohne Girokonten, Anwartschaften privater Versicherungen (z.B. private Krankenversicherungen und private Rentenversicherungen) als auch Anwartschaften aus Betriebsrenten, die alle nicht durch das Erhebungsprogramm des SOEP erfasst werden. *e* – Deutsche Bundesbank 2007 ohne Unternehmerkredite. *f* – Vorrangig für gewerbliche und Konsumzwecke. *g* – Die Angaben der VGR beinhalten den gesamten Nettowert des Gebrauchsvermögens zu Wiederbeschaffungspreisen (Statistisches Bundesamt 2008b). Das Gebrauchsvermögen ist im SOEP nicht erhoben worden. *h* – In der VGR wird nur der Nettozugang an Wertaufbewahrungsmittel (oder Wertsachen nach dem ESVG AN.13) ausgewiesen, für den Bestand liegen keine Informationen vor.

Quelle: Ammermüller et al. 2005: 100ff.; Bartzsch/Stöss 2006; SOEP; eigene Berechnungen

Betrachtet man nun den Bereich der Verbindlichkeiten der privaten Haushalte im engeren Sinne (also ohne Unternehmerkredite), so bildet das SOEP Kredite und Hypotheken im Aggregat zu gut 93% ab, wobei Hypotheken etwas besser repräsentiert sind als sonstige Kredite und Konsumentenkredite.

Weitere systematische Unterschiede zwischen Surveyangaben und Informationen auf der Makroebene gibt es beim Gebrauchsvermögen und bei Wertsachen. Während die Volkswirtschaftliche Gesamtrechnung Angaben über den Wert des gesamten Hausrats der Wohnbevölkerung zur Verfügung stellt – dieser lag im Jahre 2002 bei 925 Mrd. Euro –, wird diese Komponente im SOEP nicht erfragt. Eine valide Schätzung über den aktuellen Wert des gesamten Hausrats seitens der Befragten wäre mit erheblichem Befragungsaufwand verbunden, da jeder Gegenstand im Haushalt entsprechend bewertet werden müsste – was wiederum die Gefahr von Verweigerungen in der aktuellen sowie in Folgebefragungen erhöht. Im Hinblick auf eine Analyse der Verteilung des gesamten Vermögens ist zwar das Gebrauchsvermögen quantitativ relevant, da im Prinzip jeder Haushalt mit einer Reihe derartiger Objekte ausgestattet ist, diese variieren wertmäßig aber weitaus weniger als z.B. das Geldvermögen. Andererseits finden sich in der Volkswirtschaftlichen Gesamtrechnung (derzeit) keine Informationen über Wertsachen bzw. Wertaufbewahrungsmittel wie Goldbarren, Antiquitäten oder Kunstsammlungen.[13] Diese Komponenten werden aber im SOEP explizit erfasst, wobei sich deren Wert im Jahre 2002 auf rund 100 Mrd. Euro summiert.

Dieses Beispiel und auch der Vergleich zum Wert des Immobilienbesitzes verdeutlichen, dass beim Versuch einer weitgehend harmonisierten Abgrenzung der Vermögenskomponenten auch ein hohes Maß an Übereinstimmung zwischen Mikro- und Makroinformationen gefunden werden kann.

Zusammenfassend bedeutet dies, dass die bedeutendsten Vermögens- bzw. Schuldenkomponenten von Personen in Privathaushalten (insb. Grund- und Immobilienbesitz sowie Verbindlichkeiten in Form von Hypotheken und sonstigen Krediten) mit einem vergleichsweise kurzen und der Komplexität geschuldeten Thematik vereinfachenden Fragebogen, wie er im SOEP Anwendung findet, gut abgebildet werden kann. Demgegenüber bestehen aber Erfassungsprobleme für das sehr heterogene und daher schwer über einen Bevölkerungssurvey zu messende Konstrukt des Geldvermögens.

Vernachlässigt man den Aspekt des ohnehin schwer zu messenden Gebrauchsvermögens (aufgrund von Überlegungen zur Abschreibung und Zeitwertbestimmung) und der in der VGR nicht ermittelten Wertsachen, so wird das Aggregat-Bruttogesamtvermögen mit Hilfe der SOEP-Daten zu 80% erfasst (6,525 Billionen Euro/8,155 Billionen Euro). Gegeben die vergleichsweise gute

13 Nach Schmalwasser/Müller (2009: 140) können in der VGR „für Vorräte und Wertsachen ... keine Angaben zum Wert der Bestände gemacht werden."

Erfassung der Verbindlichkeiten im SOEP ergibt sich damit für das Nettogesamtvermögen ein Erfassungsgrad von rund 78% (bei Verwendung der alternativen Abgrenzung des Geldvermögens II sogar von über 90%), womit die Repräsentation der Nettogesamtvermögen im internationalen Vergleich als ein hervorragendes Ergebnis gewertet werden kann (vgl. hierzu die Ergebnisse der Luxembourg Wealth Study in Sierminska et al. 2006a).

7.4.5 Der Einfluss des Top-Codings auf Verteilungsergebnisse

Bevölkerungssurveys wie das SOEP sind mit verschiedenen Messfehlern konfrontiert. Hierzu gehören auch Ausreißerphänomene, d.h. direkt beobachtete Angaben der Befragten, die sowohl Mess- als auch Transkriptionsfehler sein können, insbesondere bei kleinen Stichproben zufällig gezogene Werte, die signifikant vom Rest der vorliegenden Daten abweichen. Diese Ausreißer können Verteilungsergebnisse negativ beeinflussen bzw. verzerren, insbesondere wenn Maße oder Indices verwendet werden, die sensitiv gegenüber solchen Beobachtungen reagieren. Im Falle der Vermögensdaten des SOEP dürften vor allem Ausreißer bei vergleichsweise seltenen Vermögensbeständen wie dem Betriebsvermögen auftreten, können jedoch auch nicht bei den anderen Vermögenskomponenten ausgeschlossen werden. Aus diesem Grund und um den Einfluss von Ausreißern auf die Verteilungsergebnisse im SOEP zu reduzieren, wurde für jede Vermögenskomponente im SOEP ein 0,1%-Top-Coding angewendet. Das heißt, dass Werte, die oberhalb des 99,9 Perzentils einer Vermögensart liegen, auf die Grenze des 99,9 Perzentils gesetzt werden. Dies entspricht im Jahre 2002 beim Marktwert selbst genutzten Wohneigentums 24 Personen bzw. beim individuellen Nettogesamtvermögen 72 Personen, deren Vermögen diesem Top-Coding unterliegen.

Die Veränderungen gemessen am Mittelwert, Median, dem Gini-Koeffizienten bzw. dem top-sensitiven HSCV sind in Tabelle 7-9 wiedergegeben. Erwartungsgemäß reagiert der Median nicht auf Veränderungen an den Rändern der Verteilung, ebenso zeigt der Gini-Koeffizient nur eine sehr marginale Senkung der Ungleichheit, da dieses Maß stärker auf Änderungen in der Mitte der Verteilung reagiert. Das arithmetische Mittel deutet auf eine leichte Verringerung aufgrund des Top-Codings hin. Lediglich beim Betriebsvermögen und bei den Wertsachen ist eine deutlichere Reduktion erkennbar. Insbesondere beim Betriebsvermögen ist dies aber zu erwarten, da einzelne Werte signifikant vom Rest der Beobachtungen abweichen können und so das Gesamtergebnis – insbesondere bei einem intertemporalen Vergleich – verzerren können. Anders verhält es sich mit dem HSCV. Da dieser explizit auf Veränderungen am oberen (hier am äußersten) Ende der Verteilung reagiert, zeigen sich hier markante Veränderun-

Tab. 7-9: Änderung von Verteilungsergebnisse aufgrund eines 0,1%-Top-Codings

	Selbst genutztes Wohneigentum			Sonstige Immobilien		
	Original	0,1% Top-Coding	Änderung (in %)	Original	0,1% Top-Coding	Änderung (in %)
			2002			
Mittelwert	50.777	50.608	–0,3	18.198	17.925	–1,5
Median	0	0	0,0	0	0	0,0
Gini	0,760	0,759	–0,1	0,961	0,961	–0,1
HSCV	1,686	1,597	–5,3	37,633	31,328	–16,8
			2007			
Mittelwert	52.419	52.236	–0,3	19.847	19.438	–2,1
Median	0	0	0,0	0	0	0,0
Gini	0,768	0,767	–0,1	0,965	0,965	–0,1
HSCV	1,887	1,759	–6,8	48,652	34,276	–29,5

	Betriebsvermögen			Wertsachen		
	Original	0,1% Top-Coding	Änderung (in %)	Original	0,1% Top-Coding	Änderung (in %)
			2002			
Mittelwert	8.910	7.785	–12,6	1.489	1.407	–5,5
Median	0	0	0,0	0	0	0,0
Gini	0,992	0,990	–0,1	0,964	0,962	–0,2
HSCV	775,069	167,122	–78,4	70,637	23,499	–66,7
			2007			
Mittelwert	9.892	9.588	–3,1	1.182	1.124	–4,9
Median	0	0	0,0	0	0	0,0
Gini	0,992	0,991	0,0	0,986	0,985	–0,1
HSCV	271,094	204,782	–24,5	593,789	461,289	–22,3

→

gen. Vergleicht man den Einfluss des Top-Codings für die beiden Beobachtungsjahre 2002 und 2007, so sind keine Tendenzen einer Zu- oder Abnahme dieses Einflusses über die Zeit zu erkennen. Die hier vorgenommene moderate Messfehlerkorrektur mittels eines 0,1%-Top-Codings wird damit für die gesamten Analysen zur Vermögensverteilung in diesem Bericht herangezogen.

Tab. 7-9: (Fortsetzung)

	Geldvermögen			Private Versicherungen		
	Original	0,1% Top-Coding	Änderung (in %)	Original	0,1% Top-Coding	Änderung (in %)
	2002					
Mittelwert	10.051	9.809	–2,4	9.180	8.907	–3,0
Median	0	0	0,0	0	0	0,0
Gini	0,832	0,828	–0,5	0,832	0,827	–0,6
HSCV	8,933	5,348	–40,1	8,308	4,518	–45,6
	2007					
Mittelwert	13.178	12.543	–4,8	12.014	11.801	–1,8
Median	0	0	0,0	715	715	0,0
Gini	0,855	0,847	–0,9	0,822	0,819	–0,4
HSCV	19,541	7,528	–61,5	5,640	4,186	–25,8

	Hypotheken und Konsumentenkredite			Nettogesamtvermögen		
	Original	0,1% Top-Coding	Änderung (in %)	Original	0,1% Top-Coding	Änderung (in %)
	2002					
Mittelwert	16.650	16.387	–1,6	81.955	80.055	–2,3
Median	0	0	0,0	15.000	15.000	0,0
Gini	0,888	0,886	–0,2	0,785	0,777	–1,0
HSCV	11,325	9,022	–20,3	16,062	4,805	–70,1
	2007					
Mittelwert	18.865	18.696	–0,9	89.667	88.034	–1,8
Median	0	0	0,0	15.288	15.288	0,0
Gini	0,877	0,876	–0,1	0,803	0,799	–0,5
HSCV	8,334	6,792	–18,5	8,659	6,677	–22,9

Quelle: SOEP; individuelle Vermögensinformationen

7.5 Erweiterung der SOEP-Vermögensdaten um Ansprüche aus der Sozialversicherung

Ein Ziel des vorliegenden Forschungsvorhabens ist die Erstellung einer konsistenten und umfassenden Vermögensrechnung für Deutschland. So wird zwar im Gegensatz zur Einkommens- und Verbrauchsstichprobe (EVS) im SOEP auch nach dem Betriebsvermögen der Personen in Privathaushalten in Deutschland gefragt. Nicht direkt erfasst werden hingegen in EVS und SOEP Ansprüche an die gesetzliche Rentenversicherung (GRV) oder andere Alterssicherungssysteme. Da diese fiktive Vermögensform – insbesondere aufgrund der Versicherungspflicht in der GRV – für einen großen Personenkreis einen bedeutenden Anteil am Gesamtvermögen darstellt, ist eine entsprechende Ergänzung der Survey-Vermögensdaten für die umfassende Darstellung der Vermögenssituation unerlässlich.

Das aktuelle Sozialversicherungsvermögen besteht aus den bisher erworbenen Anwartschaften auf Leistungen an die Alterssicherungssysteme. Das Konstrukt der Rentenanwartschaft ist jedoch in einem Bevölkerungssurvey wie dem SOEP schwer zu erfragen, weil diese Information den Befragungspersonen entweder nicht zur Verfügung steht, da diese z.B. (noch) keine Rentenmitteilung der Deutschen Rentenversicherung Bund erhalten haben oder die Befragten diese Information derzeit nicht kennen. Es ist insofern nötig, die SOEP-internen Angaben zur Bildungs-, Erwerbs- und Familienbiographie unter sozialversicherungsrelevanten Kriterien zu berücksichtigen oder externe Informationen zur Anreicherung der SOEP-Daten zu nutzen. Einschlägige externe Daten stellt das Forschungsdatenzentrum der Rentenversicherung (FDZ-RV) in Form verschiedener Scientific-Use-Files der Wissenschaft zur Verfügung. Entsprechende Mikrodaten über Ansprüche an Betriebsrenten oder berufsständische Versorgungswerke sind derzeit nicht verfügbar. Aus diesem Grunde wird im Folgenden nur auf eine Zusammenführung von Informationen über Rentenanwartschaften aus der GRV rekurriert.

Zur Bestimmung des Sozialversicherungsvermögens werden die bisher erworbenen Rentenpunkte sowohl aus einer sozialversicherungspflichtigen Beschäftigung oder anderen rentenrechtlich relevanten Anrechnungszeiten (wie Kindererziehungs- oder Ausbildungszeiten) genutzt, da diese die bisher erworbenen Anwartschaften widerspiegeln. Ziel des Zusammenführens von SOEP-Daten und externen Quellen ist es, den Befragungspersonen im SOEP einen Schätzwert für die bisher erworbenen Rentenpunkte zuzuspielen. Aufgrund datenschutzrechtlicher Regelungen und fehlender eindeutiger Schlüsselvariablen (insbesondere Sozialversicherungsnummer) ist aber ein direktes Zusammenführen von personenbezogenen Informationen identischer Individuen im SOEP und deren Informationen aus den Daten des FDZ-RV nicht erlaubt und zudem technisch nicht möglich. Im Folgenden kommt daher das so genannte „Statistical Matching" zur Anwendung. Das bedeutet, dass auf Basis möglichst vergleichbarer Indikatoren, die in beiden Datensätzen zur Verfügung stehen, Informationen der Rentenversicherung den SOEP-Befragungsdaten zugespielt werden. Das Zuspielen der Informationen geschieht hier unter Berücksichtigung der Mahalanobis-Distanz. Dies ist ein Distanzmaß zwischen Punkten in einem mehrdimensionalen Vektorraum, wobei jede Person in Datensatz A (hier: SOEP) mit allen Beobachtungen in Datensatz B (hier: Versichertenkontenstichprobe VSKT) ge-

gebenfalls innerhalb definierter Gruppen verglichen wird. Beobachtungen mit einer minimalen Distanz weisen demnach die relativ höchste Ähnlichkeit auf und erhalten die Renteninformation des „statistischen Zwillings". Als Matchingvariablen werden hier berufs- und bildungsbiograhische Informationen (neben dem individuellen Alter vor allem so genannte rentenrechtlich relevante Anrechnungszeiten mit versicherungspflichtiger Beschäftigung, Zeiten mit Arbeitslosigkeit, Schulbesuch, beruflicher Ausbildung, Wehrdienst oder auch Pflegetätigkeit), familienbiographische Informationen (Zahl der Kinder) und Einkommensinformationen der Jahre 1983 bis 2006 genutzt. Für Personen mit fehlenden Einkommensmessungen im SOEP werden auf Basis der aus der Biographiebefragung vorliegenden Erwerbsinformationen Einkommen bis 1983 rückwärts imputiert. Das Statistical Matching wird für sechs verschiedene Teilgruppen durchgeführt, die sich im Hinblick auf die Matchingvariablen voneinander unterscheiden. Dies sind zum einen die vier Gruppen der Männer und Frauen in Ost- bzw. Westdeutschland, zum anderen die Gruppe der Migranten wiederum getrennt nach dem Geschlecht. Eine weitere Ausdifferenzierung der Teilgruppen wird letztlich auch aus Fallzahlgründen unterlassen.

Aus Robustheits- bzw. Sensitivitätsgründen werden neben der Mahalanobisdistanz weitere Verfahren wie univariate imputation sampling (UVIS), multiple Imputation (ICE), Hotdeck-Imputationen bzw. regressionsbasierte Imputationen getestet. Diese Imputationsverfahren erweisen sich aber nach dem im Folgenden beschriebenen Test für die weitergehende Analyse als weniger geeignet.

Die Qualität des Statistical Matchings lässt sich anhand der Population der aktuellen Rentenbezieher überprüfen, da für diese im SOEP der Bruttorentenbetrag direkt erfragt wird. Dieser lässt sich mit dem über das Statistical Matching imputierten Wert vergleichen. In Tabelle 7-10 sind die paarweisen Korrelationen für sechs Teilgruppen und die Gesamtpopulation ausgewiesen. Für die Gesamtpopulation beträgt die Korrelation 0,7 und deutet damit auf eine relativ hohe Übereinstimmung zwischen den beobachteten und imputierten Werten hin. In den jeweiligen Teilgruppen ist die Varianz aber deutlich größer. Dies trifft vor allem auf westdeutsche Migranten und Männer in Ostdeutschland zu. Insbesondere bei den Migranten führt die sehr variable Erwerbs- und Einkommensbiographie zu diesen relativ schwachen Korrelationen. Dieses Ergebnis erklärt sich aber auch dadurch, dass bei Migranten nicht ausgeschlossen werden kann, dass diese bei der Frage nach der Höhe der Bruttorente aus der GRV auch Renten aus dem Heimatland aufgrund einer früheren Erwerbstätigkeit verstehen.

Ein alternatives Maß zur Beurteilung der Qualität des Statistical Matching sind individuelle Differenzen zwischen beobachteten Angaben und den über das Statistical Matching imputierten Angaben zur Rentenhöhe im Jahre 2007. In Ta-

Tab. 7-10: Paarweise Korrelationen zwischen imputierten Angaben auf Basis der Angaben aus der GRV und beobachteten Angaben zur Rentenhöhe im SOEP

Männer in Westdeutschland, Autochthone	0,533
Männer in Westdeutschland, Migranten	0,201
Männer in Ostdeutschland	0,148
Frauen in Westdeutschland, Autochthone	0,618
Frauen in Westdeutschland, Migranten	0,574
Frauen in Ostdeutschland	0,589
Population insgesamt	*0,700*

Population: Personen im Alter 60 bis 67 Jahre mit Bezug einer eigenen gesetzlichen Rente

belle 7-11 sind diese individuellen Differenzen für die vier getesteten Verfahren für die sechs verschiedenen Populationen abgetragen. Die Ergebnisse weisen darauf hin, dass die Verwendung der Mahalanobis-Distanz zu den geringsten Abweichungen gegenüber den beobachteten Werten führt. Es ist aber anzumerken, dass die Standardabweichung trotzdem mit bis zu 450 Euro ein nennenswertes Maß annimmt (Abbildung 7-4).

Der Datensatz der Versichertenkontenstichprobe (VSKT) der GRV weist aber verschiedene methodische Probleme auf, die die Qualität des Statistical Matchings nachteilig beeinflussen. So werden im Folgenden nur Personen aus der VSKT verwendet, die über ein geklärtes Rentenkonto verfügen, da andernfalls nennenswerte Lücken im Versicherungsverlauf bzw. den relevanten Bildungs- und Fertilitätsinformationen vorliegen, die die Rentenhöhe nachteilig beeinflussen können. Dieses Vorgehen führt dazu, dass vor allem jüngere Alterskohorten in der geklärten VSKT nur unzureichend repräsentiert sind, da bis zu einem Alter von ca. 40 Jahren nur wenige geklärte Rentenkonten vorliegen, die zudem selektiv sein dürften. So wird u.a. ein Rentenkonto geklärt, wenn eine Berufsunfähigkeitsrente beantragt wird, ein Versorgungsausgleich im Falle einer Ehescheidung durchgeführt wird oder abhängig Beschäftigte in den Beamtenstatus überwechseln.

Ein weiteres Problem der VSKT ist, dass nicht nach im Inland bzw. im Ausland lebender Bevölkerung unterschieden werden kann. Im Falle eines im Ausland lebenden Grenzgängers, der in Deutschland einer Erwerbstätigkeit nachgeht, wird ein Rentenkonto bei der GRV angelegt. Dies betrifft auch Migranten, die nur eine bestimmte Zeit in Deutschland gearbeitet haben und wieder in ihr Heimatland zurückkehren. Diese Personen gehören aber nicht zu der Zielanalysepopulation der Personen in Privathaushalten in Deutschland. Eine Identifikation dieser Population ist in der VSKT jedoch nicht möglich, so dass diese Beobachtungen bei ausreichender Ähnlichkeit gemäß der Matchingvariablen mit in

Tab. 7-11: Individuelle Differenzen zwischen beobachteten und über das Statistical Matching imputierten Angaben zur monatlichen Rentenhöhe 2007

	Zahl der Beobach-tungen	Mean	Std.Dev.	Min	Max
		Autochthone Männer in Westdeutschland			
Multiple Imputation (ICE)	141	–48,7	415,7	–1554,8	1064,2
Regressionsbasierte Imputation		–60,1	349,2	–1544,1	1104,0
Univariate imputation sampling		–38,0	454,5	–1920,6	1100,2
Mahalanobis-Distanz		–47,2	425,5	–1648,6	1156,3
		Migranten-Männer in Westdeutschland			
Multiple Imputation (ICE)	47	–223,7	435,4	–851,6	1540,4
Regressionsbasierte Imputation		–201,5	391,3	–742,0	1297,3
Univariate imputation sampling		–213,3	426,5	–785,6	1498,8
Mahalanobis-Distanz		–47,1	416,3	–883,4	1007,9
		Männer in Ostdeutschland			
Multiple Imputation (ICE)	127	–141,0	315,7	–814,2	900,5
Regressionsbasierte Imputation		–107,7	227,8	–546,3	993,7
Univariate imputation sampling		–115,6	275,5	–715,2	993,3
Mahalanobis-Distanz		–66,9	320,3	–922,9	1406,5
		Autochthone Frauen in Westdeutschland			
Multiple Imputation (ICE)	155	–70,6	342,9	–1200,1	1466,4
Regressionsbasierte Imputation		–45,5	279,5	–848,5	1235,9
Univariate imputation sampling		–41,3	341,5	–1077,2	1044,5
Mahalanobis-Distanz		18,6	345,2	–1089,4	1455,1
		Migranten-Frauen in Westdeutschland			
Multiple Imputation (ICE)	28	–72,9	228,8	–572,1	344,6
Regressionsbasierte Imputation		–92,6	189,2	–475,6	277,2
Univariate imputation sampling		–100,5	206,3	–393,7	399,1
Mahalanobis-Distanz		14,3	286,5	–874,5	581,7
		Frauen in Ostdeutschland			
Multiple Imputation (ICE)	141	–85,0	234,7	–728,0	525,1
Regressionsbasierte Imputation		–94,5	194,8	–1002,0	378,9
Univariate imputation sampling		–110,0	243,9	–1071,3	610,2
Mahalanobis-Distanz		–89,1	253,7	–992,6	665,3

Population: Personen im Alter 60-bis 67 Jahre mit Bezug einer eigenen gesetzliche Rente

Quelle: SOEP 2007; Angaben der Versichertenkontenstichprobe (VSKT) der Deutschen Rentenversicherung

Abb. 7-4: Kerndichteschätzer der individuellen Differenzen zwischen beobachteten und über das Statistical Machting imputierten Angaben zur Rentenhöhe 2007

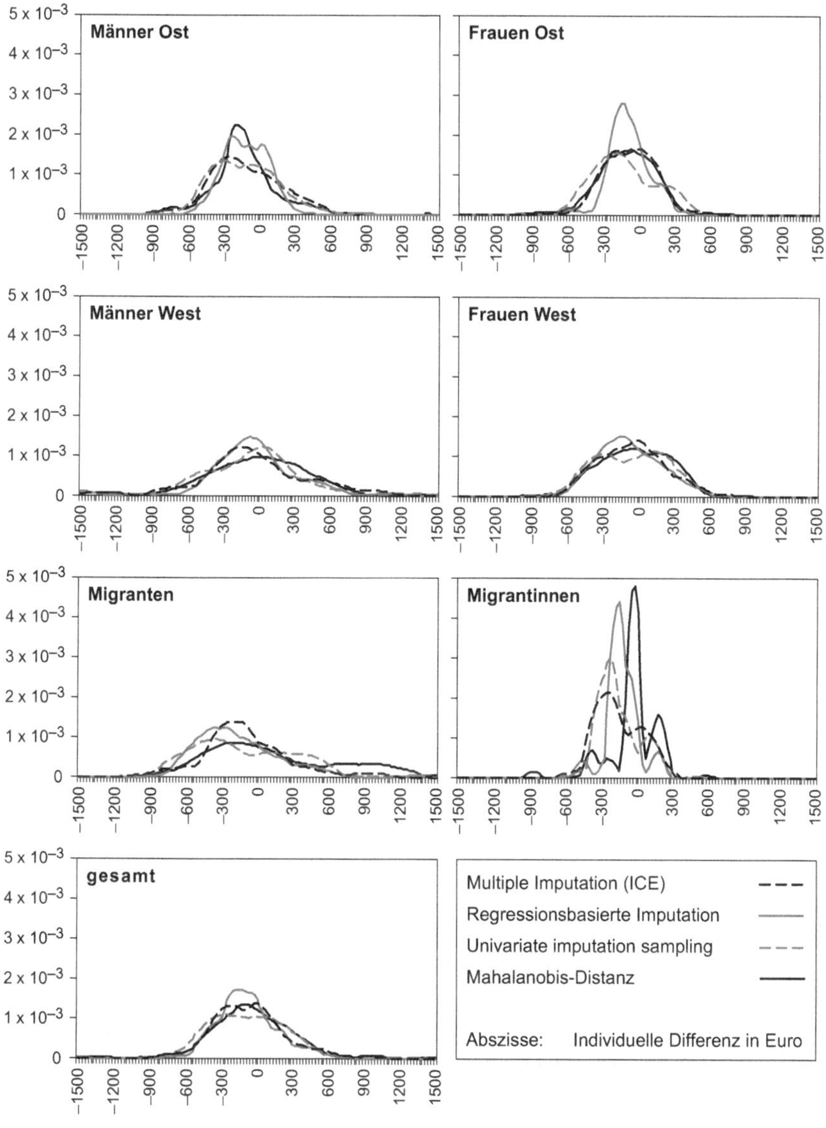

Deutschland lebenden SOEP-Respondenten gematcht werden können. Problemgruppen im Matchingprozess stellen auch Beamte oder Handwerker in einer berufsständischen Versorgung dar, die mindestens einmal im Erwerbsleben einer abhängigen sozialversicherungspflichtigen Beschäftigung nachgegangen sind, die zu Zahlungen in der GRV führte. Für diese Gruppen ist ebenso ein Rentenkonto angelegt worden. Es besteht aber die Möglichkeit, sich diese Anwartschaften auszahlen zu lassen. Nach Auskunft der GRV bleiben diese Rentenkonten aber bis zum Renteneintrittsalter in der Statistik erhalten.

Ein Statistical Matching ist des Weiteren bei Personen mit einer DDR-Erwerbsbiographie erschwert. Im SOEP sind die Höhe der Erwerbseinkommen aus Zeiten der DDR nicht erhoben worden, sondern liegen erstmals für das Jahr 1990 vor. Hier konnte im Rahmen der Matching-Prozedur nur auf die Dauer der Beschäftigung bis 1989 zurückgegriffen werden. Dies ist ein wichtiger Tatbestand zur Erläuterung der schwachen Korrelation für ostdeutsche Männer in Tabelle 7-10.

7.6 Bestimmung des Gegenwartswerts von Anwartschaften der Altersvorsorgesysteme

7.6.1 Anwartschaften aus der Gesetzlichen Rentenversicherung

Das Ziel der Zusammenführung der Mikrodaten des SOEP mit Informationen aus der GRV ist eine umfassende Beschreibung der Vermögenssituation unter Berücksichtigung des Sozialvermögens. Mittels des Statistical Matching wurden individuelle Anwartschaften der GRV mit Informationen von Personen aus dem SOEP verknüpft. Um die Anwartschaften der GRV mit den Vermögensinformationen aus dem SOEP in Beziehung zu setzen, ist es aber erforderlich den Gegenwarts- oder Barwert der Rentenanwartschaften zu bestimmen. Der Gegenwartswert ist dabei der Wert, den künftige Zahlungen nach entsprechender Abdiskontierung zum aktuellen Zeitpunkt in der Gegenwart besitzen.

Anschaulich wird dieses Problem am Beispiel eines heutigen Rentners. Gäbe es eine Option zur Einmalzahlung aller künftigen Rentenleistungen – also dem kumulierten Sozialvermögen – , so würde dieser Vermögensanspruch nicht der Summe der bis zum Lebensende zu erwartenden Rentenzahlungen entsprechen, sondern erheblich geringer ausfallen. Dies liegt vor allem an den auflaufenden Zinsgewinnen, die bei einer Einmalzahlung zu berücksichtigen sind.

Der Gegenwartswert wird daher durch Abzinsung der Summe der künftigen Zahlungen unter Berücksichtigung der entsprechenden Auszahlungsdauer bestimmt. Neben der Höhe der zu erwartenden Zahlungen hängt der Gegenwartswert von der Auszahlungsdauer und dem Zinssatz zur Abdiskontierung ab (siehe

Formel 7-1). Für die Gruppe derjenigen, für die die Rentenzahlung erst in der Zukunft beginnt – also aktiv Versicherte der GRV vor Renteneintritt – muss zusätzlich die Zeit, zu der die Auszahlung erstmalig eintritt (also der Rentenbeginn) berücksichtigt werden.[14]

Die Bestimmung des Gegenwartswertes wird ohne die Berücksichtigung der Inflation vorgenommen. Es wird vielmehr unterstellt, dass die künftig zu erwartenden Rentenzahlungen mit der Inflationsrate ansteigen.[15] Die Höhe der zu erwartenden Zahlungen ist bei der Gruppe der Verrenteten im SOEP bekannt, da diese Information direkt erfragt wurde. Für die aktiv Versicherten wird diese Information über das Statistical Matching ermittelt.

Formel 7-1: Bestimmung des Gegenwartswertes (Present Value PV)

$$PV = \frac{C}{i} \bullet \left[1 - \frac{1}{(1+i)^n} \right]$$

mit C = Rentenzahlbetrag, *i* = Diskontierungsrate und n = Lebenserwartung in Jahren (Auszahlungsdauer)

Für die Auszahlungsdauer wurde die nach den Sterbetafeln 2005/2007 des Statistischen Bundesamtes (2008a) prognostizierte Lebenserwartung getrennt für Ost- und Westdeutschland und getrennt für Männer und Frauen unterstellt.[16] Für den Zinssatz zur Abdiskontierung wurden mehrere Varianten verwendet (mit *i* = 0%, 1%, 2%, 3%, 4% bzw. 5%), um die Variabilität der Ergebnisse bezüglich dieses relevanten Faktors beschreiben zu können.

7.6.2 Anwartschaften aus Beamtenpensionen

Neben dem Gegenwartswert für die Anwartschaften in der GRV wird auch ein Gegenwartswert für Beamtenpensionen approximiert. Dazu wird auf den im SOEP von Beamten im Ruhestand erhobenen Betrag der laufenden Pensionszah-

---

14 Hierbei ist die allgemein steigende Regelaltersgrenze von derzeit 65 Jahren auf künftig 67 Jahren zu beachten. Für jede Kohorte ab dem Geburtsjahr 1947 steigt das Renteneintrittsalter um einen Monat an. Ab dem Geburtsjahrgang 1964 liegt die Regelaltersgrenze dann bei 67 Jahren.

15 Diese Annahme ist vor allem vor dem Hintergrund der in den letzten Jahren vollzogenen Fixierung der Rentenleistungen an die Höhe des Beitragssatzes zur GRV als problematisch anzusehen. Zudem blieben auch in der Vergangenheit die Rentensteigerungen wiederholt unter der Inflationsentwicklung zurück.

16 Eventuell weitere sozial-strukturelle Unterschiede in der Lebenserwartung bleiben bei dieser Analyse unberücksichtigt, wie der Zusammenhang von Rentenhöhe und Lebenserwartung oder auch Unterschiede zwischen Rentnern und Pensionären (vgl. Himmelreicher et al. 2008).

lung zurückgegriffen. Für aktive Beamte wird auf Basis der laufenden Beamtenbezüge die Höhe der Pensionsansprüche bestimmt. Diese bemisst sich dabei nach der zuletzt erreichten Besoldungsstufe und der Zahl der Dienstjahre.[17] Für jedes volle Dienstjahr erhalten Beamte derzeit einen Anspruch von 1,79375% des Bruttoentgelts, so dass nach 40 Dienstjahren der höchstmögliche Wert von 71,75% erreicht ist. Dieser Wert wird mit den aktuellen Beamtenbezügen multipliziert, um den Pensionsanspruch zu bestimmen. Die hier approximierten Anwartschaften aus Beamtenpensionen dürften für die bereits im Ruhestand befindlichen Beamten unterschätzt sein, da die jährliche Sonderzahlung (vergleichbar mit dem Weihnachtsgeld bei abhängig Beschäftigten) nicht berücksichtigt wird.

7.6.3 Anwartschaften aus Betriebsrenten und sonstigen Altersvorsorgesystemen

Neben den Anwartschaften an die GRV können bei abhängig Beschäftigten auch Anwartschaften aus Betriebsrenten und bei Angestellten des öffentlichen Dienstes Anwartschaften an die VBL bestehen. Anwartschaften aus sonstigen Altersvorsorgesystemen wie einer berufsständischen Versorgung liegen im Falle von Freiberuflern (z.B. Architekten oder Ärzte) oder Handwerkern (z.B. Versorgungswerke der Innungen) vor. Die Höhe der laufenden Zahlungen aus diesen verschiedenen Altersvorsorgesystemen werden im SOEP bei den bereites verrenteten Personen direkt erfragt, d.h. der entsprechende Gegenwartswert dieser Anwartschaften kann auch für diese Art von Altersvorsorgevermögen bestimmt werden.

Die Höhe der Anwartschaften für aktive Versicherte fehlt hier jedoch, da zum einen im SOEP die Information zur Höhe der erworbenen Anwartschaften an diese Altersvorsorgesysteme nicht erfragt werden, zum anderen liegt auch keine externe Datenquelle vergleichbar mit der Versichertenkontenstichprobe der GRV vor, um per Statistical Matching diese fehlende Information anzuspielen. Für die Kohorten vor Renteneintritt sind damit die Vermögensansprüche aus diesen Alterssicherungssystemen unterschätzt.

Es bleibt noch anzumerken, dass für Anwartschaften an private Rentenversicherungen kein Gegenwartswert bestimmt wird. Altersvorsorge in Form von kapitalbildenden Renten- oder Lebensversicherungen wird vorrangig von Selbstständigen betrieben. Dieses Vermögen ist aber bereits im Fragebogen des SOEP zum Vermögen direkt erfasst. Eine nochmalige Berücksichtigung dieser Vermögensbestände würde somit zu Doppelzählungen führen.

---

17 Für aktive Beamte wird hier die aktuelle Besoldungsstufe als Berechnungsgrundlage herangezogen, d.h. dass künftige Veränderungen der Besoldungshöhe nicht berücksichtigt werden. Dies führt tendenziell zu einer Unterschätzung der hier approximierten Anwartschaften, wobei diese Verzerrung mit dem Alter sukzessive abnimmt.

Verzeichnis der Abbildungen und Tabellen

Abbildungen

Tabellen

Kolibri 360 GmbH
Ferdinand-Jühlke-Straße 7
99095 Erfurt, Deutschland
produktsicherheit@kolibri360.de